Latein
Grammatik – Wortschatz – Übungen

© Naumann & Göbel Verlagsgesellschaft mbH, Köln
Autor: Joachim Jäger, Düsseldorf
Projektbetreuung: Mendlewitsch + Meiser, Düsseldorf
Gesamtherstellung: Naumann & Göbel Verlagsgesellschaft mbH, Köln
Alle Rechte vorbehalten

ISBN 978-3-625-11574-8

Latein

Grammatik – Wortschatz – Übungen

Inhalt

1 Latein macht Spaß!

Latein – eine tote Sprache? Eine schwierige Sprache? Alles
Unsinn! Latein ist weder tot noch schwierig. Im Gegenteil,
Latein ist lebendig – und nicht schwieriger als andere Sprachen.

Jede Fremdsprache wirft Probleme auf, wenn man über die Formenlehre und das Vokabular hinweghuscht und sich lediglich mit dürftigen Kenntnissen gewappnet ans Sprechen, Schreiben oder Übersetzen eines Textes begibt. Jede Sprache hat ihre Tücken und Problemfälle, da ist das Lateinische keine Ausnahme, aber diese sind nichts im Vergleich zum Englischen. Natürlich hat man hier im Anfangsunterricht schneller Erfolgserlebnisse, aber wenn es um Dinge wie Zeitunglesen oder ein gehobenes Gespräch geht, ist schnell Schluss. Und wie viele Fehler kann man erst bei Aussprache und Orthographie machen?! Das Lateinische spricht man im Grunde so aus, wie man es schreibt – welcher Luxus gegenüber Englisch und Französisch!

Zudem bildet das Lateinische ein abgeschlossenes Sprachkorpus – es ändert sich ja nichts mehr. Ein überschaubarer Bereich, den es zu erobern gilt, während das Englische als auf der ganzen Welt gesprochene Sprache laufenden Veränderungen unterliegt. Und was die eine Grammatik vor zehn Jahren noch als „falsch" bezeichnete, gibt die andere heute als Regel an.

Es gilt für Latein, was für jede Fremdsprache gilt: Fleiß und Ausdauer sind unabdingbare Voraussetzungen für einen erfolgreichen Lehrgang. Das hört man vielleicht nicht gern, ist aber richtig. Wunderrezepte gibt es nicht beim Fremdsprachenlernen – auch wenn viele der zahlreichen Lernhilfen, besonders zum Lateinischen, so tun, als ob mit wenig Aufwand ein großes Ziel zu erreichen sei. Doch das stimmt nicht: Nur auf der Basis einer sicheren Beherrschung der Formenlehre und eines hinreichenden Grundvokabulars kann man den Erfordernissen des Lateinischen gerecht werden. Das bedeutet Arbeit – aber eine Arbeit, die sich in vielfältiger Weise lohnt.

Der Lateinunterricht von heute ist auch ganz anders als die trockenen Bücher von früher. Abwechslungsreich sind heutzutage die Themen, Texte und Übungsformen; dazu gibt es zahlreiche Darstellungen, Medien und Zusatzmaterialien, zum Beispiel in Form von Computerprogammen, Lernspielen, Rätselbüchern, Comics usw. Es finden lateinische Lesewettbewerbe und Theateraufführungen statt und es stehen Möglichkeiten zur Verfügung, bei Exkursionen oder Klassenfahrten die Welt der Römer zu erleben. Auch das Internet bietet unzählige interessante Angebote, von der Grammatikhilfe bis zu Lernspielen, Informationstexten zu römischen Autoren und der Welt der Römer bis zu aktuellen Nachrichten auf Latein. Latein als Fach ist attraktiv, aber ist es auch sinnvoll und nützlich? Was ist überhaupt Latein?

Fenster, Wein, Straße, Tafel, Monster, Tempel, Birne, Brief, Datum, Grad, Horror, Computer, Video, Präsident, Minister, Politik, Jurist, Direktor, Firma, Kaiser, Zar, General, Offizier, kriminell, Division, Multiplikation, Addition, Abitur, Juli, August, September, Oktober usw. – all diese Begriffe und tausende andere werden immer wieder angeführt, um zu zeigen, wie sehr das Lateinische die deutsche Sprache geprägt hat, ja geradezu alltäglich geworden ist. Aber wie kam es dazu? Wir wollen kurz einen historischen Rückblick unternehmen.

Woher kommt Latein?
Latein ist zunächst einmal die Sprache der Einwohner Roms, der Römer. Die Bezeichnung Latein ist abgeleitet vom Namen der Landschaft Latium. Aber natürlich war Rom auch die Hauptstadt des römischen Reiches, des Imperium Romanum. Seit seiner sagenhaften Gründung durch Romulus (daher der Name „Rom") 753 v. Christus (Merkspruch: „753 – Rom kroch aus dem Ei") hat Rom sein Territorium im Laufe der folgenden Jahrhunderte ausgeweitet, bis es zur führenden Macht Europas und somit zur damaligen Weltmacht wurde. Dadurch wurde Latein, die Sprache der Eroberer, zur allgemeinen Verkehrssprache (lingua franca) im gesamten Einzugsbereich des Reiches. Von Nordengland bis Nordafrika, von der Südwestspitze Spaniens bis zum Schwarzen Meer konnte man sich auf Latein verständigen.

Wie jede Weltmacht einmal verfällt, so war auch dem römischen Reich ein unrühmliches Ende beschieden. Von völkerwandernden Westgoten und Vandalen erobert, endete das römische Reich, das bereits in internen Streitigkeiten in zwei Teile zerbrochen war, im Westen im 5. Jahrhundert n. Christus, im Osten mit der Hauptstadt Konstantinopel (heute Istanbul) allerdings erst 1453 n. Christus nach der Eroberung durch die Osmanen. Die Idee des römischen Reiches lebte jedoch auch im Westen weiter, so im Heiligen Römischen Reich Deutscher Nationen bis hin zur heutigen EU. Und natürlich hat Rom seine Weltgeltung als Zentrum der katholischen Weltreligion mit seiner Amtssprache Latein behalten.

„Mit dem Untergang Roms war Latein tot. Deshalb spricht man von einer ‚toten' Sprache." So das oft wiederholte Argument von Lateingegnern. Weit gefehlt, oder besser, ganz im Gegenteil! Latein wird bis heute gesprochen. Denn in den Jahrhunderten der römischen Herrschaft hatte sich das Lateinische in vielen Provinzen des Reiches gegenüber den (zumeist) keltischen Dialekten durchgesetzt und war zur Muttersprache geworden, so in (wenn wir die modernen Bezeichnungen verwenden sollen) Spanien, Portugal, Frankreich, Italien, Rumänien (**Rom**ania). Der fehlende Zusammenhalt durch eine zentrale Macht nach dem Fall Roms und die Mühseligkeit der Kommunikation in der Spätantike und im Mittelalter führten allerdings dazu, dass sich das Lateinische in den verschiedenen Regionen unabhängig voneinander zu entwickeln begann.

Latein wird also auch nach dem Ende Roms weiter gesprochen, sodass man Französisch (mit Franko-Provenzalisch und Provenzalisch), Spanisch (und Katalanisch), Portugiesisch, Italienisch (und Sardisch), Rumänisch und das Rätoromanisch der Schweiz als lokale, dialektale Varianten des Lateinischen bezeichnet, auf gut Deutsch: Die sogenannten modernen romanischen (!) Sprachen sind lediglich die Fortsetzung des Lateinischen in seiner heutigen Form. Das geht so weit, dass heute sogar ein ganzer Kontinent „Lateinisch" spricht: Lateinamerika, also Süd- und Mittelamerika, von Mexiko im Norden bis Patagonien an der Südspitze.

Auf einer gründlichen Kenntnis des lateinischen Wortschatzes aufbauend, fällt das Erlernen der romanischen Sprachen deutlich leichter. Um keinen falschen Eindruck zu erwecken: Wer Latein kann, kann nicht automatisch Französisch (oder Italienisch oder Spanisch usw.), hat aber ein ordentliches Rüstzeug und ein Grundvokabular zur Verfügung, die das Erlernen einer neuen Sprache leichter machen.

Wozu dieser Umweg über Latein? Warum nicht gleich Französisch, Italienisch etc. lernen? Dagegen ist gar nichts zu sagen, ganz im Gegenteil, das Erlernen von Fremdsprachen ist immer zu empfehlen und nützlich. Latein ist aber auch nützlich für das Erlernen des Englischen – und hilft vor allem, die deutsche Muttersprache zu verstehen.

Latein macht fit fürs Leben

Doch was nützt Latein für meine Muttersprache? Abgesehen davon, dass man sogar in der Zeitung lateinisch geprägte Texte finden kann und durch Kenntnis und Verständnis der Lehn- und Fremdwörter erst zum mündigen Leser und informierten Bürger wird, macht auch der Deutschunterricht die eigene Muttersprache nicht so bewusst wie der Lateinunterricht. Latein ist das einzige Fach, in dem Sprachreflektion und Sprachsystematik permanent betrieben werden, und zwar immer kontrastiv zum Deutschen, da die Hauptmethodik des Lateinunterrichts das Übersetzen ist, etwas, was keine moderne Fremdsprache leistet.

Der Lateinschüler ist gefordert, einen Text so zu übersetzen, dass er einerseits Sinn und Inhalt des Originals möglichst lückenlos wiedergibt, andererseits dies aber so formuliert, dass dabei angemessenes, ansprechendes Deutsch herauskommt. Die Herausforderung besteht also darin, im Deutschen den treffenden Ausdruck zu finden, der dem Ursprungstext angemessen ist. So wird die Interpretationsfähigkeit durch intensive Textarbeit in Sprach- und Stilanalyse geschult, die in allen sprachlichen Fächern erwartet wird, wobei man sich in zentralen Schulprüfungen nicht selten auf die im Lateinunterricht geleistete Vorarbeit verlässt.

Die Systematik der Sprache und die Methodik des Übersetzens schulen den Lernenden über das Fach hinaus: Sie bilden die Fähigkeit, komplexe Zusammenhänge zu analysieren und in Komponenten zu zerlegen, zielgerichtet Lösungen zu erproben und auszuwählen, Problemlösungsstrategien zu entwickeln und umzusetzen – Grundvoraussetzungen für jedes wissenschaftliche Vorgehen, aber auch für profane Dinge wie die Planung des Jahresurlaubs der Familie.

Weiterhin fördert das Fach Latein wichtige Eigenschaften, die in unserer modernen, mediendominierten Welt viel zu kurz kommen: Es schärft die Beobachtungsgabe, denn oft entscheidet ein einziger Buchstabe über die Bedeutung eines Wortes, es schult Konzentrationsfähigkeit und Unterscheidungsvermögen, es lehrt methodisches, problem- und lösungsorientiertes Vorgehen und erhöht die sprachliche Kreativität.

Ein weiterer positiver Aspekt des Lateinischen ist, dass das Lernpensum überschaubar ist. Ein Grundwortschatz von ca. 2000 Wörtern genügt, um mit Hilfe eines Wörterbuches fast allen lateinischen Texten gewachsen zu sein. In modernen Fremdsprachen ist ein weit größerer Umfang an Vokabeln aktiv zu beherrschen. Dieses Buch enthält nahezu die gesamte Grammatik (Formenlehre und Syntax), die im Laufe von drei bis vier Jahren in der Spracherwerbsphase sukzessiv behandelt wird.

Mit dem Abschluss „Latinum" erwirbt man außerdem die Berechtigung zum Studium vieler Fächer. Dazu gehören – je nach Universität – viele Fremdsprachen, Deutsch, Geschichte, Archäologie, Theologie und Philosophie. Aber auch in vielen Naturwissenschaften, in Jura oder Medizin ist Latein eine große Hilfe, wenn man bei all dem neuen Stoff mit der großenteils lateinischen Fachterminologie im Grunde schon einmal vertraut ist.

Europa ist geprägt von Rom und seiner Sprache Latein. Der deutlichste Beweis dafür ist die lateinische Schrift, die wir bis heute benutzen. Und abgesehen von all diesen Aspekten, die zeigen, dass Latein für viele andere Fächer und die Persönlichkeitsentwicklung sinnvoll und nützlich ist, ist Latein natürlich und vor allem eine tolle Sprache! Große Werke der Literatur, die noch heute das Vorbild für moderne Romane, Theaterstücke und Gedichte bilden, wurden auf Latein verfasst – seien es die Liebesgedichte von Catull und Ovid, die Werke von Sallust, Livius und Tacitus, die die Geschichte lebendig werden lassen, die philosophischen Schriften von Cicero und Seneca, die deutlich machen, dass schon Menschen vor 2000 Jahren mit den gleichen Problemen und Fragestellungen wie wir heute konfrontiert waren, die lateinische Literatur des Mittelalters von der Biografie Karls des Großen, den christlichen Heiligenlegenden der Legenda Aurea, den einerseits lebensfrohen und andererseits tief nachdenklichen Texten der Carmina Burana bis hin zum Humanisten Thomas Morus, dem wir den Begriff Utopie verdanken. Und wollen wir die Höhepunkte lateinischer Literatur nicht vergessen, die beiden großen epischen Werke, die jeder, der sich für griechisch-römische Mythen, für Götter und Helden interessiert, gelesen haben muss: Ovids „Metamorphosen" und vor allem Vergils „Aeneis", ein Werk, das von der tragischen Liebesgeschichte über Schiffskatastrophen und den Horror der Unterwelt bis hin zu Monumentalschlachten alles bietet.

So benutzt man dieses Buch

Dieses Buch ist ein Vademecum (geh mit mir) des Lateinischen, ein Begleiter und Helfer in (nahezu) allen Lateinfragen. Es ist nicht unbedingt gedacht zum systematischen Durcharbeiten, sondern stellt eine Nachschlaghilfe dar, die bei der speziellen Konzentration auf bestimmte Themenkomplexe und der Wiederholung helfen soll. Moderne Lateinbücher führen aus vernünftigen didaktischen Überlegungen zumeist mehrere Grammatikphänomene gleichzeitig ein, was einem authentischen Latein sicher zugute kommt. So werden in einer Lektion mehrere Deklinationen kasusweise vorgestellt, mehrere Konjugationen tauchen gleich zu Anfang auf, hier kommen diese Kasusfunktionen vor, dort jene Gliedsätze. Oft verlieren Schüler nach wenigen Lektionen den Überblick, was jetzt eigentlich noch wozu gehört. Dieses Buch dient dazu, diesen Überblick wieder zu verschaffen, indem es ganz traditionell die Deklinationen und Konjugationen mit allen Formen auf Lateinisch und Deutsch vorstellt und ordnet. Zudem wird der Formendschungel sich lichten, wenn deutlich wird, dass es nur vier (!) Konjugationen und nur fünf (!) Deklinationen gibt, die sich überdies eine Vielzahl identischer Formen teilen. Das lässt sich schon bewältigen.

Jeder Konjugation und Deklination sind die Vokabeln zugeordnet, die nach dem jeweils angegebenen Schema flektiert werden. Die Auswahl dieses Vokabulars richtet sich einerseits nach dem allgemeinen Grundwortschatz, umfasst die häufigsten Vokabeln der meistgelesenen Schulautoren (Cicero, Cäsar, Ovid, Vergil, Seneca etc.) und berücksichtigt das in modernen lateinischen Lehrbüchern vorkommende Vokabular. Alle Substantive sind mit Genitiv und Geschlecht aufgeführt, alle Adjektive mit allen Nominativformen (wenn nötig auch mit dem Genitiv) und alle Verben – ob sogenannte regelmäßige oder unregelmäßige – mit allen existierenden Stammformen. Auch hier wird sich der Formensalat lichten, wenn man erkennt, dass vieles nach dem gleichen Schema gebildet wird.

Das in den Vokabellisten, Deklinationen und Konjugationen verwendete Zeichen „‾" über den Vokabeln ist nicht Teil des normalen Schriftbildes, sondern verweist auf eine lange Silbe, die einerseits für die Aussprache, andererseits für die grammatische Klassifizierung wichtig ist. Im Text werden die

Latein macht Spaß!

Formen des PFA und des PPP jeweils in der Kurzform -tus, -a, -um aufgeführt, in den Deklinations- und Konjugationstabellen findet sich die vollständige Endung -tus, -ta, -tum bzw. -turus, -tura, -turum. Beide Schreibweisen meinen dieselbe Form. Das alphabetische Verzeichnis am Ende enthält alle in diesem Buch zugeordneten Vokabeln und wahrscheinlich auch die gelernten. So kann man leicht eine zweifelhafte Vokabel wiederfinden und sich im Nu über Deklination oder Konjugation klar werden. Man kann auch die Liste durchgehen und mit den bereits im Lehrwerk vorgekommenen Vokabeln abgleichen. Im fortgeschrittenen Lateinlehrgang mag man vielleicht auch diese Liste zum Lernen verwenden.

Da die Beherrschung der Formenlehre unabdingbare Voraussetzung für den Erfolg ist, gibt es am Ende der Kapitel jeweils kleine Formenübungen, um die Sicherheit der Kenntnisse zu überprüfen. Die Lösungen befinden sich am Ende des Buches.

Kapitel 2 stellt alle wichtigen grammatischen Begriffe so umfassend wie nötig, aber so knapp wie möglich dar. Von den Wortarten über das Gerundium bis zum Ablativus absolutus werden alle relevanten Themen zumeist mit kleinen Beispielsätzen erklärt. Spätestens hier wird klar werden: Latein ist gar nicht so schlimm!

Wie bereits gesagt – kein Buch und keine Schülerhilfe der Welt können dem Schüler die eigene Arbeit abnehmen, aber es gibt Tipps und Methoden, wie man die Arbeit angenehmer und erfolgreicher gestalten kann. Dazu dienen die Tipps zum Vokabellernen und zum Übersetzen in Kapitel 1.2 und 1.3.

In diesem Sinne: Viel Spaß und Erfolg beim Erlernen dieser tollen Sprache!

1.2 Vokabeln lernen – leicht gemacht

Vokabeln lernen – schnell und wirkungsvoll, geht das?
Natürlich ist Vokabellernen Arbeit, aber es gibt Methoden,
mit denen man wirkungsvoll und leicht lernt.

Wichtig: Vokabeln und Formen sind das A und O! Ohne ein
sicheres Fundament kann man in Latein keinen Erfolg haben!

Es gibt drei Grundregeln bzw. -voraussetzungen für das
Vokabellernen (und das gilt im Übrigen für jede Fremdsprache, ja sogar für jedes Schulfach!):

1. Lerne **regelmäßig!**
2. Lerne **in Ruhe!**
3. **Du entscheidest** über den Erfolg oder Misserfolg.
   Das heißt: Du musst lernen, keiner kann es für dich tun!

Vokabellernen muss nicht lange dauern. Manchmal können
10 Minuten wirkungsvoller sein als eine Stunde. Warum?
Weil man mehr lernen und behalten kann, wenn man sich
10 Minuten konzentriert, als wenn man eine Stunde vor dem
Fernseher oder Computer lernt oder beim Lernen Musik hört.
Dies ist das wirksamste Mittel, um in der nächsten Latein-
arbeit oder beim Vokabeltest zu versagen – obwohl man ja
stundenlang vor dem Lateinbuch gesessen hat. So täuscht
man sich nur selbst. Also:
■ Alles, was ablenken könnte, wird ausgeschaltet.

- Gehe in dein Zimmer oder an einen ruhigen Ort, an dem du dich wohl fühlst und schließe (wenn möglich) die Tür.
- Nimm dein Lateinbuch mit dem Vokabelverzeichnis.
- Wende einen der im Folgenden beschriebenen Lerntipps oder eine eigene Methode an und konzentriere dich 10 Minuten auf das Vokabellernen.
- Danach leg dein Buch weg und tu/freue dich auf etwas anderes.

Noch ein wichtiger Tipp: Lerne Vokabeln regelmäßig. Trage dies als Tagesordnungspunkt in deinen Kalender ein, hake täglich ab, dass du die Lateinvokabeln gelernt hast – natürlich nur, wenn du es wirklich getan hast! :-)). Mach es regelmäßig, möglichst immer zur selben Uhrzeit und am selben Ort, wo keine Ablenkung vorkommen kann.

Der größte Fehler ist, alle Vokabeln am Abend vor einer Arbeit oder einem Test stundenlang zu pauken und dann am nächsten Tag völlig übermüdet in der Schule zu erscheinen. Vielleicht schafft man es sogar, einigermaßen durchzukommen, weil die Vokabeln noch im Kurzzeitgedächtnis sind – aber spätestens am übernächsten Tag wirst du die meisten wieder vergessen haben. Latein baut sich aber über mehrere Jahre auf und über diesen Zeitraum solltest du ein verlässliches Fundament an Vokabeln in deinem Langzeitgedächtnis verankert haben! Die Tipps im Folgenden sind nicht nur zum

Latein macht Spaß!

Lernen neuer Vokabeln gedacht. Sie helfen auch beim regelmäßigen Wiederholen.

So, das sind die Voraussetzungen. Und wie kann man jetzt die Vokabeln lernen?

1) Aufteilen

Nicht alle auf einmal, sondern 8 bis 10 Vokabeln blockweise üben.

- Zum Einprägen: Die Vokabeln Zeile für Zeile lesen.
- Zum Üben: Erst die deutsche Seite, dann die lateinische abdecken. Zuerst der Reihe nach, dann rückwärts und zuletzt alle durcheinander.

2) Vokabeln besser behalten

Vokabeln prägen sich gut ein, wenn man sie in einem Zusammenhang lernt. Dafür gibt es einen einfachen Trick: Gehe durch eine Vokabelliste und sammle alle Wörter zu einem Thema auf einem Blatt.

Beispiel:
forum:
taberna
templum
basilica
mercator ...

Diese Liste kannst du fortsetzen, wenn in späteren Lektionen weitere Vokabeln zum Thema auftauchen. Du kannst die Vokabeln auch nach Wortfamilien zusammenstellen, zum Beispiel alle Komposita von venire.

venire:
advenire, invenire, convenire ...
oder: civis, civitas, civilis usw.

3) Der Klassiker

Übertrage die Vokabeln in ein Vokabelheft. Auch wenn das etwas veraltet erscheinen mag, ist das eine sehr effektive Methode, Vokabeln zu behalten. Es nützt allerdings nichts, wenn man mit den Gedanken woanders ist und einfach nur die Buchstaben überträgt. Sinnvoller ist es, sich zum Beispiel ein eigenes Ordnungssystem zuzulegen. Also nicht Lektion für Lektion die Vokabeln der Reihe nach abschreiben, sondern mit Verstand ordnen. Man kann dies nach Themen tun, so wie bei Tipp 2. Auch die Sortierung nach Wortarten ist möglich, nach Substantiven, Adjektiven, Vollverben, Hilfsverben usw. Wenn du dir manchmal nicht sicher bist, hilft dir der Lehrer gerne dabei. Ein anderes System ist das, was diesem Buch zugrunde liegt: Substantive, Adjektive und Verben kannst du auch nach Deklinationen und Konjugationen ordnen. Hauptsache mit Verstand und System!

4) Laut sprechen

Viele können sich Vokabeln besser merken, wenn sie sie laut aussprechen. Du musst also nicht immer schweigsam über deinem Vokabelbuch brüten, manchmal kann man eine Vokabel, die einem auf die Nerven geht, weil man sie nicht behält, auch mal „anschreien". Es macht auch Spaß, die Vokabeln in der Gruppe im Chor zu sprechen. Zunächst noch mit Hilfe des Vokabelbuchs, bei häufiger Wiederholung mehr und mehr auswendig.

5) Abfragen lassen

Wenn Freunde, Geschwister, Eltern die Vokabeln abfragen, bringt das viele Erfolgserlebnisse und Sicherheit, da du merkst, wie viele Vokabeln du schon beherrschst. Stellst du Lücken fest, hast du es selbst in der Hand, diese aufzuarbeiten.

6) Eselsbrücken bilden

Verbinde die Vokabeln mit irgendetwas, das du kennst – mit Personen, Sachen, anderen lateinischen, deutschen oder englischen Wörtern, mit Lieblingsliedern, Popstars, Automarken. Sie müssen nicht unbedingt etwas mit der lateinischen Vokabel und deren Bedeutung zu tun haben, dich aber in irgendeiner Form daran erinnern. Zum Beispiel kann man sich das Wort „senex – der alte Mann" merken, indem man an seinen Lateinlehrer denkt, bei „audire – hören" denkt man an die Automarke usw. Das macht Spaß, vor allem, wenn man sich mit anderen über seine (lustigen) Eselsbrücken unterhält. Natürlich funktioniert das auch, wenn das deutsche oder englische Wort in Aussehen und Bedeutung dem Lateinischen ähneln, zum Beispiel „tabula – Tafel, table" oder „vinum – Wein" usw.

Zu manchen Wörtern kann man sich auch eine Zeichnung machen, ein Bild malen. Das hilft ebenfalls, die Vokabel im Gedächtnis zu verankern.

7) Lernen mit dem Karteikasten
Schreibe die Vokabeln auch auf Karteikarten. Auf die Vorderseite die deutschen, auf die Rückseite die lateinischen. Du kannst die Vokabeln jetzt zum Beispiel nach Themen oder Wortfamilien (siehe Tipp 2), Wortarten (Adjektive, Substantive usw.) oder Schwierigkeitsgrad ordnen.

Zum Lernen hat sich besonders diese Methode als geeignet erwiesen: Du brauchst drei Abteilungen in deinem Karteikasten. Stelle alle Vokabelkarten mit Vokabeln, die du lernen willst, in die erste Abteilung. Sobald du ein Wort behalten hast, stellst du es in die zweite Abteilung. Wenn du nach einiger Zeit die Karte aus der zweiten Abteilung immer noch kannst, wandert sie in die dritte Abteilung (man könnte sie „Kein Problem!" nennen). Kannst du sie nicht mehr, zurück in die erste, in deine „Intensivstation" (Titel: „Krieg ich noch hin!"). Hier kannst du sie öfter wiederholen. Sobald du sie beherrschst, kannst du sie bei den anderen einordnen. An der Anzahl der Karten im dritten Fach kannst du immer sehen, wie schnell du Fortschritte machst. Aber nicht vergessen: Nach einiger Zeit solltest du die Vokabeln in der dritten Abteilung nochmals durchgehen, um zu überprüfen, ob du sie noch weißt. Wenn nicht, zurück in die erste Abteilung.

8) Spielend lernen

Zerschneide ein Blatt in kleine Zettel. Beschrifte deine Zettel auf der Vorderseite mit deutschen, auf der Rückseite mit den entsprechenden lateinischen Vokabeln. Mische alle Zettel und verteile sie auf dem Tisch. Wähle einen Zettel aus, schau dir das Wort an und übersetze es. Zur Kontrolle Rückseite aufdecken. Ist die Antwort richtig, Zettel ausmustern und nächsten Zettel nehmen. Wer zum Schluss die meisten Zettel hat, hat gewonnen.

9) Noch mehr Spiele

■ Deutsche und lateinische Bedeutung auf verschiedene Zettel schreiben. Zettel mit deutschen Bedeutungen aufgedeckt auf den Tisch legen, einen der lateinischen Zettel ziehen und dem richtigen deutschen Zettel zuordnen, bis alle abgeräumt sind. Wer die meisten hat, hat gewonnen.

■ Lege wie bei Memory alle Karten verkehrt herum auf den Tisch und finde die Wortpaare.

10) Unregelmäßige Verben/Stammformen

Im Prinzip funktioniert diese Methode wie bei 2), nur schreibst du nun die Stammformen auf verschiedene Zettel, ziehst einen und versuchst die anderen Formen zuzuordnen.

11) Programme nutzen

Auch Computerlernprogramme sind sehr nützlich, wenn man sie nicht nur in den ersten Wochen benutzt, sondern regelmäßig zum Wiederholen einsetzt – selbst wenn nach einiger Zeit der Reiz des Neuen, der schönen Optik und des spielerischen Effekts nachgelassen hat. Aber hier gilt ebenfalls: Das Programm lernt nicht für dich – du musst es selber tun, es kann dir nur dabei helfen!

All diese Tipps gelten natürlich auch für die Deklinationen und Konjugationen. Dabei sind die viel einfacher und schneller zu lernen, weil es viel weniger Endungen als Vokabeln gibt. Außerdem sind viele Formen so regelmäßig, dass es kein Problem ist, wenn man einmal den Kniff (das heißt die Regel) verstanden hat, auch weitere Formen zu bilden.

12) Vokabeln üben mit Tonträger

- Zum Aufnehmen: Wähle 8 bis 10 Vokabeln aus. Sprich die lateinische Bedeutung auf den Tonträger. Mach eine Sprechpause (nicht zu kurz) und sage dann das deutsche Wort.
- Zum Üben: Höre den Tonträger an. Sprich das deutsche

Latein macht Spaß!

Wort in die Lücke. Schaffst du das, bevor du die Antwort auf der Kassette hörst? So lange üben, bis alle Wörter problemlos in die Lücke passen.

Natürlich kannst du die Reihenfolge Lateinisch/Deutsch auch umkehren. Wenn du ein tragbares Gerät hast, kannst du Vokabeln lernen, wo immer du willst.

Individuelle Methoden anwenden
Sicher hast du schon bemerkt, welche persönlichen Stärken und Schwächen du beim Vokabellernen hast. Jeder lernt anders: Einige müssen alles erst einmal geschrieben sehen, um es zu behalten. Andere erinnern sich am besten an gehörte Texte. Wieder andere lernen am besten, indem sie alles selbst aufschreiben.

Überlege dir, wann du besonders gut lernen kannst. Bist du zu bestimmten Zeiten eher müde (nach dem Mittagessen?), dann suche dir eine günstigere Zeit aus, in der du körperlich und geistig fit bist. Nutze diese Spitzenzeiten, so gut du kannst. Das bedeutet nicht, dass du mehrere Stunden lang lernen musst. Oft ist es günstiger, das Lernen auf verschiedene Zeiten zu verteilen (zum Beispiel eine Phase am Nachmittag, eine zweite am Abend). Hauptsache, du findest die günstigste Zeit für dich und nutzt sie optimal.

Vielleicht macht es auch mehr Spaß mit einem Partner, anstatt allein alle Vokabeln der Reihe nach zu wiederholen. Fragt euch gegenseitig ab! Wenn ihr weitere Tipps habt, so behaltet sie nicht für euch, sondern sagt sie euren Mitschülern und Mitschülerinnen!

Nur einmal so unter uns: Wichtig ist auch das Wiederholen von Vokabeln, die schon länger zurückliegen.

Ach ja, man kann Vokabeln lernen und wiederholen, auch wenn der Lehrer es nicht ausdrücklich vorschreibt. Du bist der Boss!

1.3 Übersetzen – eine Kunst für sich

Mit dem Übersetzen ist es wie mit dem Kochen: Man braucht Wissen und Erfahrung. Wissen über die Funktion und Wirkung von Zutaten, über Garzeiten, über die Produkte, die man zubereiten will, über den Herd, die Töpfe, Pfannen usw. Aber selbst dann geht auch einem Profikoch noch manchmal etwas daneben. Man braucht also Erfahrung, man muss ein Gericht oft mehrfach kochen, bis es so schmeckt, wie man es sich vorgestellt hat. Man muss eine bestimmte Reihenfolge der Schritte bei der Zubereitung beachten, damit alles auf den Punkt fertig ist.

Und was ist jetzt mit dem Übersetzen? Übersetzen ist nichts anderes als das Anrichten eines Menüs mit vielen Zutaten (zum Beispiel Vokabeln, Formen) von verschiedener Wirkung (zum Beispiel Tempora, Modi, Kasus). Nun gehen manche Schüler an eine Übersetzung wie jemand, der nicht kochen kann: Ohne Ahnung von einzelnen Teilen fangen sie an, ihre Übersetzung zusammenzurühren. Es fehlen die Vokabeln, die Formen sind unbekannt – schon beim Abschmecken stellt man fest, dass da etwas nicht stimmt, und nimmt noch eine Prise hiervon und eine Prise davon, bis von dem ursprünglichen Plan und Rezept (das heißt von dem lateinischen Originaltext) nichts mehr übrig ist.

Es gibt aber auch viele Schüler, die haben ihre Vokabeln gut gelernt, kennen ihre Formen, jedoch während des Übersetzens verlässt sie der Mut: Das passt ja alles nicht zusammen. Und schon fangen auch sie an, alles zusammenzurühren, weil sie sich nicht an die methodischen Schritte der Zubereitung halten und zu früh Ergebnisse erwarten.

Vokabeln und Formen (also die Zutaten) findest du in den Kapiteln 3 und folgende. In diesen Kapiteln wird ein Rezept vorgestellt, mit dem das Übersetzen gelingen kann. Hält man sich an dieses Vorgehen, geht nicht unbedingt alles glatt, aber die Gefahr, dass alles nachher im Mülleimer landet, wird deutlich geringer. Man braucht auch Erfahrung, das heißt, man muss dieses Rezept etliche Male gekocht haben, dann aber geht es immer besser und schneller. Und damit erledigt sich auch der Einwand von Schülerseite: „Ich habe doch gar nicht die Zeit, darüber auch noch nachzudenken!"

Grundlagen des Übersetzens

Im Gegensatz zum modernen Fremdsprachenunterricht, bei dem es vor allem auf Kommunikation ankommt, das heißt auf die Fähigkeit, sich in der Fremdsprache mündlich wie schriftlich verständigen zu können, liegt der Schwerpunkt des Lateinunterrichts auf der Übersetzungsarbeit. Diese Aufgabe wird von vielen sehr unterschätzt, denn sie stellt hohe Anforderungen an den Übersetzer und ist eine komplexe (nicht unbedingt komplizierte!) Aufgabe. Um nur einige wichtige Gesichtspunkte zu nennen:

■ Man braucht eine sichere Kenntnis der Fremdsprache, aus der man übersetzt. Im Fall des Lateinischen ist das vor allem die Formenlehre, das heißt die Deklinationen und Konjugationen.

■ Man braucht Wissen über den zu übersetzenden Text und die Kultur und Gesellschaft, aus der er kommt.

■ Man braucht ein bestimmtes methodisches Vorgehen.

■ Man muss logisch denken.

■ Man muss seinen gesunden Menschenverstand benutzen.

■ Man muss seine eigene Muttersprache beherrschen.

Klingt fürchterlich, nicht wahr? Ist aber im konkreten Fall oft halb so schlimm. Und „schlimm" ist ohnehin der falsche Begriff. Übersetzen ist eine reizvolle Herausforderung, bei der man all seine intellektuellen Fähigkeiten und sein erlerntes Wissen zum Einsatz bringen kann.

Was ist Übersetzen?

Bücher über die Theorie der Übersetzung füllen ganze Bücherregale. Auch darüber, wie man Schülern das Übersetzen aus dem Lateinischen nahebringen kann, haben sich kluge Köpfe viele Gedanken gemacht. Jede Methode hat ihre Vor- und Nachteile, und der hier vorgestellten Methode wird man sicher zum Vorwurf machen können, dass sie sehr traditionell ist. Wir schlagen nämlich eine Mischung aus der konstruierenden und der analytischen Methode vor.

Konstruieren heißt bei einem lateinischen Satz nichts anderes als zum Beispiel im Maschinenbau: Ich setze etwas Stück für Stück zusammen. Dies geschieht vom Prädikat als wichtigstem Satzteil aus. Die Art des Verbs im Prädikat legt fest, wie viele weitere Bestandteile ein Satz hat. Die ergeben sich ganz logisch, weil sonst ein Satz nicht vollständig, das heißt sinnvoll ist. Beispiel: „Otto lacht" bedarf keiner Ergänzung. Bei „Otto liebt" fragt man automatisch: wen? Wir brauchen also eine Ergänzung im Akkusativ (zum Beispiel Erna). „Otto gibt" verlangt schon nach zwei weiteren Informationen: wem? was? (zum Beispiel Erna einen Kuss). Das nennen die Profis Valenz des Verbs, es ergibt sich aber auch sowieso logisch aus jedem Satz. Hat man diese Fragen beantwortet, so ist der Satz sinnvoll und komplett.

Analytisch bedeutet, dass ich die logischen Fragen nach den Informationen stelle, die ich benötige, um den Inhalt einer Aussage zu verstehen. Das sind nun nicht nur die Fragen danach, wer wem was tut, sondern auch danach wo, wann, wie, warum usw. etwas passiert. „Im Kino gibt Otto Erna spontan einen Kuss." Wir erfahren also etwas über den Ort und die Art und Weise, wie es passierte. Mehr dazu in den Beispielen.

Sicher ist, dass sich die konstruierend-analytische Methode für das selbstständige erfolgreiche Übersetzen in der Schule

als die wirkungsvollste erwiesen hat – und dass jeder Lateinlehrer, dem auch manchmal ein Text Kopfzerbrechen bereitet, genau so vorgeht.

Noch eine Vorbemerkung, bevor es in medias res geht: Das
Übersetzen muss in zwei Schritten erfolgen. Der erste Schritt
ist das sogenannte Dekodieren des lateinischen Texts, das
heißt, dass man versteht, was der Text inhaltlich besagt –
und das möglichst bis ins kleinste Detail. Oft bleiben die von
Schülern erstellten Übersetzungen schon bei diesem Schritt
stecken und bieten dann ein schreckliches Deutsch-Latein,
dessen Sinn oft unklar bleibt.

Hat man das Dekodieren erfolgreich abgeschlossen, dann
folgt die Übertragung in die eigene Muttersprache, das sogenannte Rekodieren, bei dem man versuchen muss, mit
den Mitteln seiner Sprache den Inhalt des lateinischen Ur-
sprungstexts angemessen wiederzugeben. Das setzt solide
Kenntnis vor allem der Formenlehre, aber auch des Basis-
wortschatzes voraus – wie jede Übersetzungsmethode.

Noch eine (für Schüler schockierende) Zwischenbemerkung:
Auch Wörterbucharbeit ist nur auf dieser Basis möglich, denn
Wörterbücher führen ja nicht alle Formen auf, sondern bei
Substantiven und Adjektiven nur den Nominativ Singular, die
Verben findet man unter der 1. Person Singular Indikativ

Präsens Aktiv. Es ist nahezu unmöglich (oder reiner Zufall), Verbformen wie zum Beispiel „vis" oder „didicissent" zu finden, wenn man die Formen von „velle" oder die Stammformen von „discere" nicht kennt.

Wichtig bei der Befolgung der Schritte ist außerdem, sich nie zu früh auf einen bestimmten Sinn festzulegen, sondern an jedem Punkt bereit zu sein, die eigenen Ideen zu revidieren.

Die methodischen Schritte beim Übersetzen
(0. Wenn der Lehrer den Text laut vorliest, mache dir mit einem Stift Notizen im Text, markiere dir Wortblöcke, Silbenlängen usw.)

1. Aktiviere dein Vorwissen (über den Textzusammenhang, den Autor etc.)!

2. Lies den Text ein- bis zweimal gründlich durch!
Dabei wirst du oft wichtige Beobachtungen machen, zum Beispiel: Es tauchen Personen, Orte oder Völker auf. Der Text ist in Paragraphen gegliedert, die eine inhaltliche Struktur liefern. Es gibt direkte Rede, vielleicht einen Dialog. Ein bestimmtes Tempus oder ein bestimmter Modus herrschen vor. Wörter aus einem bestimmten Themenbereich häufen sich usw.

Latein macht Spaß!

3. Sammle die Beobachtungen aus Punkt 2!
Bilde dir eine Vorstellung, wovon der Text inhaltlich handeln könnte, aber lege dich nicht jetzt schon fest!

4. Analysiere die Satzgrenzen (.!?:;)!

5. Analysiere den ersten Satz! Bestimme die Funktion der Kommata (,): Aufzählung oder Abtrennung eines Nebensatzes?

6. Konzentriere dich auf den Hauptsatz. Suche das Prädikat!

7. Übersetze das Prädikat möglichst wörtlich mit der Bedeutung, die du gelernt hast.

8. Suche das Subjekt (immer im Nominativ!)!

9. Übersetze den Satzkern (Subjekt und Prädikat)!

10. Suche die notwendigen Ergänzungen (Objekte: wen? wem?)!

11. Kombiniere die notwendigen Ergänzungen mit dem Satzkern (Subjekt + Prädikat + Objekt)!

12. Analysiere genau die Form der weiteren (freien) Angaben im Text (wo? wann? auf welche Weise? wieso? usw.) und baue sie in die bisherige Übersetzung ein! Diese Angaben sind für einen grammatikalisch korrekten Satz nicht notwendig, liefern jedoch trotzdem wichtige Informationen über Ort und Zeit, die Art und Weise, die näheren Umstände usw.

13. Analysiere den Nebensatz des ersten Satzes! Folge den Schritten 6 bis 12!

14. Wende dich dem zweiten Satz (und dann den weiteren) zu und folge den Schritten 5 bis 12!
Was du jetzt hast, ist eine Arbeitsübersetzung, noch keine gute Übersetzung. Du hast jetzt den ersten Schritt des Dekodierens hinter dir. Der Text, der jetzt entstanden ist, ist sicher in vielen Passagen kein richtiges Deutsch, sondern eher ein Leutsch oder Datein, eine komische Kombination aus deutschen Wörtern und lateinischer Grammatik.

15. Versuche zu verstehen, was der Text (möglichst bis ins Detail) aussagen will.

16. Übertrage den Text in korrektes, angemessenes Deutsch! Erst jetzt erfolgt die eigentliche Übersetzung. Du musst den Text so formulieren, dass man durch deine Übersetzung genau versteht, worum es im Text geht. Stelle dir dazu jemanden vor, von dem du annimmst, dass er keine Ahnung vom lateinischen Original hat. Erst wenn du sicher bist, dass diese Person deinen deutschen Text verstehen würde (ohne dass du permanent Erklärungen liefern musst) und gleichzeitig wüsste, was im lateinischen Original steht, hast du eine gelungene Übersetzung abgeliefert.

Beispiel 1:

Nehmen wir folgenden Text des Erasmus von Rotterdam:

Cum Alexander Magnus viseret Diogenem, repperit eum sedentem pro dolio ac laceras schedas glutinantem. Rex, cum multa cum illo collocutus pararet abire, dixit: „Cogita, Diogenes, quid a me velis petere; nam quicquid optaveris, feres." „Secede", inquit, „paulum!" Cum rex putans illum velle deliberare secessisset et Diogenes diutius taceret, repetivit: „Pete, quod vis, Diogenes!"
„Hoc", inquit, „volebam; nam prius arcebas mihi solem ad id, quod ago, necessarium." Alii narrant illum dixisse: „Ne mihi feceris umbram!", quod vellet apricari.

Als Hilfen könnten folgende Vokabeln angegeben sein:

dolium, -i n.	Fass
lacer, -era, -erum	zerfetzt, zerrissen
scheda, -ae f.	Papyrusstreifen
glutinare	zusammenkleben
secedere, secedo, secessi, secessum	beiseite treten

deliberare	überlegen
umbra, -ae f.	Schatten
apricari, apricor, apricatus sum	sonnenbaden,
	sich sonnen

Bevor ich mich nun auf die erste Vokabel stürze und da schon in Bedrängnis gerate (denn heißt „cum" hier „mit" oder „als", ist es also Präposition oder Konjunktion?) muss ich mir einiges in Erinnerung rufen:

Kein Text – vor allem keiner in der Schule – fällt vom Himmel. Jeder Text ist in einen Zusammenhang, einen sogenannten Kontext, eingebettet. Lektionstexte im Lateinbuch stehen meist in einem thematischen Zusammenhang (zum Beispiel „auf dem Forum", Geschichten aus der Mythologie, berühmte Römer, Ereignisse der römischen Geschichte usw.). Sie haben eine Überschrift, meist noch ein Bild und in der Regel einen informativen Zusatztext. All dies hilft mir, den vorgelegten Text einzuordnen und inhaltlich schon in eine bestimmte Richtung zu denken. In der Lektürephase ist es ähnlich. Ein Text wie oben kommt nicht vollkommen überraschend, sondern es wurden wahrscheinlich schon Texte vom selben Autor gelesen. Zudem wird der Lehrer immer Zusatzinformationen geben, die ich natürlich auch zur Kenntnis nehmen muss. Wenn der Lehrer den Text vorliest, wird er immer Wert darauf legen, sinngestaltend zu lesen, das heißt, ich werde schon hierbei wichtige Informationen zum Text bekommen. Mit einem Stift in der Hand kann ich mir zum Beispiel die Wortblöcke deutlich machen, die der Lehrer vorliest. Im Folgenden nehmen wir uns den Text nach den Regeln vor, die wir ein paar Seiten zuvor aufgestellt haben.

(**0.** Wenn der Lehrer den Text laut vorliest, mache dir Notizen im Text, markiere dir Wortblöcke, Silbenlängen usw.)

1. Aktiviere dein Vorwissen (über den Textzusammenhang, den Autor etc.)!
Von bisherigen Texten weiß ich, dass Erasmus unter anderem kleine, witzige Anekdoten geschrieben hat, die sich sehr oft mit dem griechischen Philosophen Diogenes beschäftigen. Der war zu seiner Zeit als Außenseiter berühmt-berüchtigt, da er einen sehr eigenen Lebensstil führte, sich über viele andere „normale" Menschen lustig machte und für seine anspruchslose Lebensweise bekannt war.

2. Lies den Text ein- bis zweimal gründlich durch!
Auch im vorliegenden Text kommt Diogenes vor. Wenn der Text vollkommen neu ist, muss ich versuchen, Hintergrundinformationen zu bekommen. Das kann ich zum Beispiel anhand der Namen im Text, indem ich diese schnell im Lexikon nachschlage. Die im Text vorkommenden Namen Alexander und Diogenes gehören ohnehin zur Allgemeinbildung, das

Nachschlagen ist also nicht nur für diese spezielle Übersetzung sinnvoll. Außerdem enthält der Text Anführungszeichen, also direkte Rede.

3. Sammle die Beobachtungen aus Punkt 2!
Diogenes wird erwähnt, in irgendeiner Form wird die Schrulligkeit dieses Philosophen eine Rolle spielen. Alexander der Große ist der König von Makedonien. Bei dem Text wird es sich wohl um einen Dialog zwischen beiden handeln.

4. Analysiere die Satzgrenzen (.!?:;)!
Wie geht das? Erste Aufgabe muss sein, dieses Riesenproblem aus 77 Einzelproblemen (nämlich 77 Wörtern) zu gliedern, die handlicher und – da kleiner und überschaubarer – auch leichter lösbar sind. Dabei hilft mir immer die Zeichensetzung, die Interpunktion. Sie ist sinnvoll und jede Textausgabe wird sich nach den aktuellen Regeln der deutschen Rechtschreibung richten. Dazu muss ich allerdings die Regeln kennen – nicht unbedingt alle, aber ein paar wichtige:

Ein Satzende wird markiert durch
- Punkt (.) oder
- Ausrufezeichen (!) oder
- Fragezeichen (?) oder
- Doppelpunkt (:) oder
- Semikolon (;).

Machen wir dies im Text. Es ergibt sich folgender Aufbau:

Cum Alexander Magnus viseret Diogenem, repperit eum sedentem pro dolio ac laceras schedas glutinantem. Rex, cum multa cum illo collocutus pararet abire, dixit: „Cogita, Diogenes, quid a me velis petere; nam quicquid optaveris, feres." „Secede", inquit, „paulum!" Cum rex putans illum velle deliberare secessisset et Diogenes diutius taceret, repetivit: „Pete, quod vis, Diogenes!"

„Hoc", inquit, „volebam; nam prius arcebas mihi solem ad id, quod ago, necessarium." Alii narrant illum dixisse: „Ne mihi feceris umbram!", quod vellet apricari.

5. Analysiere den ersten Satz! Bestimme die Funktion der Kommata (,): Kennzeichnen sie die Aufzählung oder Abtrennung eines Nebensatzes?

Wir nehmen uns jetzt Satz für Satz vor, logischerweise beginnen wir mit dem ersten. Jetzt kommt wieder die Zeichensetzung ins Spiel. Im Satz selbst können (im Prinzip) nur Kommata vorkommen. Was ist die Aufgabe dieses Satzzeichens? Ein Komma trennt a) Hauptsatz von Nebensatz oder dient b) der Aufzählung (weniger häufig dem Abtrennen einer Anrede oder einer Apposition).

Cum Alexander Magnus viseret Diogenem, repperit eum sedentem pro dolio ac laceras schedas glutinantem.

Was ist nun die Aufgabe dieses Kommas? a) oder b)?
Nun muss ich wissen, woran ich einen Nebensatz erkenne:
Er wird meistens eingeleitet durch
▪ entweder eine unterordnende Konjunktion oder
▪ ein Relativpronomen (eine Form von qui, quae, quod,
   seltener ein Fragewort oder ein anderes Pronomen).

Außerdem haben die meisten Nebensätze im Lateinischen
ein Prädikat im Konjunktiv, das meistens aber als Indikativ
übersetzt werden kann. Gehen wir Wort für Wort durch, so
finden wir kein Relativpronomen, aber ein Wort, das eine
Konjunktion sein könnte: **cum.** „cum" gibt es nun dummerweise
in zwei Bedeutungen bzw. es kann eine Präposition sein
(Bedeutung: mit) oder eine unterordnende Konjunktion. Kann
ich diese Frage entscheiden? Hier wird wieder deutlich, dass
ich Formen und Vokabeln beherrschen muss, sonst fängt
jetzt schon das Gerate an. „cum" als Präposition verbindet
sich immer mit einem Ablativ. Schauen wir uns die Wörter bis
zum Komma an, so ist darunter kein Ablativ – der logische
Schluss: „cum" ist keine Präposition, muss also Konjunktion
sein. Außerdem steht das Prädikat im Konjunktiv **(viseret).**
Damit haben wir die Funktion des Kommas festgestellt: Es
trennt Haupt- und Nebensatz.

6. Konzentriere dich auf den Hauptsatz. Suche das Prädikat!
Wir halbieren das Problem Satz 1 und konzentrieren uns auf

den Hauptsatz:
repperit eum sedentem pro dolio ac laceras schedas glutinantem.

Jeder Satz (ob Haupt- oder Nebensatz) beinhaltet die Satzteile Subjekt und Prädikat. Am besten beginnt man mit dem Prädikat. Woran erkenne ich ein Prädikat? Das Prädikat ist immer eine finite Verbform, das heißt, sie hat eine Personalendung. Die einzige finite Verbform in diesem Hauptsatz ist repperit.

7. Übersetze das Prädikat möglichst wörtlich mit der Bedeutung, die du gelernt hast.

repperit ist 3. Person Singular Indikativ Perfekt Aktiv, auf Deutsch:
er, sie, es hat wiedergefunden

8. Suche das Subjekt (immer im Nominativ!)!
Die logische Frage ist: Wer hat wiedergefunden? Mit anderen Worten, wir suchen das Subjekt, das immer im Nominativ steht. Im Hauptsatz finden wir keine Nominativform, das heißt, das Subjekt steckt im Prädikat. Wer „er", „sie", „es" ist, muss zunächst unentschieden bleiben. Wir haben nur zwei Personen im Text festgestellt, es handelt sich also entweder um Diogenes oder Alexander.

9. Übersetze den Satzkern (Subjekt und Prädikat)!
Da wir kein separates Subjekt gefunden haben, bleibt es bei
der Übersetzung aus 7:
er, sie, es hat wiedergefunden

10. Suche die notwendigen Ergänzungen (Objekte)!
Was ist die nächste logische Frage beim Verb „wiederfind-
en"? Natürlich: wen? Wir brauchen also einen Akkusativ. Hier
werden wir gleich mehrfach fündig:
eum sedentem (ac) laceras schedas glutinantem

An den Endungen erkennen wir, dass **eum, sedentem** und
glutinantem alle Akkusativ Singular maskulinum sind, **laceras**
und **schedas** Akkusativ Plural femininum. Wir übersetzen
diese Teile und erhalten: **ihn sitzend** (und) **zusammenklebend
zerfetzte Papyrusstreifen**

11. Kombiniere die notwendigen Ergänzungen mit dem
Satzkern (Subjekt und Prädikat)!
Setzen wir die bisherigen Ergebnisse zusammen, so ergibt sich:
**Er hat ihn sitzend und zusammenklebend zerfetzte
Papyrusstreifen wiedergefunden.**

Stellen wir uns ganz dumm an, so könnten wir vermuten, dass
er, wer auch immer er ist, eine Person findet, die herumsitzt
und irgendetwas zusammenklebt und dazu noch zerfetzte

Papyrusstreifen. Jetzt müssen wir auf die Wortstellung achten: Was verbindet das **ac?** **sedentem** und **glutinantem** beziehen sich beide auf **eum,** müssen also irgendwie verbunden werden. **laceras schedas** ist nicht Teil der Aufzählung. Was aber dann? Wir wissen nicht, was der Sitzende zusammenklebt. Es wäre aber sinnvoll, wenn der Text diese Information enthielte. Wie würde ich danach fragen? Wen oder was zusammenkleben? Benötigt wird also auch hier ein Akkusativ, den wir allerdings schon lange gefunden haben: **laceras schedas.** Dies ist das Objekt zu **glutinantem.** Formulieren wir die Übersetzung neu (wir brauchen dazu im Deutschen nur eine kleine Umstellung):

er hat ihn sitzend und zerfetze Papyrusstreifen zusammenklebend wiedergefunden

Jetzt mögen bei einigen Schülern schon Zweifel aufkommen, ob das so stimmen kann. Vor allem der Sinn des „zerfetzte Streifen zusammenklebend" birgt einige Rätsel. Diese Zweifel sollte man aber zurückstellen. Die Übersetzung ist den Vokabeln und Formen nach erst einmal korrekt, vielleicht kann ja die weitere Übersetzung Verständnislücken schließen.

12. Analysiere genau die Form der weiteren (freien) Angaben im Text!
Was ist bisher im Satz noch unübersetzt? **pro dolio:** pro ist eine Präposition mit Ablativ und bedeutet „vor", „für". „Dolium"

ist angegeben mit „Fass", die Form ist entweder Dativ Singular oder Ablativ Singular. Der Ablativ liegt nahe wegen des **pro**. Also übersetzt: **vor dem Fass.**

Bauen wir auch diesen Teil ein, so ergibt sich:
er hat ihn vor dem Fass sitzend und zerfetzte Papyrusstreifen zusammenklebend wiedergefunden

Ein paar Schritte zurück zum Vorwissen, und wir erinnern uns an die bisherigen Texte. Wer lebt in einem Fass? Entsprechend seiner anspruchslosen Lebensweise Diogenes. Die Vermutung liegt nahe, dass hier Diogenes vor seiner Behausung sitzt und dieser seltsamen Tätigkeit nachgeht. Aber Diogenes tut dauernd Dinge, die seine Mitmenschen nicht verstehen oder nachvollziehen können. Eins haben wir noch vergessen: Wir können mit Fug und Recht vermuten, dass das „er" des Subjekts wahrscheinlich Alexander ist, denn andere Personen haben wir im Text nicht entdecken können. Alexander hat Diogenes also wiedergefunden. Offensichtlich gab es schon eine Begegnung, dann haben sich die beiden getrennt und Alexander hat Diogenes gesucht.

Wir wenden uns jetzt dem Nebensatz zu.

13. Analysiere den Nebensatz des ersten Satzes!
Folge den Schritten 6 bis 12!

Cum Alexander Magnus viseret Diogenem,

Einfach, aber gehen wir trotzdem alles durch.

6. Konzentriere dich auf den Nebensatz. Suche das Prädikat!
Die einzige finite Verbform ist **viseret:** 3. Person Singular
Konjunktiv Imperfekt Aktiv.

7. Übersetze das Prädikat möglichst wörtlich mit der
Bedeutung, die du gelernt hast.
Anhand des **cum** wissen wir, dass es sich um einen
Nebensatz handelt. Hier ist eine Wiedergabe des Konjunktivs
im Deutschen nicht vonnöten – wir können einfach den
Indikativ übersetzen:
er schaute an

8. Suche das Subjekt (immer im Nominativ!)!
Das Subjekt ist **Alexander Magnus,** beides ist Nominativ
Singular maskulinum.

9. Übersetze den Satzkern (Subjekt und Prädikat)!
Alexander der Große schaute an

10. Suche die notwendigen Ergänzungen (Objekte)!
Die notwendige Ergänzung ist wieder ein Akkusativobjekt:
wen? Der einzige Akkusativ im Nebensatz ist **Diogenem.**

11. Kombiniere die notwendigen Ergänzungen mit dem Satzkern (Subjekt und Prädikat)!
Alexander der Große schaute Diogenes an

12. Analysiere die Form der weiteren Angaben im Text!
Weitere Angaben sind nicht vorhanden, was noch fehlt, ist das **cum,** das wir als unterordnende Konjunktion identifiziert haben. Die Bedeutung kann „als", „weil", „obwohl" sein. Hier müssen wir wieder logisch vorgehen, um den wahrscheinlichsten inhaltlichen Bezug zwischen Neben- und Hauptsatz herzustellen. Nur die erste Bedeutung („als") erscheint sinnvoll. Wir erhalten also folgende Arbeitsübersetzung des ersten Satzes:
Als Alexander der Große Diogenes anschaute, hat er ihn vor seinem Fass sitzend und zerfetzte Papyrusstreifen zusammenklebend wiedergefunden.

Nun wenden wir uns dem zweiten Satz zu, gehen aber die Schritte etwas schneller durch:
Rex, cum multa cum illo collocutus pararet abire, dixit:

5. Analysiere den zweiten Satz! Bestimme die Funktion der Kommata (,): Kennzeichnen sie die Aufzählung oder Abtrennung eines Nebensatzes?
Die beiden Kommata grenzen einen Nebensatz ab. Wieder liegt ein **cum** als einleitende Konjunktion vor, das Prädikat des Nebensatzes steht im Konjunktiv: **pararet.**

6. Konzentriere dich auf den Hauptsatz. Suche das Prädikat! Der Hauptsatz ist also **rex dixit,** das Prädikat **dixit.**

7. Übersetze das Prädikat möglichst wörtlich mit der Bedeutung, die du gelernt hast.
dixit: er, sie, es hat gesagt

8. Suche das Subjekt (immer im Nominativ!)!
Subjekt ist **rex** (Nominativ Singular maskulinum): **der König**

9. Übersetze den Satzkern (Subjekt und Prädikat)!
der König hat gesagt

Wer ist denn jetzt der König? Eine dritte Person? Natürlich nicht – Alexander der Große ist der König von Makedonien!

10., 11. und **12.** entfallen.

13. Analysiere den Nebensatz des zweiten Satzes!
Folge den Schritten 6 bis 12!
cum multa cum illo collocutus pararet abire

6. Konzentriere dich auf den Nebensatz. Suche das Prädikat!
Das Prädikat im Nebensatz ist **pararet.** Es liegen zwar weitere Verbformen vor, es sind aber keine finiten Verbformen **(collocutus, abire).**

7. Übersetze das Prädikat möglichst wörtlich mit der Bedeutung, die du gelernt hast.
Wieder braucht der Konjunktiv nicht übersetzt zu werden.
pararet heißt also
er bereitete vor

8. Suche das Subjekt (immer im Nominativ!)!
Im Nebensatz können zwei Wörter der Form nach Nominativ sein: **multa** und **collocutus.**
multa ist Nominativ Singular femininum von multus, -a, -um,
collocutus Nominativ Singular maskulinum vom Partizip Perfekt Passiv (PPP) von colloqui.

Wie entscheide ich? Ich kann dies anhand der grammatischen Kategorien. **collocutus** kann nur Nominativ sein, bei **multa** gibt es aber noch andere Möglichkeiten: Nominativ Plural neutrum oder Akkusativ Plural neutrum. **collocutus** muss also Subjekt sein, **multa** hat offensichtlich eine andere Aufgabe.

collocutus ist – wie bereits gesagt – das PPP von colloqui, ist gar kein Substantiv, sondern heißt wörtlich übersetzt **sich unterhalten habend.** Wer aber hat das getan? Es bleibt nur die Person des Prädikats: **er.**

9. Übersetze den Satzkern (Subjekt und Prädikat)!
er sich unterhalten habend bereitete vor

10. Suche die notwendigen Ergänzungen (Objekte)!

Zwei Fragen ergeben sich: Was bereitete er vor? Mit wem unterhielt er sich?

Die zweite Frage ist relativ leicht zu beantworten. Im Satz steht ein zweites **cum,** dem diesmal ein Ablativ folgt: **illo,** also: **mit jenem.**

er sich mit jenem unterhalten habend bereitete vor

Was oder wen? Ein Akkusativ liegt noch vor: **multa,** übersetzt **viel.** Also:

er sich mit jenem unterhalten habend bereitete viel vor

Jetzt fehlt noch ein Wort: **abire.**

11. Kombiniere die notwendigen Ergänzungen mit dem Satzkern (Subjekt und Prädikat)!

abire ist der Infinitiv Präsens Aktiv: **weg(zu)gehen.** Wie bauen wir das noch ein? Wieder kommt die Wortstellung ins Spiel. **multa** steht weit entfernt von **pararet, abire** direkt dahinter. Es bestünde also auch die Möglichkeit zu übersetzen:

er sich mit jenem unterhalten habend bereitete vor wegzugehen

Was machen wir nun mit dem **multa? multa** steht an zweiter Stelle und näher an der anderen Verbform **collocutus.** Man kann es hier sinnvoll einbauen.

er sich mit jenem viel unterhalten habend bereitete vor
wegzugehen

12. Analysiere genau die Form der weiteren (freien) Angaben
im Text!
Es fehlt noch das **cum.** Wir stehen vor derselben Wahl wie
beim ersten Satz und entscheiden uns auch jetzt aus obigen
Gründen für dieselbe Lösung.
**als er sich viel mit ihm unterhalten habend vorbereitete
wegzugehen**

Die Kombination aus Haupt- und Nebensatz ergibt also:
**Der König sagte, als er sich viel mit ihm unterhalten habend
vorbereitete wegzugehen:**

Danach folgt der dritte Satz in direkter Rede. Wir wollen nun
nicht den ganzen Text so detailliert durchgehen. Wenn du die
Übersetzung versuchen möchtest, findest du eine mögliche
Übersetzung im Lösungsteil am Ende des Buches.

Der Satz ist grammatikalisch völlig korrekt. Aber – wie du
feststellst – teilweise furchtbares Deutsch.
**Als Alexander der Große Diogenes anschaute, hat er ihn vor
seinem Fass sitzend und zerfetzte Papyrusstreifen zusammenklebend wiedergefunden. Der König sagte, als er sich
viel mit ihm unterhalten habend vorbereitete wegzugehen:**

Wir überschlagen jetzt die Übersetzung der nächsten Sätze und tun so, als ob die Arbeitsübersetzung insgesamt fertig wäre. Wir wollen uns nämlich dem nächsten Schritt zuwenden:

15. Versuche zu verstehen, was der Text (bis ins Detail) aussagen will.
Der Text handelt von Alexander dem Großen und Diogenes. Alexander findet Diogenes und schaut ihn an. Diogenes sitzt vor seinem Fass und klebt Papyrusstreifen zusammen. Der König unterhält sich mit ihm über viele Dinge und will weggehen. Doch bevor er das tut, sagt er etwas.

Wie kann ich nun die Arbeitsübersetzung gefälliger und verständlicher formulieren? Bedenke immer, dass jemand ohne Kenntnis des lateinischen Originals und ohne deine erklärenden Kommentare deine Übersetzung verstehen soll. Wie wäre es mit folgender Version?
Als Alexander der Große nach Diogenes schaute, traf er ihn an, als der vor seinem Fass saß und zerfetzte Papyrusstreifen zusammenklebte. Als der König bereits vorhatte wegzugehen, nachdem er sich mit Diogenes über viele Dinge unterhalten hatte, sagte er:

Dieser Text gibt den Inhalt des Originals lückenlos und verständlich wieder. Es wären auch viele andere Lösungen richtig. Das lateinische Original muss dabei auf keinen Fall Wort für Wort nachvollzogen werden, denn das ist oft gar nicht möglich. Die Kunst besteht darin, einen korrekten, verständlichen deutschen Text herzustellen.

Beispiel 2:

Phaedrus: Rana rupta et bos

Inops, potentem dum vult imitari, perit.
In prato quondam rana conspexit bovem
et tacta invidia tantae magnitudinis
rugosam inflavit pellem. Tum natos suos
interrogavit, an bove esset latior.
Illi negarunt. Rursus intendit cutem
maiore nisu et simili quaesivit modo,
quis maior esset. Illi dixerunt bovem.
Novissime indignata dum vult validius
inflare sese, rupto iacuit corpore.

Weitere Vokabeln:

pratum, -i n.	Wiese	**cutis, -is** f.	(glatte) Haut
rugosus, -a, -um	runzlig, faltig	**nisus, -us** m.	Anstrengung
pellis, -is f.	Haut	**novissime**	zuletzt
negarunt =			
negaverunt	an, ob nicht		

1. (Vorwissen)
Aktiviere dein Wissen über den Autor Phädrus, vor allem
aber über die Textart, die er verfasst hat, nämlich Fabeln:
ihre Struktur, typische Elemente usw. Vielleicht hast du auch
Leseerfahrung aus dem Deutschunterricht, kennst schon
andere Fabeln, vielleicht sogar diese.

2. (Lesen)
Im Text stehen fast nur Prädikate in der 3. Person Singular
(zwei in der 3. Person Plural). Die Überschrift nennt einen
Frosch und einen **Ochsen.** Ein Wortfeld bilden die Wörter
Haut **(cutis, pellis)** und aufblasen, aufblähen, anspannen
(2x inflare; intendere). Außerdem kommen ähnliche Begriffe
wie **interrogare, quaerere** (fragen) und **negare, dicere**
(abstreiten, sagen, behaupten) vor. Im Text gibt es vier
Zeitadverben: **quondam** (einst), **tum** (dann, darauf), **rursus**
(wieder), **novissime** (zuletzt).

Als handelnde Personen im Plural tauchen zweimal **illi** auf.

3. (inhaltliche Vorstellung)
Fabeln haben zumeist Tiere als Handlungsträger. In diesem
Fall sind es offenbar ein **Frosch,** ein **Ochse** und **jene.** Die
Fabel ist zeitlich in vier Schritte gegliedert – enthält also wohl
eine Abfolge von Handlungsschritten. Ordnet man die ähn-
lichen Wörter diesen vier Stufen zu, entdeckt man, dass wohl

mehrfach Ähnliches passiert.

**quondam: inflavit pellem; tum: interrogavit; illi negarunt
rursus: intendit cutem; quaesivit; illi dixerunt
novissime: inflare sese**

Da bläst sich jemand dreimal auf, stellt zweimal eine Frage
und bekommt zweimal eine Antwort. Nur beim letzten Mal
fehlen die beiden letzten Schritte.

Wer bläst sich wohl auf? Der Ochse oder der Frosch? Aus der
Natur kennen wir das von Fröschen, die beim Quaken ihren
Kehlsack ungeheuer dehnen können. Das liegt wohl auch hier
nahe. Wir können darüber spekulieren, warum er das tut,
warum es so plötzlich endet, wer die **illi** sind.

4. (Satzgrenzen)
**Inops, potentem dum vult imitari, perit.
In prato quondam rana conspexit bovem et tacta invidia
tantae magnitudinis rugosam inflavit pellem.
Tum natos suos interrogavit, an bove esset latior.
Illi negarunt.
Rursus intendit cutem maiore nisu et simili quaesivit modo,
quis maior esset.
Illi dixerunt bovem.
Novissime indignata dum vult validius inflare sese, rupto
iacuit corpore.**

Latein macht Spaß!

5. (Kommata erster Satz)
Inops, potentem dum vult imitari, perit.

Die Kommata grenzen einen eingeschobenen Nebensatz ein.
Kennzeichen: die unterordnende Konjunktion **dum.**

6. (Haupsatz)
Inops perit.

Prädikat: **perit**

7. (Übersetzung Prädikat)
er, sie, es geht zugrunde

8. (Subjekt)
Es gibt nur ein weiteres Wort im Hauptsatz: **inops.** Das ist
ein Adjektiv und bedeutet **machtlos, schwach.** Es gibt aber
weit und breit kein Beziehungswort und auch keine Form von
„esse" zur Stützung dieses Wortes. Wie kann ich es dann
übersetzen? Wenn Adjektive so gebraucht sind, dann sind
sie substantiviert, das heißt, sie werden wie ein Substantiv
behandelt. Aus **machtlos, schwach** wird also **der** oder **ein
Machtloser, Schwacher.**

9. (Subjekt und Prädikat)
ein Schwacher/Machtloser geht zugrunde

10./11./12. entfallen, da der Hauptsatz keine weiteren Elemente enthält.

13. (Nebensatz)
potentem dum vult imitari

Die Wortstellung ist ungewöhnlich, denn normalerweise leitet ja eine Konjunktion den Nebensatz ein. Diese steht jedoch hier an zweiter Stelle. Das kann aber in der Dichtung durchaus vorkommen.

6. (Prädikat)
vult

7. (Übersetzung Prädikat)
er, sie, es will

8. (Subjekt)
Keines der anderen drei Wörter ist Nominativ, also steckt das Subjekt im Prädikat (er, sie, es).

9. (Subjekt + Prädikat)
er, sie, es will

10. (notwendige Ergänzungen)
„wollen" ist ein Hilfsverb. Es braucht „Hilfe", denn der Leser

muss ja erfahren, was gewollt wird. Diese Information enthält normalerweise ein Infinitiv. Haben wir den hier im Text? Jawohl: **imitari: nachahmen.** Hier ergibt sich sogleich die nächste Frage: Nachahmen? Wen? Wir brauchen einen Akkusativ. Den finden wir in **potentem.** Wir haben den gleichen Fall wie bei **inops** im Hauptsatz: Kein Bezugswort, keine Form von esse, also ist wohl auch **potentem** substantiviert.

11. (notwendige Ergänzungen + Satzkern)
er, sie, es will den/einen Mächtigen nachahmen

12. (freie Angaben)
Ergänzen wir noch die Konjunktion **dum: während,** so ergibt sich:
während er, sie, es einen Mächtigen nachahmen will

und fügen wir den Hauptsatz hinzu, so erhalten wir:
Der Schwache/ein Schwacher geht zugrunde, während er den/einen Mächtigen nachahmen will.

Wir können aus unserem Wissen über Fabeln schließen, dass dies die Moral ist, die diesmal als Einleitung dient, bevor die eigentliche Geschichte beginnt, der sogenannte narrative Teil. Wie beim ersten Beispiel wollen wir uns auch hier noch dem zweiten Satz zuwenden, den Rest aber den Lesern überlassen. Auch hierfür wirst du die vollständige Übersetzung im Lösungsteil finden.

In prato quondam rana conspexit bovem et tacta invidia tantae magnitudinis rugosam inflavit pellem.

5. entfällt. Es liegt nur ein Hauptsatz vor.

6. (Prädikat)
Es liegen zwei finite Verbformen vor: **conspexit** und **inflavit**. Nun können in einem Satz nicht zwei Prädikate unverbunden vorkommen. Wo ist denn die beiordnende Konjunktion? Als einzige Konjunktion kommt **et** im Text vor. Dadurch ist der Hauptsatz gleichzeitig gegliedert:
In prato quondam rana conspexit bovem
et
tacta invidia tantae magnitudinis inflavit pellem.

Der Hauptsatz ist somit in zwei kleinere Teile zerlegt.

7. (Übersetzung Prädikat)
Wir sollten nun Teil für Teil in zwei Arbeitsschritten abarbeiten.
conspexit: er, sie, es hat erblickt

8. (Subjekt)
Im ersten Teil des Hauptsatzes ist nur **rana** Nominativ.

9. (Subjekt und Prädikat)
ein Frosch hat erblickt

10. (notwendige Ergänzungen)
Wen? Akkusativ gesucht: **bovem: einen Ochsen**

11. (Satzkern + notwendige Ergänzungen)
ein Frosch hat einen Ochsen erblickt

12. (freie Angaben)
Wann? **Quondam: einst**
Wo? **in prato: auf einer Wiese**

Kombinieren wir alles, so erhalten wir:
einst hat ein Frosch auf einer Wiese einen Ochsen erblickt

Wenden wir uns nun dem zweiten Teil des Hauptsatzes zu.

7. (Übersetzung Prädikat)
inflavit: er, sie, es hat aufgeblasen

8. (Subjekt)
Was kann Nominativ sein in diesem Teil? **tacta** und **invidia** –
beides kann allerdings auch Ablativ Singular sein. **tacta** ist
das PPP von tangere: „berühren". Die Übersetzungsmöglichkeiten sind also:
der berührte Neid hat aufgeblasen
oder
durch den berührten Neid hat er, sie, es aufgeblasen

Beides wirkt nicht sehr überzeugend, aber es gibt auch noch eine dritte Lösung: **tacta** als Nominativ und **invidia** als Ablativ. **tacta** bezieht sich dabei auf das Subjekt, das aus dem ersten Teil des Hauptsatzes schon bekannt ist: **rana: der Frosch.**

9. (Satzkern)
Die dritte Version hieße also:
berührt von Neid hat er aufgeblasen

10. (Objekt)
Wen oder was? Wir benötigen einen Akkusativ: **rugosam pellem: die faltige Haut**

11. (Satzkern + Objekte)
berührt von Neid hat er die faltige Haut aufgeblasen

12. (freie Angaben)
Unübersetzt ist noch **tantae magnitudinis.** Beides ist Genitiv Singular femininum und bedeutet wörtlich übersetzt **der so großen Größe.** Diese Genitive sind offensichtlich abhängig von **invidia: berührt von Neid der so großen Größe.** Man kann schon vermuten, was gemeint ist. Bezieht man sein Wissen von der Funktion der Kasus mit ein, hier speziell des Genitivs, erkennt man, dass es sich um einen sogenannten genitivus obiectivus handeln muss:
Neid auf die so große Größe

Baut man beide Satzteile zusammen, ergibt sich:
Einst hat ein Frosch auf einer Wiese einen Ochsen erblickt und hat, berührt von Neid auf die so große Größe, die faltige Haut aufgeblasen.

Der Satz ist akzeptabel, man könnte ihn aber auch noch gefälliger formulieren, vor allem den zweiten Teil:
Einst hat ein Frosch auf einer Wiese einen Ochsen gesehen und hat, weil er von Neid auf die enorme Größe des Ochsen erfasst wurde, seine faltige Haut aufgeblasen.

Die Auflösung des Partizips **tacta** ist durch die Übersetzungsmöglichkeiten des Participium coniunctum abgedeckt. Auch andere Versionen sind möglich, beispielsweise einfach **vor Neid,** oder **erblasst vor Neid** oder eine andere Wendung im Deutschen, die den Inhalt adäquat wiedergibt. Das Gleiche gilt für **tantae magnitudinis: so große Größe** wirkt holprig, also sollte man sich um eine Formulierung bemühen, die den Gedanken in akzeptablem Deutsch angemessen wiedergibt.

2 Grammatik von A bis Z

In diesem Kapitel werden im Gegensatz zu anderen Grammatiken wichtige Begriffe in alphabetischer Reihenfolge aufgeführt. So kann gezielt ein bestimmtes Grammatikkapitel wiederholt und mit Hilfe der Querverweise vertieft werden.

Ablativ der 5. Fall, von lat. auferre, PPP ablatus, -a, -um (wegtragen, weggetragen). Der Ablativ ist der Multifunktionsfall im Lateinischen. Ursprünglich bezeichnete der Ablativ die „Trennung" (siehe ablativus separativus); daher kommt auch der Name. Im Deutschen kennen wir den Ablativ nicht, deshalb kann man auch keine bestimmte Frage stellen, die alle Möglichkeiten abdeckt. Der Ablativ hat Funktionen übernommen, die wir im Deutschen oft mit Präpositionen lösen. Inhaltlich handelt es sich meistens um adverbiale Bestimmungen. Der Ablativ wird bei einigen Verben als Objekt verwendet, häufiger kommt er als adverbiale Bestimmung vor. Fangen wird mit der Funktion als Objekt an.

1) Ablativobjekt

Man muss sich sechs Verben merken, nach denen ein Ablativ als Objekt steht:

uti, frui, fungi,	gebrauchen, genießen, verwalten,
potiri vesci, niti	sich bemächtigen, sich ernähren,
	sich anstrengen

Im Deutschen steht ein Akkusativobjekt.
■ Dominus **divitiis** fruitur. Der Herr genießt **seinen Reichtum.**

Die weiteren Funktionen des Ablativs dienen alle → adverbialen Bestimmungen:

2) Ablativ des Ortes (Ablativus loci)

Die Frage lautet wo? Dieser Ablativ liefert eine Ortsangabe.
■ **In villa** dominus dormit. Der Herr schläft **im Landhaus.**

Bei Städtenamen kommt dieser Ablativ ohne Präposition vor,
außerdem meist, wenn totus (ganz) oder locus (Ort) in der
Ortsangabe enthalten sind.
■ **Tota Sicilia** proconsul invisus erat. **In ganz Sizilien** war der
Statthalter verhasst.

Merke die Sonderformen: **Romae** (in Rom) und **terra marique**
(zu Wasser und zu Lande).

3) Ablativ der Zeit (Ablativus temporis)

Man stellt die Frage: wann? und erhält als Antwort eine
Zeitangabe.
■ **Hoc tempore** servus gladium invenit. **Zu dieser Zeit** findet
ein Sklave ein Schwert.

Hierzu gehören auch: **noctu** (nachts), **vespere** (abends),
hieme (im Winter), **prima luce** (bei Tagesanbruch).

4) Ablativ des Mittels (Ablativus instrumentalis)

Der Ablativ beantwortet die Frage womit? wodurch?. Er bezeichnet ein Mittel oder Werkzeug, mit dem eine Handlung
ausgeführt wird.

■ Servus dominum **gladio** interficit. Der Sklave tötet den Herrn **mit dem Schwert.**

5) Ablativ des Grundes (Ablativus causae)

Die Fragen lauten warum? aus welchem Grund? worüber? weswegen?. Er liefert den Grund, warum eine Person, vor allem aus welchem Gefühl heraus, handelt. So steht er häufig bei Verben wie **gaudere** (sich freuen über), **dolere** (leiden unter) oder Adjektiven (**laetus**, -a, -um froh über).

■ **Odio** commotus servus dominum interficit. **Aus Hass** (von Hass bewegt) tötet der Sklave den Herrn.

6) Ablativ der Art und Weise (Ablativus modi)

Frage: wie? auf welche Weise? Er drückt aus, wie etwas geschieht. Oft wird er auch mit cum verbunden.

■ **Magna (cum) diligentia** Lydus hortum colit. **Mit großer Sorgfalt** pflegt Lydus den Garten.

7) Ablativ der Trennung und des Ausgangspunktes (Ablativus separativus)

Frage: wovon? woher?

■ **Pecunia** dominum privat. (Er beraubt den Herrn **des Geldes.**) Er raubt dem Herrn **sein Geld.**

■ **Roma** reversus fessus est. Zurückgekehrt **aus Rom** ist er müde.

Dieser Ablativ steht bei Verben, die ausdrücken, dass jemand oder etwas von einer Sache getrennt ist oder wird, zum Beispiel **privare** (berauben), **liberare** und **solvere** (befreien), **carere** (nicht haben), **egere** (nötig haben), **arcere, prohibere** (abhalten von), **defendere, servare** (schützen vor), **abstinere** (sich enthalten), **vacare** (frei sein von), aber auch bei Adjektiven wie **liber, vacuus** (frei von).

8) Ablativ des Vergleichs (Ablativus comparationis)

Frage: als was? als wer? Er bezeichnet die Sache oder Person, mit der verglichen wird.

- Nunc hic servus divitior **aliis servis** est. Jetzt ist dieser Sklave reicher **als die anderen Sklaven.**

Der Satz könnte auch lauten: Nunc divitior **quam alii servi** est. Er kommt nur in Verbindung mit einem Komparativ vor.

9) Ablativ der Eigenschaft (Ablativus qualitatis)

Frage: wie? was für ein? Wie der → Genitivus qualitatis drückt dieser Ablativ die Eigenschaft einer Person oder Sache aus. Er kann auch als → Prädikatsnomen mit esse stehen.

- Clodiam, puellam **magna pietate,** ad curiam misit. Der Lehrer schickte Clodia, ein Mädchen **von (mit) großem Pflichtgefühl,** zum Rathaus.

10) Ablativ der Beziehung (Ablativus limitationis)

Die Frage lautet in welcher Beziehung? oder worin?.
Er schränkt eine allgemeine Aussage ein.

▨ Galli **lingua, institutis, legibus** inter se differebant. Die
   Gallier unterschieden sich in Bezug auf **Sprache, Einrich-
   tungen und Gesetze**. (Sie unterschieden sich ja nicht
   grundsätzlich, sondern nur in Beziehung auf gewisse Dinge.)

11) Ablativ des Maßes (Ablativus mensurae)

Man fragt um wie viel?. Merken sollte man sich **paulo** post
(**um ein weniges** später), **wenig** später und **aliquanto** melior
(**um ein weniges** besser), **ein wenig** besser, **multo** felicior
(**um vieles** glücklicher) **viel** glücklicher.

12) Ablativus pretii

Er kommt selten vor und gibt den Preis einer Sache an
(wie teuer? was kostet etwas?), zum Beispiel Pater villam
parvo pretio emit. Der Vater kaufte das Landhaus **zu einem
geringen Preis**.

Tipp: Man sollte wissen, was der Ablativ alles kann, sonst
fällt eine Übersetzung schwer. Orts- und Zeitangaben sind
relativ leicht zu erkennen und die meisten Fälle deckt der
Ablativ des Mittels ab.

Ablativus absolutus → Participium coniunctum

Acl Abkürzung für Accusativus cum infinitivo, dt. Akkusativ mit
Infinitiv. Der Acl ist eine sehr einfache und praktische Satz-
konstruktion, die zwei Tatbestände oder Ereignisse in einem
Satz kombiniert, ohne dass man einen Nebensatz benutzen
muss. Er kommt wie im Deutschen und Englischen auch im
Lateinischen besonders bei Verben der sinnlichen Wahr-
nehmung vor. Beispiele:

▨ Ich höre **sie weinen.** I hear **her cry.** Audio **eam flere.**

Alle drei Sätze beschreiben in einem Satz zwei Ereignisse,
die gleichzeitig stattfinden: Ich höre. Sie weint. Durch den Acl
kann ich beide Ereignisse kombinieren. Wenn die Ereignisse
vor einer Woche stattfanden, muss ich nur die Zeit des
Prädikats ändern:

▨ Ich **hörte sie weinen.** I **heard her cry.** Audivi **eam flere.**

Und wenn ich weiß, dass das nächste Woche passieren wird,
mache ich es genauso:

▨ Ich **werde sie weinen hören.** I **will hear her cry.**
　Audiam eam flere.

Der Infinitiv bleibt immer gleich. Wenn im Acl etwas gleichzeitig passiert, benutze ich den Infinitiv Präsens. Der Name
ist irreführend, denn er drückt nicht das Präsens, sondern die
Gleichzeitigkeit des Geschehens aus. Zur Bedeutung des
Begriffs → Stammformen.

Man kann diese Konstruktion auch benutzen, wenn die Ereignisse nicht gleichzeitig stattfinden.

■ Audio **eam flevisse**. Ich höre „**sie geweint haben**".

Im Deutschen muss man jetzt auf einen Nebensatz ausweichen: Ich höre, **dass sie geweint hat**. Im Lateinischen muss ich nur den Infinitiv Perfekt benutzen und das Verhältnis der beiden Ereignisse ist wieder klar. Ich höre (zum Beispiel jetzt, weil es mir jemand erzählt). Sie hat (zum Beispiel gestern) geweint. Der Infinitiv Perfekt macht also deutlich, dass etwas vorher passiert ist, er drückt die Vorzeitigkeit aus. Das gilt auch, wenn ich gestern gehört habe, dass sie letzten Monat geweint hat. Dann muss ich logischerweise die Zeit des Hörens ändern (es war ja gestern), aber um auszudrücken, dass sie vorher geweint hat, reicht immer noch der Infinitiv Perfekt:

■ Audivi **eam flevisse**. Ich habe gehört, dass **sie geweint hatte**.

Auch der dritte Fall ist möglich, nämlich dass eines der Ereignisse erst in der Zukunft passiert. Etwa: Mein Freund hat telefonisch angekündigt, dass er morgen aus Amerika zurückkommen wird. Ich kann das im Lateinischen so ausdrücken:

■ Audio **eum venturum esse**. Ich höre, **dass er kommen wird**.

Dazu benutze ich im Lateinischen den Infinitiv Futur. Dieser Infinitiv drückt die Nachzeitigkeit aus: Mein Freund wird ja erst kommen, obwohl ich es jetzt schon gehört habe.

Zusammengefasst

Vorzeitigkeit:	Infinitiv Perfekt Aktiv, Passiv zum Beispiel vicisse, victum, -am, -um esse
Gleichzeitigkeit:	Infinitiv Präsens Aktiv, Passiv zum Beispiel vincere, vinci
Nachzeitigkeit:	Infinitiv Futur Aktiv zum Beispiel victurum, -am, -um esse (Passiv victurum, -am, -um iri, kommt selten vor)

Das Lateinische geht noch einen Schritt weiter, indem es nun diese kurze und einfache Konstruktion nicht nur mit Verben wie hören, sehen usw. benutzt, sondern mit nahezu allen Verben, die man auch als Kopfverben bezeichnen könnte.

Merke! Alles, was ich mit dem Kopf mache, also die Sinneswahrnehmungen (sehen, hören usw.), das Reden und Erzählen (sagen, berichten usw., dazu zählen auch Verben wie iubere befehlen und vetare verbieten), das Denken (meinen, glauben usw.), das Empfinden (sich freuen, sich wundern usw.) stehen mit AcI. Hinzu kommen die sogenannten unpersönlichen Ausdrücke. Sie heißen so, weil es sich bei dem Subjekt um eine „Unperson" handelt, nämlich „es". Das sind Ausdrücke wie opus est (es ist nötig), triste est (es ist traurig), oportet (es gehört sich) usw. Beispiele:

- Nuntius narravit **Caesarem vicisse.** Der Bote erzählte, **dass Cäsar gesiegt hatte.**

■ Constat **Ciceronem** magnum oratorem **fuisse.** Es steht fest,
dass Cicero ein großer Redner **war.**

Tipp: Wie man sieht, kommt man im Deutschen mit einem
dass-Satz bei der Übersetzung immer hin.

Der AcI steht nun nicht immer wie in den Beispielsätzen am
Schluss des lateinischen Satzes. Er kann sich irgendwo im
Satz befinden, aber Akkusativ und Infinitiv werden stets zu-
sammenstehen. Kommen wir zu unserem ersten Beispielsatz
zurück.
■ **Eam flere** audio. Audio **eam flere.**

Beides geht, aber audio wird man niemals zwischen eam und
flere finden. Eine Erweiterung wird immer zwischen eam und
flere stehen:
■ **Eam in culina vehementer flere** audio. Ich höre, **dass sie
in der Küche heftig weint.**

Was ist mit folgendem Satz? In aula **eam in culina vehementer flere** audio. Richtig, in aula steht nicht zwischen eam und
flere, gehört also nicht zum AcI, die Übersetzung lautet also:
Im Hof höre ich, **dass sie in der Küche heftig weint.**

Tipps:
■ Wenn ich als Prädikat ein Verb des Erzählens, Denkens,

Wahrnehmens, Empfindens oder einen unpersönlichen
Ausdruck entdecke, weiß ich, dass ein AcI folgen muss.
- ▦ Ich suche den Infinitiv und markiere ihn – ich kann
  eigentlich schon eine Schlussklammer dahinter machen.
- ▦ Ich suche davor nach einem Akkusativ. Er muss nicht
  direkt davor stehen, denn der AcI kann ja erweitert sein
  (vgl. das letzte Beispiel). Vor den Akkusativ mache ich
  die Anfangsklammer. Fertig! Satz durchschaut.

Eine Sache bereitet erfahrungsgemäß Schwierigkeiten.
Nehmen wir den Satz „Markus sagt, dass er dumm ist". Bei
diesem Satz wissen wir nicht, ob Markus über sich selbst
redet oder über jemand anderen. Im Lateinischen würde der
Römer im AcI ein anderes Pronomen benutzen.
- ▦ Marcus dicit **eum stultum esse.** Markus sagt, **dass er
  (Egon) dumm ist.**
- ▦ Marcus dicit **se stultum esse.** Markus sagt, **dass er
  (selbst, Markus) dumm ist.**

Merke! Bezieht sich die Person im AcI auf das Subjekt, so
benutzt der Römer das → Reflexivpronomen se. Meistens
findet man in Vokabeln für se die Übersetzung sich. Im AcI
kann man das nie so übersetzen, sondern muss schauen,
wer das Subjekt ist: im Beispielsatz Markus, also er. Bei Susi
wäre es sie usw. Siehe auch → Reflexivpronomen.

Adjektiv dt. Eigenschaftswort, von lat. adicere (hinzufügen), ein Adjektiv ist also etwas Hinzugefügtes, das eine bestimmte Eigenschaft herausstellen soll. Beispiele:

▪ **Vana** puella **flavam** puellam vexat. Das **eingebildete** Mädchen ärgert das **blonde** Mädchen.

Man ordnet also Adjektive Substantiven zu, um diese genauer zu bestimmen. Als Satzteil nennt man sie dann → Attribut. Man kann Adjektive auch ins Prädikat einbauen, als sogenanntes → Prädikatsnomen:

▪ Puella **vana** est. Das Mädchen ist **eingebildet.**

Merke! Wichtig ist auf jeden Fall, dass das Subtantiv und das zugeordnete Adjektiv immer kongruent, das heißt übereinstimmend sind. Was bedeudet das? In Kasus, Numerus und Genus muss alles identisch sein. Man spricht auch von der K̲ö̲N̲i̲G̲s-Regel bei der K(asus)N(umerus)G(enus)-Kongruenz.

Nehmen wir noch einmal den zweiten Beispielsatz. Auch wenn ich die Wörter wild durcheinander würfeln würde, wüsste ich immer noch, dass das eingebildete Mädchen das blonde Mädchen ärgert und nicht umgekehrt.

▪ **Flavam puella puellam** vexat **vana.**

Warum? Weil die KNG-Kongruenz vorschreibt, dass die Wörter, die sich aufeinander beziehen, in Kasus, Numerus und Genus übereinstimmen müssen. Adjektive werden dekliniert (sie gehören ja zu den Nomen), denn das Beziehungswort kann ja in verschiedenen Fällen stehen. Im zweiten Beispielsatz steht ein Mädchen im Nominativ, das andere im Akkusativ. Man könnte dieses Beispiel nun auch mit zwei Jungen machen:

▨ **Vanus** puer **flavum** puerum vexat. Der **eingebildete** Junge ärgert den **blonden** Jungen.

Also muss das Adjektiv in der Lage sein, alle Geschlechter und Fälle anzunehmen. Deshalb findet man bei Adjektiven immer drei Formen: vanus, vana, vanum, die erste Form für das Maskulinum, die zweite für das Femininum, die dritte für das Neutrum. Dekliniert werden sie wie die Substantive, also vanus zum Beispiel wie dominus, vana wie domina und vanum wie templum. Deshalb spricht man auch von den Adjektiven der a/o-Deklination (→ Kap. 3.3), weil sie wie domina (a-Deklination) und dominus/templum (o-Deklination) dekliniert werden.

Was ist aber nun mit Substantiven, die gar nicht zur o- oder a-Deklination gehören, zum Beispiel senator oder virgo aus der konsonantischen Deklination? Die haben doch ganz andere Endungen! Richtig – aber Kongruenz bedeutet nicht, dass Adjektiv und Beziehungswort die gleiche Endung haben, sondern dass sie übereinstimmen in Kasus, Numerus und Genus.

Nehmen wir den Dativ Singular von senator **senatori** und den Akkusativ Plural von virgo **virgines.** Will ich jetzt zum Beispiel flavus, -a, -um (blond) hinzufügen, muss ich die entsprechende Form von flavus bilden, und das geht nur nach der a/o-Deklination! **senatori** ist Dativ Singular maskulinum – was ist die entsprechende Form von flavus? **flavo.** Es heißt also **senatori flavo** dem blonden Senator. Beide Wörter sind kongruent, die Regel ist also erfüllt. **virgines** ist Akkusativ Plural femininum. Hier lautet die Form **flavas** – also **virgines flavas** die blonden Mädchen. Virgines könnte ja auch Nominativ Plural femininum sein. Anhand des Adjektivs, das dann flavae heißen müsste, kann ich entscheiden, ob virgines im Satz Subjekt oder Objekt ist.

Noch einmal: Kongruenz heißt nicht gleiche Endungen, sondern Übereinstimmung in Kasus, Numerus und Genus!

Es gibt auch Adjektive der 3. Deklination (→ Kap. 3.6.2). Die werden unterschieden nach ein-, zwei- oder dreiendig. Diese Bezeichnung betrifft aber nur den Nominativ Singular. Beispiele:
- felix hat eine (!) Endung für alle drei Geschlechter im Nominativ Singular (felix, felix, felix)
- gravis hat zwei (!) Endungen für die drei Geschlechter im Nominativ Singular (gravis, gravis, grave) (gravis für femininum und maskulinum sind hier also identisch, grave ist die Neutrumform) und

■ acer hat drei (!) verschiedene Endungen für alle drei Geschlechter, für jedes eine eigene Endung (acer maskulinum,
acris femininum, acre neutrum)

In allen weiteren Fällen werden sie vollkommen gleich und
regelmäßig dekliniert (→ Kap. 3.6.2). Drei Endungen (auch
wenn sie teilweise gleich aussehen) müssen sein, weil die
Adjektive – wie die der a/o-Deklination – sich auf verschiedene Substantive beziehen können. Kombinieren wir jetzt
Substantive der o- oder a-Deklination mit Adjektiven der
3. Deklination, müssen wir wieder auf die Kongruenz achten
(die Endungen sind natürlich wieder unterschiedlich!):

dominus crudelis   der grausame Herr
   (beides Nom. Sg. m.)
dominum crudelem   den grausamen Herrn
   (beides Akk. Sg. m.)
dominorum crudelium   der grausamen Herren
   (beides Gen. Pl. m.)
dominarum crudelium   der grausamen Herrinnen
   (beides Gen. Pl. f.)
templa illustria   die berühmten Tempel
   (beides Nom./Akk. Pl. n.)

Kongruenz gilt für das Adjektiv immer, ob es nun als → Attribut, → Prädikatsnomen oder → Prädikativum verwendet

wird. Manchmal kommt es vor, dass das Adjektiv gar kein
Beziehungswort hat:

▪ **Vana flavam** vexat.

In so einem Fall ist das Adjektiv substantiviert, das heißt, es
wird wie ein Substantiv behandelt. Das machen wir auch im
Deutschen. Die Übersetzung ist also: **Die Eingebildete** ärgert
die Blonde.

Im Singular kommt das nicht so häufig vor, im Plural schon.
Da sind dann **boni** die Guten, **docti** die Gelehrten, **sapientes**
die Weisen. Schwierig im Deutschen ist das nur, wenn im
Lateinischen der Neutrum Plural gebildet wird, zum Beispiel
incredibilia, similia, weil wir im Deutschen diese Form gar
nicht bilden können. Am besten fügt man dann bei der Übersetzung entweder „Dinge" hinzu (unglaubliche Dinge, ähnliche Dinge) oder übersetzt „etwas Unglaubliches, etwas Ähnliches".

Adverb dt. Umstandswort, von lat. ad verbum (zum Wort, zum Verb).
Ein Adverb bezeichnet in einem Satz die Umstände, unter
denen etwas geschieht oder getan wird, meistens die Art und
Weise (wie?). Man kann unterscheiden zwischen unveränder-
lichen Adverben (eine große Anzahl davon findest du in
Kapitel 7) und Adverben, die von Adjektiven abgeleitet werden. Diese von Adjektiven abgeleiteten Adverben werden im

Deutschen nicht durch eine Endung kenntlich gemacht. Im Englischen passiert dies durch die Endung -ly (He smiled happily. Er lächelte glücklich.). Im Lateinischen werden diese Adverben folgendermaßen gebildet:

Die Adjektive der a/o-Deklination bilden das Adverb mit der Endung -e, also wird aus doctus, -a, -um docte, aus miser, misera, miserum misere, aus malus, -a, -um male. Bei Adjektiven der 3. Deklination wird die Endung -iter an den Stamm gehängt, egal ob sie drei-, zwei- oder einendig sind: Aus celer, celeris, celere wird celeriter, aus fidelis, fidelis, fidelis wird fideliter, aus atrox, atrox, atrox wird atrociter. Diese abgeleiteten Adverben werden nicht mehr verändert oder dekliniert. Beispiele:

- Agricolae **misere** vivunt. Die Bauern leben **elend/ unglücklich.**
- Claudia **celeriter** ad forum currit. Claudia läuft **schnell** zum Marktplatz.

Wie immer gibt es ein paar Ausnahmen bei den von Adjektiven abgeleiteten/gebildeten Adverben. So ist das Adverb von bonus, -a, -um bene (im Englischen auch unregelmäßig good, well), andere werden auf -o (statt -e) gebildet, sind aber normalerweise leicht zu erkennen (Zum Beispiel falso von falsus, -a, -um; raro von rarus, -a, -um). Einendige Adjektive der 3. Deklination wie sapiens, sapiens, sapiens

Gen. sapientis hängen nur -er an den Stamm: sapienter. Eine Ausnahme bilden auch audax, audax, audax Gen. audacis (audacter) und facilis, facilis, facile (facile).

Man kann natürlich auch von den Steigerungsformen der Adjektive Adverben bilden (→ Komparation). Beim Superlativ ist das kein Problem, da alle Superlative nach der a/o-Deklination gebildet werden. Bei miser ist die höchste Steigerungsform, der Superlativ, miserrimus, -a, -um, das Adverb also miserrime, bei atrox atrocissimus, das Adverb atrocissime. Beispiele:

▪ Agricolae **miserrime** vivunt. Die Bauern leben **sehr elend/unglücklich.**
▪ Imperator hostes victos **atrocissime** punivit. Der Feldherr bestrafte die besiegten Feinde **sehr grausam/aufs Grausamste.**

Wenn, wie hier, kein Vergleich gegeben ist, spricht man auch vom Elativ (statt Superlativ). Beim Komparativ, der immer nach der konsonantischen Deklination gebildet wird, nimmt man als Adverb den Akkusativ Singular neutrum. Der Komparativ von miser ist miserior, miserior, miserius, das Adverb ist miserius, bei atrox atrocior, atrocior, atrocius also atrocius. Beispiele:

▪ Agricolae **miserius** vivunt. Die Bauern leben **(elender) ziemlich elend.**

■ Imperator hostes victos **atrocius** punivit. Der Feldherr
bestrafte die Feinde **(grausamer) ziemlich grausam.**

Adverbiale, adverbiale Bestimmung Wie → Adverben im engeren Sinne,
die von → Adjektiven abgeleitet werden (Er läuft **schnell** nach
Hause. **Celeriter** domum currit.), bezeichnen auch adverbiale
Bestimmungen die Umstände (Ort, Zeit, Art und Weise,
Grund, Bedingung usw.), unter denen die Handlung oder das
Geschehen des Satzes stattfindet. Diese Aufgaben überneh-
men im Lateinischen wie im Deutschen einzelne Wörter wie
subito (plötzlich), **cras** (morgen), **ibi** (dort) usw. (→ Kap. 7).
Im Lateinischen hat darüber hinaus der Ablativ viele dieser
Funktionen übernommen, die wir im Deutschen meistens mit
einer Präposition wiedergeben, manche auch der Akkusativ
und der Dativ. Mehr findest du dazu bei den Stichwörtern
Ablativ, Akkusativ, Dativ. Auch ein konjunktionaler Nebensatz
erfüllt die Aufgabe der adverbialen Bestimmung. Beispiele:
■ **Hoc tempore** servus gladium invenit. **Zu dieser Zeit** findet
ein Sklave ein Schwert. (Ablativ der Zeit)
■ **Postquam** imperator hostes vicit, triumphans Romam rediit.
Nachdem der Feldherr die Feinde besiegt hatte, kehrte er
triumphierend nach Rom zurück. (Nebensatz)

Akkusativ der 4. Fall, der „Anklagefall", von lat. accusare (anklagen).
Die Frage lautet wen oder was?. Der Akkusativ wird meistens
als Objekt verwendet, gelegentlich auch als adverbiale Be-

stimmung. Die Funktion als Objekt ist wie im Deutschen.
Beispiele:
■ Claudia **Marcum** amat. Claudia liebt **Markus.**

Merke! Manche Verben, die im Deutschen mit einem Dativ
verbunden werden, haben im Lateinischen ein Akkusativobjekt. Diese Verben sind: adiuvare und iuvare (helfen),
fugere und effugere (entfliehen, entgehen), deficere (fehlen),
sequi (folgen), ulcisci (sich rächen an).
■ Hostes **milites Romanos** sequuntur. Die Feinde folgen
den römischen Soldaten.

Außerdem stehen manche Verben mit einem doppelten
Akkusativ, zum Beispiel vocare, appellare (nennen), reddere,
facere (machen zu), ducere, existimare, habere, putare
(halten für, beurteilen als), se praebere, se praestare (sich
zeigen als, sich erweisen als)
■ Discipuli **magistrum virum severum** putabant. Die Schüler
hielten **den Lehrer für einen strengen Mann.**
■ Claudia **se puellam diligentem** praestat. Claudia **erweist
sich als fleißiges Mädchen.**

Man muss sich zwei weitere Aufgaben des Akkusativs merken:

1) Akkusativ der Richtung
Bei Namen von Städten und kleinen Inseln gibt der Akkusativ

die Richtung (wohin?) an. Hierzu gehören auch **domum** oder **domos** (nach Hause), **rus** (aufs Land), **foras** (nach draußen).

■ Imperator nuntios **Romam** misit. Der Feldherr schickte Boten nach **Rom.**

2) Akkusativ der Ausdehnung

Auch um einen Zeitraum (wie lange?) auszudrücken, wird der Akkusativ benutzt. Manchmal bezeichnet er auch, wie hoch, wie breit, wie alt oder wir weit etwas ist (Murus **sex pedes** altus erat. Die Mauer war **sechs Fuß** hoch.)

■ Graeci Troiam **decem annos** oppugnaverunt. Die Griechen belagerten Troja **10 Jahre lang.**

Akkusativ mit Infinitiv → AcI

Attribut dt. Beifügung, von lat. attribuere (zuteilen). Ein Attribut wird zugeteilt, um eine Sache oder Person näher zu bestimmen. Beispiele:

■ Villa **Ciceronis** flagrat. Das Landhaus **Ciceros** brennt.
■ Claudia **flavam** puellam vexat. Claudia ärgert das **blonde** Mädchen.

Beide Sätze enthalten ein Attribut, das eine genauere Erklärung liefert. Sie zeigen zwei häufige Formen des Attributs: im ersten Satz ein Genitivattribut, im zweiten ein adjektivisches Attribut. Das Attribut ist ein Satzteil, keine Wortart.

Merke! Jegliche Ergänzung zu einem Substantiv, die nähere Informationen zu dem Bezugswort liefert, ist ein Attribut.

Dativ der 3. Fall, der „Gebefall", von lat. dare (geben). Die Frage lautet zumeist wem?. Der Dativ wird häufig als Objekt verwendet, gelegentlich kommt er auch als Prädikatsnomen oder adverbiale Bestimmung vor. Fangen wir mit der Funktion als Objekt an. Die Funktion als Objekt ist meistens wie im Deutschen und daher unproblematisch.

- Claudius **Marcellae** donum dat. Klaus gibt **Marcella** ein Geschenk.
- Caesar **militibus suis** nuntium misit. Cäsar schickte **seinen Soldaten** eine Nachricht.

Es gibt allerdings Verben, die im Deutschen ein Akkusativobjekt haben, im Lateinischen aber immer ein Dativobjekt. Die muss man sich merken, damit man beim Übersetzen nicht nach dem falschen Fall sucht.

Merke! favere (begünstigen), invidere (beneiden), mederi (heilen), nubere (heiraten), parcere (schonen), persuadere (überreden), praeesse (anführen), studere (sich bemühen um) stehen mit dem Dativ! Dazu gibt es noch Verben, die je nach Bedeutung mit dem Dativ stehen können: consulere (sorgen für, sich kümmern um), providere (sorgen für), temperare (schonen, mäßigen), interesse (teilnehmen), praestare (übertreffen).

Weitere Aufgaben des Dativs sind folgende:

1) Dativ des Besitzers (Dativus possessivus)
Wie der → Genitivus possessivus bezeichnet er die Person, der etwas gehört. Er steht immer zusammen mit esse.
- **Viro** duo filii erant. (**Dem Mann** waren zwei Söhne.) **Der Mann** hatte zwei Söhne.

2) Dativ des Zwecks (Dativus finalis)
Auch dieser kommt immer in Verbindung mit esse vor und drückt aus, wozu etwas gut ist bzw. wozu es dient, mit anderen Worten „den Zweck". Man fragt am besten „wozu?".
- Hoc factum **magno detrimento** erat. (Diese Tat war **zu großem Schaden**.) Diese Tat hat **sehr geschadet**.
- Romani Poenis **odio** erant. (Die Römer waren den Karthagern **zum Hass**.) Die Römer **wurden** von den Karthagern **gehasst**. Die Karthager **hassten** die Römer.

3) Dativ des Vorteils (Dativus commodi bzw. incommodi)
Selbst wenn die Bezeichnung nur von „Vorteil" spricht, kann auch ein Nachteil gemeint sein (deshalb auch incommodi). Er drückt aus, wofür oder für wen etwas ist oder geschieht.
- Hoc factum **Ciceroni** magno detrimento erat. (Diese Tat war **für Cicero** zu großem Schaden.) Diese Tat hat **Cicero** sehr geschadet.

■ Non **scholae,** sed **vitae** discimus. Wir lernen nicht **für die Schule,** sondern **für das Leben.**

4) Dativ des Urhebers (Dativus auctoris)
Er kommt nur beim → Gerundivum + esse vor und bezeichnet die Person, von der etwas getan werden muss.
■ Diligens servus **domino** laudandus est. Der sorgfältige Diener muss **vom Herrn** gelobt werden.

Deklination dt. Beugung des Nomens, von lat. declinare (herabbiegen, umbiegen). Deklination bezeichnet die regelhafte Formveränderung des Nomens. Dabei werden drei verschiedene Eigenschaften, die ein Nomen haben kann, bestimmt:
→ Kasus (Nom., Gen., Dat., Akk., Abl., Vok.)
→ Numerus (Sg. oder Pl.)
→ Genus (m., f., n.)

Wenn man also ein Nomen bestimmen soll, so muss man alle drei Kategorien betrachten.

Beispiel:

	Kasus	Numerus	Genus	Übersetzung
amicas:	Akkusativ	Plural	fem.	die Freundinnen

Diese Bestimmung gilt für die deutsche sowie für die lateinische Form. Man unterscheidet im Lateinischen 5 Deklinationen:

- die a-Deklination (→ Kap. 3.1)
- die o-Deklination (→ Kap. 3.2)
- die e-Deklination (→ Kap. 3.4)
- die 3. oder konsonantische Deklination (→ Kap. 3.6)
- die u-Deklination (→ Kap. 3.5)

Deponentien Der Begriff kommt von lat. deponere (ablegen). Es handelt sich um Vollverben, die etwas abgelegt haben, und zwar alle aktiven Formen bzw. Endungen. Das heißt, es kommen nur die passiven Endungen an den Stamm. Für die Übersetzung muss man sich merken, dass sie trotzdem aktive Bedeutung haben.

Tipp: Deponentien erkennt man leicht an drei Kennzeichen: 1. Sie haben nur drei Stammformen. 2. Die erste Stammform (der → Infinitiv Präsens) endet auf -i. 3. Die zweite Stammform (die 1. Person Singular Präsens) endet auf -or.
Beispiel: **aggredi, aggredior, agressus sum** angreifen
(→ Kap. 4.4.2)
aspernari, aspernor, aspernatus sum verschmähen
(→ Kap. 4.1)

Warum gibt es hier nur drei → Stammformen? Bei einem „normalen" Verb gibt es vier: laudare, laudo, laudavi, laudatum. Die dritte Stammform ist nötig, um Perfekt, Plusquamperfekt und Futur II Aktiv zu bilden. Da es aber bei Deponentien keine aktiven Formen gibt, fällt diese weg.

Fall/Fälle → Kasus

final, Finalsatz dt. Zweck- oder Absichtssatz, von lat. finis, -is m. (Ziel, Ende, Zweck). Finalsätze drücken einen Zweck oder eine Absicht aus. Sie stehen immer im Konjunktiv, der im Deutschen nicht übersetzt wird, stattdessen steht der Indikativ oder ein Infinitiv. Sie werden eingeleitet mit ut (damit, um zu, dass), verneint mit ne (damit nicht, um nicht zu, dass nicht). Im Hauptsatz stehen oft Ausdrücke wie idcirco, propterea, ob eam rem (deswegen), eo consilio, ea mente (mit der Absicht), eo condicione (unter der Bedingung). Beispiele:

- Non vivimus, **ut edamus**, sed edimus, **ut vivamus.** Wir leben nicht, **damit wir essen (um zu essen),** sondern wir essen, **damit wir leben (um zu leben).**
- Vos rogo, **ne** hostibus **adsitis.** Ich bitte euch, **dass** ihr den Feinden **nicht helft (nicht zu helfen).**

Merke! Nach den Verben des Fürchtens wie timere und metuere und den Verben des Hinderns (impedire, prohibere, obstare usw.) hat „ne" die Bedeutung dass, bei Letzteren kann auch quominus in dieser Bedeutung stehen. Beispiel:

- **Timeo, ne** veniat. **Ich habe Angst, dass** er kommt.

Flexion dt. Beugung, von lat. flectere (biegen, beugen). Flexion ist der Überbegriff für → Deklination, → Konjugation und → Komparation.

Frage/Fragesätze Man unterscheidet generell drei Typen von Fragesätzen: Wortfragen, Satzfragen und Wahlfragen. Wortfragen sind unproblematisch, weil man sie an einem Fragewort erkennt. Beispiel:

■ **Ubi** gladiatores sunt? **Wo** sind die Schwertkämpfer?

Bei Satzfragen geht man wie folgt vor: Wie mache ich aus dem Satz „Marcella ist traurig." eine Frage? Einfach durch Umkehr (Inversion) von Subjekt und Prädikat: „Ist Marcella traurig?". Die Besonderheit des Lateinischen: Im Lateinischen ist bekanntlich die Satzstellung frei, das heißt, theoretisch kann ich die Worte anordnen, wie ich will: „Marcella tristis est." „Tristis est Marcella." „Est Marcella tristis." Alle diese Sätze sind Aussagesätze und bedeuten „Marcella ist traurig." Da die Römer kein Fragezeichen hinter dem Satz kannten (das fügen wir nur in unseren deutschen Textausgaben hinzu), bleiben als Alternativen die Fragewörter, sogenannte Fragepartikel: -ne (angehängt), num oder nonne. Beispiele:

■ Marcella**ne** tristis est? Ist Marcella traurig? (Der Fragende kennt die Antwort nicht.)

■ **Nonne** Marcella tristis est? Ist Marcella **etwa nicht** traurig? (Der Fragende erwartet die Antwort ja, doch.)

■ **Num** Marcella tristis est? Ist Marcella **etwa** traurig? (Der Fragende erwartet die Antwort nein.)

Welches der drei Fragewörter benutzt wird, hängt allein von der Erwartung des Fragenden ab. Der dritte Typ von Fragesätzen sind Wahlfragen. Beispiele:

- **Utrum** a Syro **an** a Lydia urna fracta est? Ist der Krug von Syrus oder Lydia zerbrochen worden?
- A Syro**ne an** a Lydia urna fracta est? Ist der Krug von Syrus oder Lydia zerbrochen worden?
- A Syro **an** a Lydia urna fracta est? Ist der Krug von Syrus oder Lydia zerbrochen worden?

Diese Fragen werden mit utrum ... an, -ne .... an oder (nichts) .... an gebildet, übersetzt wird nur das „an", das „oder" bedeutet. Werden direkte Fragesätze zu indirekten, das heißt abhängig zum Beispiel von einem Wort des Fragens, Sagens oder Wissens, treten sie alle in den → Konjunktiv, ansonsten ändert sich nichts. Beispiele:

- Quaerit, ubi gladiatores **sint**. Sie fragt, wo die Gladiatoren sind (seien).

Genitiv der 2. Fall, der „Zugehörigkeitsfall", von lat. gignere (hervorbringen, PPP genitus, -a, -um hervorgebracht). Die Frage lautet zumeist „wessen?". Der Genitiv wird meistens als → Attribut verwendet, ab und zu auch als Objekt.

1) Genitivobjekt
Man muss beachten, dass im Lateinischen bei folgenden

Verben ein Genitivobjekt steht: oblivisci, reminisci, meminisse, recordari und misereri.

Das ist der sogenannte Genitivus memoriae, der Genitiv der Erinnerung. Weiterhin steht er bei Adjektiven, die folgende Bedeutungen haben: begierig, kundig, eingedenk, teilhaftig, mächtig, voll und deren Gegenteil.

Die entsprechenden lateinischen Vokabeln wären zum Beispiel avidus, -a, -um; studiosus, -a, -um; peritus, -a, -um; memor, -oris; potens, -ntis; impotens, -ntis; plenus, -a, -um usw. Beispiele:

- Numquam **illius puellae** obliviscar. Niemals werde ich **jenes Mädchen** vergessen.
- Duces hostium periti **belli** erant. Die Anführer der Feinde waren **(des Krieges) erfahren im Krieg/in der Kriegsführung.**

Weit häufiger aber erscheint der Genitiv als → Attribut. Hier sollte man sich folgende Funktionen merken:

2) Genitiv der Zugehörigkeit (Genitivus possessivus)
Er bezeichnet, dass eine Sache oder Person zu einer anderen gehört.

- Villa **consulis** deleta est. Das Landhaus **des Konsuls** ist zerstört worden.

Gelegentlich kommt er auch in Verbindung mit esse im Prädikat vor (dann als → Prädikatsnomen).

In dieser Funktion hat der Genitiv der Zugehörigkeit seine Bedeutung erweitert. Er steht mit esse und einem Infinitiv und bedeutet es ist Aufgabe, Pflicht von jemandem oder es ist typisch, charakteristisch für jemanden. Beispiele:

▪ **Consulis est** rem publicam servare. Es ist **Aufgabe des Konsuls,** den Staat zu schützen.
▪ **Hominis** est errare. Es ist **typisch für den Menschen,** sich zu irren.

3) Genitiv der Beschaffenheit (Genitivus qualitatis)
Meist als Attribut sagt er aus, wie eine Person oder Sache ist.
▪ Cicero vir **summi ingenii** erat. Cicero war ein Mann **von höchster Begabung.**

Auch hier kann er gelegentlich als Prädikatsnomen vorkommen.

4) Genitiv der Teilhabe (Genitivus partitivus)
Er drückt aus, dass von einer Menge oder einem Ganzen nur ein Teil gemeint ist.
▪ Magnus numerus **hostium** castra aggressus est. Eine große Anzahl **der Feinde** (nicht alle Feinde!) griff das Lager an.

Oft kommt er auch bei Pronomen, Adverben und Komparativen vor: nemo **vestrum** keiner **von euch,** quis **nostrum** wer **von uns,** nihil **novi** nichts **Neues** (des Neuen), satis **pecuniae** genug **Geld** (des Geldes), tantum **fortunae** so viel **Glück** (des Glücks), maior **fratrum** der ältere **der Brüder,** plurimi **puerorum** die meisten **der Jungen.**

5) Genitivus subiectivus/Genitivus obiectivus

Nehmen wir zunächst ein deutsches Beispiel: „die Beschreibung des Bankräubers". Das ist doppeldeutig: Es könnte einerseits die Beschreibung (zum Beispiel des Banküberfalls) sein, die der Täter gab. Andererseits könnte es die Beschreibung des Täters durch die Zeugen sein. Im ersten Fall tut der Bankräuber selbst etwas, ist das Subjekt (der Bankräuber beschreibt den Tathergang), im zweiten Fall ist er das Objekt (die Zeugen beschreiben den Bankräuber). Diese Fälle kommen häufig vor, und man kann oft nur aus dem Textzusammenhang schließen, was gemeint ist, vor allem wenn der Genitiv eine Person ist.

▨ Amor **patris** magnus est. Die Liebe **des Vaters** ist groß.

Dieser Satz kann zweierlei bedeuten: „Die Liebe, die der Vater gibt, ist groß" oder „Die Liebe, die zum Beispiel die Kinder dem Vater geben, ist groß". Formuliert man beide Gedanken als kleine Sätze, so ergibt sich: „Der Vater liebt jemanden" und „Jemand liebt den Vater". Im ersten Satz ist Vater Subjekt (deshalb spricht man von einem Genitivus subiectivus), im zweiten Fall Objekt (also Genitivus obiectivus). Oft ist aber die Sache auch ganz klar, zum Beispiel amor **patriae** die Liebe **zum Vaterland** oder timor **poenae** die Angst **vor Strafe.**

Weitere Genitivfunktionen sind:

6) Genitiv des Wertes (Genitivus pretii)
Er steht zumeist bei esse, aber auch bei anderen Verben, die „wert sein" oder „schätzen" bedeuten. Typische Wendungen sind **magni** esse (**viel** wert sein), **pluris** esse (**mehr** wert sein), **parvi** esse (**wenig** wert sein), **magni** aestimare (**hoch** schätzen).

7) Genitiv des „Verbrechens" (Genitivus criminis)
Er drückt bei Gericht (zum Beispiel bei den Prozessreden Ciceros) das Verbrechen oder die Schuld aus: Cicero Chrysogonum **necis** accusavit. Cicero beschuldigte Chrysogonus **des** (heimtückischen) **Mordes.**

8) Genitiv bei unpersönlichen Ausdrücken
Bei piget me (mich ärgert) und pudet me (mich beschämt) steht die Sache, die dieses Empfinden auslöst, im Genitiv: Piget me **stultitiae meae.** Mich ärgert **meine Dummheit.** Bei interest (es ist wichtig) steht die Person, für die etwas Bedeutung hat, im Genitiv: **Omnium civium** interest rem publicam servare. Es ist wichtig **für alle Bürger,** die Republik zu

bewahren./ Es ist im Interesse **aller Bürger,** die Republik zu bewahren.

Man muss sich also merken,
- nach welchen Adjektiven und Verben ein Genitivobjekt steht,
- dass der Genitiv mit esse zumeist mit „es ist typisch für, Aufgabe von, Pflicht von" (Genitivus possessivus) übersetzt wird,
- dass der Genitiv eine Eigenschaft (Genitivus qualitatis) ausdrückt,
- dass es einen Unterschied zwischen Genitivus obiectivus und subiectivus gibt.

Genus dt. Geschlecht, von lat. genus, -generis n. (Abstammung, Geschlecht). Das Genus bestimmt das Geschlecht der Substantive. Das Genus im Deutschen kann vom Lateinischen abweichen. Man unterscheidet maskulinum (männlich), femininum (weiblich) und neutrum (sächlich). Im Deutschen kennzeichnen wir das Genus durch den bestimmten Artikel: der (maskulinum), die (femininum), das (neutrum). Im Lateinischen wird das „natürliche" Geschlecht konsequent beibehalten: puella ist femininum wie poeta maskulinum ist, obwohl es zur a-Deklination gehört, in der die meisten Wörter femininum sind. Wieso ist das wichtig? Setze ich ein Adjektiv hinzu, so heißt der gelehrte Dichter poeta doctus. Neben dem natürlichen Geschlecht gibt es das sogenannte grammatische Geschlecht, für das man keine ursächliche Begründung wie bei Personen finden kann. Das Genus muss man einfach lernen, wobei es im Lateinischen einige Regeln gibt, die das vereinfachen.

Tipp: Es sind Wörter
- der a-Deklination femininum (es sei denn, es handelt sich um männliche Personen),
- der o-Deklination auf -us maskulinum (ganz wenige Ausnahmen, zum Beispiel virus n.!)
- der o-Deklination auf -um neutrum
- der u-Deklination maskulinum (Ausnahmen!)
- der e-Deklination femininum (Ausnahmen!)

Bei der konsonantischen Deklination muss man das Genus immer mitlernen. Einige Merksprüche (→ Kap. 3.6.1) helfen. Wichtig ist die Kenntnis des Genus, weil Adjektive, Partizipien, Gerundia und Pronomen, die sich auf ein Substantiv beziehen, in → Kongruenz zu diesem stehen. Die richtige Zuordnung ist also beim Übersetzen nur möglich, wenn ich Kasus, Numerus und (!) Genus des Substantivs kenne.

Genus verbi dt. „Geschlecht des Verbs" (neuerdings gebraucht man häufiger den griechischen Begriff Diathese), von lat. genus, generis n. (Art, Geschlecht, Abstammung) und verbum, -i n. (Wort). Man unterscheidet zwei Genera, das → Aktiv und das → Passiv.

Gerundium dt. substantivierter Infinitiv, von lat. gerere (tun, machen, ausführen). Man spricht beim Gerundium auch von einem Verbalsubstantiv (im Gegensatz zum Verbaladjektiv → Gerundivum); das besagt nichts anderes als die deutsche Bezeichnung. Man verwandelt ein Verb, zum Beispiel lesen, in ein Substantiv, indem man im Deutschen einen Artikel davorstellt und das Wort großschreibt: das Lesen. Das Gerundium erkennt man an der charakteristischen Buchstabenkombination -nd-, die an den Präsensstamm angefügt wird. Weil es ja jetzt ein Substantiv ist, wird es auch dekliniert, und zwar nach der o-Deklination und nur im Singular. Die Formen bei legere (lesen) sehen dann so aus:

legere	das Lesen
legendi	des Lesens
legendo	dem Lesen
(ad) legendum/legere	(zum) Lesen/das Lesen
legendo	(durch) das Lesen

Im Akkusativ steht in Verbindung mit Präpositionen (meistens ad) die Form legendum, als Objekt verwendet man den einfachen Infinitiv. Dieser ist identisch mit der Nominativform (und die ist identisch mit dem Infinitiv). Beispiele:

- **Legere** gaudium est. **Das Lesen** ist eine Freude. (Nominativ)
- Tempus **legendi** me multo gaudio afficit. Die Zeit **des Lesens** bereitet mir große Freude. (Genitiv)

■ **Legendo** multum temporis dedo. **Dem Lesen** widme ich viel Zeit. (Dativ)

■ **Ad legendum** non multum temporis habeo. **Zum Lesen** habe ich nicht viel Zeit. (Akkusativ)

■ **Legere** magni aestimo. Ich schätze **das Lesen** sehr. (Akkusativobjekt)

■ **Legendo** multa discimus. **Durch das Lesen** lernen wir viel.

Habe ich die Form erkannt (merke -nd-!), ist die Übersetzung nicht schwierig. Einen Unterschied zum Deutschen gibt es allerdings. Hat man im Deutschen ein Verb substantiviert, so betrachtet man es ganz und gar als Substantiv. Das wird deutlich, wenn man noch ein Objekt hinzufügt: „Durch das Lesen der Bücher/von Büchern lernen wir viel." Wir ergänzen also im Deutschen das Gerundium durch ein Genitivattribut (der Bücher) bzw. durch die präpositionale Hilfskonstruktion „von Büchern". Der Römer ist sich aber weiterhin bewusst, dass legere ja eigentlich ein Verb ist, das sich mit einem bestimmten Kasus verbindet. In unserem Fall: legere lesen: wen oder was? Es folgt also ein Akkusativ – und das gilt auch für das Gerundium. Im Lateinischen steht also:

■ **Legendo libros** multa discimus. **Durch das Lesen von Büchern** lernen wir viel.

Gerundivum von lat. gerere (tun, machen, ausführen). Das Gerundivum ist von einem Verb abgeleitet und wird wie ein Adjektiv verwendet. Deshalb spricht man auch von einem Verbaladjektiv (im Gegensatz zum Verbalsubstantiv → Gerundium). Ein Gerundivum hat dieselbe charakteristische Buchstabenkombination wie das Gerundium: -nd-. Die Wortart ist Adjektiv, deshalb wird es dekliniert wie ein Adjektiv der a/o-Deklination (zum Beispiel magnus, -a, -um → Kap. 3.3). Als Beispiel das Gerundivum von laudare: laudandus, -a, -um. Das Gerundivum drückt aus, dass etwas getan werden soll oder muss. Von laudare wären Übersetzungen wie „ein zu lobender", „lobenswert" oder „löblich" möglich. Das Gerundivum tritt in dieser Bedeutung in der Verbindung am häufigsten mit „esse" (→ Prädikatsnomen) auf.

▨ Servus **laudandus est.** Der Sklave **muss/soll gelobt werden.**

Will ich noch ausdrücken, wer dies tun muss, so steht der „Täter" im → Dativ, dem sogenannten Dativus auctoris, dem Dativ des Urhebers.

▨ Servus **domino** laudandus est. Der Sklave soll/muss **vom Herrn** gelobt werden. (wörtlich: Der Sklave ist **dem Herrn** ein zu lobender.)

Ist der Satz verneint, wird aus dem „müssen, sollen" logischerweise ein „nicht dürfen".

Gerundium und Gerundivum auseinanderzuhalten ist ganz einfach, denn das Gerundium kann ja nur die Endungen -i, -o

und -um haben. Das Gerundivum hat aber die ganze Band-
breite der Endungen der a/o-Deklination. Stehen also zum
Beispiel feminine Endungen oder Pluralendungen in der -nd-
Form, so kann es nur ein Gerundivum sein, weil es diese
Endungen beim Gerundium ja gar nicht gibt.

Jetzt kommen wir zu den Fällen, bei denen Gerundium und
Gerundivum sich treffen. Es sei aber vorausgeschickt, dass
für alle Fälle, in denen das vorkommt, die Übersetzungs-
regeln des Gerundiums gelten, weil das Gerundivum seine
Bedeutung des Sollens oder Müssens hier vollkommen auf-
gegeben hat. Beherrscht man die Regeln für die Übersetzung
des Gerundiums, sind auch folgende Konstruktionen kein
Problem. Nehmen wir den Bücher-Beispielsatz des Gerundiums:

▪ **Legendo libros** multa discimus. **Durch das Lesen von
Büchern** lernen wir viel.

Das Gerundium steht im Ablativ (durch das Lesen) und ist
mit einem Objekt verbunden (libros). Jetzt mischt sich hier
auch das Gerundivum – jedenfalls der Form nach – ein:

▪ **Legendis libris** multa discimus. **Durch das Lesen von
Büchern** lernen wir viel.

Die Übersetzung der beiden Sätze ist vollkommen identisch.
Die Verwandlung eines Gerundiums + Objekt in ein attributi-

ves Gerundivum erfolgt nach folgender Regelhaftigkeit: Man nehme den Kasus des Gerundiums und Numerus und Genus des Objekts und setze Gerundium (nun als Gerundivum) und Objekt in diese Form. Diese Konstruktion findet sich meistens nur im Ablativ und Gentitiv.

Ob Gerundium + Objekt oder attributives Gerundivum, spielt für die Übersetzung keine Rolle.

Gleichzeitigkeit → Zeitverhältnis
Hauptsatz → Parataxe, Hypotaxe
 Hilfsverb → Verb

Hypotaxe dt. Satzgefüge, von griech. hypotattein (darunterstellen). Hypotaxe bedeutet, dass einem Hauptsatz mindestens ein Nebensatz untergeordnet ist. Die Verbindung erfolgt durch unterordnende → Konjunktionen (Subjunktionen, Kap. 8.2) oder → Relativpronomen (Kap. 6.3).

Imperativ dt. Befehlsform, von lat. imperare (befehlen). Der Imperativ ist eine der Kategorien, mit denen Verbformen bestimmt werden. Es gibt zwei Imperativformen, eine für den Singular und eine für den Plural. Bei allen Konjugationen ist der Imperativ Singular gleich dem Stamm (→ Kap. 4), im Plural wird die Endung -te angehängt. Beispiele:

a-Konjugation (→ Kap. 4.1): **lauda!** lobe! **lauda-te!** lobt!

e-Konjugation (→ Kap. 4.2): **mone!** warne! **mone-te!** warnt!

i-Konjugation (→ Kap. 4.3): **audi!** höre! **audi-te!** hört!

konsonantische Konjugation (→ Kap. 4.4.1): **pet-e!** suche! **pet-i-te!** sucht!

mit i-Erweiterung (→ Kap. 4.4.2) **cap-e!** fang! **cap-i-te!** fangt!

Bei der konsonantischen Konjugation wird im Plural ein -i-te (das -i- zur Aussprache) an den Stamm gehängt. Außerdem kommt an alle Verben dieser Konjugation bis auf facere (fac!), dicere (dic!) und ducere im Imperativ Singular ein -e.

Imperfekt dt. Präteritum, Vergangenheit, von lat. imperfectus, -a, -um (unvollendet) bzw. von praeterire, PPP praeteritus, -a, -um (vorübergehen, vorübergegangen). Das lateinische Imperfekt bezeichnet Umstände oder Vorgänge, die ein Ereignis in der Vergangenheit begleiten, oder dass etwas in der Vergangenheit immer wieder getan (oder versucht) wurde.

- Cum Caesar in Galliam venit, duo factiones ibi **erant.**
  Als Cäsar nach Gallien kam, **gab** es dort zwei Gruppierungen.
- Quotannis Romae duo consules **creabantur.** Jährlich **wurden** in Rom zwei Konsuln **gewählt.**

Das Imperfekt/Präteritum ist in Romanen, Erzählungen usw. im Deutschen die typische Erzählzeit. Dies ist im Lateinischen das → Perfekt. Eine Übersetzung des Perfekts als

Präteritum ist bei diesen Texten natürlich die einzig richtige Zeit! Das typische Tempuszeichen im Lateinischen ist die Silbe -ba-. Zu den Formen siehe die Konjugationstabellen in Kapitel 4 und Tempus.

Indikativ der „Wirklichkeitsmodus", von lat. indicare (anzeigen, bezeichnen). Der Indikativ ist eine der Kategorien, mit denen Verbformen bestimmt werden. Der Indikativ wird im Lateinischen wie im Deutschen gebraucht. Der Sprecher drückt aus, dass er das Gesagte für eine Tatsache, für real, hält.

■ Nemo hoc **dixit**. Niemand **hat** das **gesagt**.
■ Cicero in senatu orationem **habuit**. Cicero **hielt** im Senat eine Rede.

indirekte Rede → Oratio obliqua

Infinitiv ist die Grundform des Verbs (der Infinitiv Präsens), sie steht als erste → Stammform und endet bei „normalen" Verben auf -re, bei Deponentien auf -i oder -ri. Ausnahmen bei den „besonderen" Verben siehe Kapitel 5. Man unterscheidet fünf verschiedene Infinitive:

Infinitiv Präsens Aktiv: observare (zu) beobachten

Infinitiv Perfekt Aktiv: observavisse beoachtet (zu) haben

Infinitiv Futur Aktiv: observaturum, -am, -um esse beobachten (zu) werden

Infinitiv Präsens Passiv: observari beobachtet (zu) werden

Infinitiv Perfekt Passiv: observatum, -am, -um esse beobachtet worden (zu) sein

(Selten ist der Infinitiv Futur Passiv: observaturum, -am, -um iri künftig beobachtet werden.)

Diese Infinitive sind vor allem wichtig für den → AcI, deshalb stehen bei den Infinitiven zumeist nur die Akkusativformen der → Partizipien. Nicht alle Verben können alle Infinitive bilden.

Kasus dt. Fall/Fälle, von lat. casus, -us m. (Fall). Im Deutschen kennen wir vier Kasus, im Lateinischen sechs. Diese Fälle zusammen bilden eine → Deklination. → Nominativ, → Genitiv, → Dativ, → Akkusativ, → Ablativ, → Vokativ, → Flexion.

Komparation dt. Steigerung, von lat. comparare (vergleichen). Neben → Deklination und → Konjugation ist Komparation die dritte Art, Wörter zu flektieren, das heißt zu „beugen". Komparation ist wie im Deutschen bei → Adjektiven und → Adverben möglich, im Lateinischen dazu noch bei einigen → Präpositionen; dabei bildet man folgende drei Formen:

den Positiv (Grundstufe):	fortis, -is, -e	tapfer
	altus, -a, -um	hoch
den Komparativ (Höherstufe/ Vergleichsstufe):	fortior, fortior, fortius	tapferer
	altior, altior, altius	höher
den Superlativ (Höchststufe):	fortissimus, -a, -um	der/die/das tapferste
	altissimus, -a, -um	der/die/das höchste

Wie aus den Beispielen zu ersehen, erfolgt die Bildung im Lateinischen beim Komparativ mit -ior, -ior und -ius für die drei Geschlechter, unabhängig davon, ob die Adjektive zur a/o-Deklination oder zur 3. Deklination gehören. Er wird behandelt wie ein zweiendiges Adjektiv; weiter dekliniert werden die Komparativformen nach der konsonantischen Deklination (→ Kap. 3.6.1). Der Superlativ wird auf -issimus, -a, -um gebildet. Die Deklination erfolgt nach der a/o-Deklination, die ursprüngliche Deklination der Grundstufe spielt keine Rolle (→ Kap. 3.3).

Ausnahmen bei der Bildung des Superlativs: Adjektive auf -er wie zum Beispiel miser, misera, miserum oder pulcher, pulchra, pulchrum bilden den Superlativ mit Doppel -rr-: miserrimus, -a, -um bzw. pulcherrimus, -a, -um, einige Adjektive auf -lis (zum Beispiel similis, difficilis, facilis) bilden ihn mit Doppel-ll-: facillimus, -a, -um.

Auch die von Adjektiven abgeleiteten → Adverben können gesteigert werden.

Liegt beim Komparativ kein Vergleich vor, so übersetzt man je nach Textzusammenhang mit ziemlich, zu, allzu, etwas, wenig. Verglichen wird entweder mit quam (als) oder dem → Ablativ des Vergleichs:

■ Quid est **iucundius quam libertas?** Was ist **angenehmer als die Freiheit?**

■ Quid **iucundius** est **libertate?** Was ist **angenehmer als die Freiheit?**

Einige lateinische Adjektive haben wie im Deutschen (gut, besser, am besten) unregelmäßige Steigerungen:

magnus, -a, -um (groß); maior, maior, maius (größer);
   maximus, -a, -um (am größten)

parvus, -a, -um (klein); minor, minor, minus (kleiner);
   minimus, -a, -um (am kleinsten)

bonus, -a, -um (gut); melior, melior, melius (besser);
   optimus, -a, -um (am besten)

malus, -a, -um (schlecht); peior, peior, peius (schlechter);
   pessimus, -a, -um (am schlechtesten)

multi, -ae, -a (viele); plures, plures, plura (mehrere);
   plurimi, -ae, -a (die meisten)

Auch einige Adverben können gesteigert werden (saepe, saepius, saepissime) ebenso wie Präpositionen:

extra (außerhalb); exterior, exterior, exterius (der äußere);
   extremus, -a, -um (der äußerste)

intra (innerhalb); interior, interior, interius (der innere);
   intimus, -a, -um (der innerste)

infra (unterhalb); inferior, inferior, inferius (der untere);
   infimus, -a, -um (der unterste)

supra (oberhalb); superior, superior, superius (der obere);
supremus, -a, -um (der oberste/höchste)

Kompositum → Simplex
konditional, Konditionalsatz dt. Bedingungssatz, von lat. condicio, -onis f.
(Bedingung). Konditionalsätze enthalten eine Bedingung für
das Geschehen des Hauptsatzes. Man unterscheidet drei
Typen von Konditionalsätzen, wobei die Haltung des Sprechers
entscheidend ist:

<u>**1) Reale, die eine tatsächliche Folge ausdrücken:**</u>
▪ Si cives **consentiunt,** res publica **servatur. Wenn** die
Bürger **einer Meinung sind, wird** der Staat **gerettet.**

<u>**2) Potentiale, die eine Möglichkeit ausdrücken:**</u>
▪ Si cives **consentiant (consenserint),** res publica **servetur
(servata sit). Wenn** die Bürger einer Meinung **wären,
könnte** der Staat **gerettet werden.**
Haupt- und Nebensatz stehen im Konjunktiv Präsens oder
Perfekt. Für die deutsche Übersetzung machen die verschiedenen Zeiten keinen Unterschied.

<u>**3) Irreale, die eine Unmöglichkeit ausdrücken**</u>
▪ Si cives **consentirent,** res publica non **servaretur.** (Selbst)
Wenn die Bürger einer Meinung **wären, könnte** der Staat
nicht **gerettet werden.**

■ Si cives **consensissent,** res publica non **servata esset.**
(Selbst) **Wenn** die Bürger einer Meinung **gewesen wären,**
hätte der Staat nicht **gerettet werden können.**

Haupt- und Nebensatz stehen für die Gegenwart im Konjunktiv
Imperfekt, für die Vergangenheit im Konjunktiv Plusquamperfekt.

Kongruenz dt. Übereinstimmung, von lat. congruere (übereinstimmen).
Was stimmt überein? Erstens → Adjektive, → Partizipien
und → Gerundiva mit ihrem Beziehungswort, egal ob sie als
→ Attribut, → Prädikativum oder → Prädikatsnomen gebraucht
sind. Man spricht hier von der sogenannten KNG-Kongruenz,
weil beide Wörter in **K**asus, **N**umerus und **G**enus übereinstimmen müssen. Beispiele:

■ **(Vana puella) (flavam puellam)** vexat. Das **(eingebildete**
Mädchen) ärgert das **(blonde Mädchen).** (Attribut)
■ **Tyrus tristis** Romam venit. **Tyrus** kam **traurig** nach Rom.
(Prädikativum)
■ **Lydus fortis** est. **Lydus** ist **tapfer.** (Prädikatsnomen)

Wird das Subjekt aus Substantiven mit verschiedenen Genera
gebildet, so setzt sich das maskulinum gegenüber dem femininum durch, Personen gegenüber Sachen. Zweitens muss
das Subjekt in Person und Numerus mit dem Prädikat übereinstimmen. Beispiel:

■ **Marius** hostes crudeliter **punivit. Marius bestrafte** die
Feinde grausam.

Drittens stimmt im Relativsatz das Relativpronomen in
Numerus und Genus mit seinem Bezugswort im Hauptsatz
überein.
■ **Servo, qui** dominum suum interfecerat, in patriam effugere
contigit. **Dem Sklaven, der** seinen Herrn getötet hatte,
gelang es, in seine Heimat zu fliehen.

Im Beispielsatz sind **servo** und **qui** Singular und maskulinum,
der Kasus kann unterschiedlich sein.

Konjugation dt. Beugung des Verbs, von lat. coniugare (zusammenbin-
den). Konjugation bezeichnet die regelhafte Formveränderung
des Verbs. Dabei werden fünf verschiedene Eigenschaften,
die ein Verb haben kann, zusammengebunden. Diese fünf
Eigenschaften sind:
Person (1., 2. oder 3.)
→ Numerus (Singular oder Plural)
→ Modus (Indikativ, Konjunktiv, Imperativ)
→ Tempus (Präsens, Imperfekt, Futur I, Perfekt,
Plusquamperfekt, Futur II)
→ Genus verbi (Aktiv, Passiv)
Wenn man also eine Verbform bestimmen soll, muss man
alle fünf Kategorien betrachten. Beispiel:

Grammatik von A bis Z

	Person	Numerus	Modus	Tempus	Genus verbi	Übersetzung
amas:	2.	Sg.	Ind.	Präsens	Aktiv	du liebst

Diese Bestimmung gilt ebenso für die deutsche wie die lateinische Verbform.

Man unterscheidet im Lateinischen vier Konjugationen:
- die a-Konjugation (→ Kap. 4.1)
- die e-Konjugation (→ Kap. 4.2)
- die i-Konjugation (→ Kap. 4.3)
- die konsonantische Konjugation (→ Kap. 4.4)

Dazu kommen noch einige Verben, die teilweise Sonderformen bilden (→ Kap. 5).

Konjunktion dt. Bindewort, von lat. coniungere (verbinden). Konjunktionen sind Bindewörter, die zum Beispiel Substantive bei Aufzählungen oder Hauptsätze, aber auch Haupt- und Nebensätze verbinden. Es ist wichtig, die unterordnenden und die nebenordnenden Konjunktionen auseinanderzuhalten, um zu erkennen, ob etwa ein Nebensatz vorliegt (→ Kap. 8).

Konjunktiv dt. Möglichkeitsform, von lat. coniungere (verbinden). Wie eine → Konjunktion dient auch der Konjunktiv der Verbindung, diesmal der Verbindung von Haupt- und Nebensatz. Im Gegensatz zum → Indikativ ist der Konjunktiv der Modus des Nichtwirklichen, Möglichen oder Gewünschten. Er ist im Lateinischen viel häufiger als im Deutschen. Durch den Konjunktiv werden im Lateinischen oft Nebensätze gekennzeichnet. Da aber die meisten Nebensätze im Deutschen mit Indikativ stehen, braucht man ihn dort nicht zu übersetzen. Nur wenn der deutsche Nebensatz auch den Konjunktiv erfordert, muss man ihn in der Übersetzung wiedergeben.

Nach folgenden Konjunktionen steht der Konjunktiv:

cum (in der Bedeutung)	als, nachdem, obwohl, während (dagegen)
ne	dass nicht, damit nicht
quamvis	obwohl, wie sehr auch
ut	dass, sodass, damit, um zu

Dies sind die häufigsten Konjunktionen, sodass sehr viele Nebensätze im Konjunktiv stehen. Manchmal kommt er auch bei dum (bis, wenn nur), antequam, priusquam (bevor), quominus (dass, dass nicht), quin (ohne dass). Er steht außerdem in allen indirekten → Fragesätzen sowie gelegentlich in folgenden Fällen:

1) im Relativsatz

■ Claudia, quae aegrota **esset,** patrem in agro non adiuvit.
Claudia, die krank war, half ihrem Vater nicht auf dem Acker.

Relativsätze stehen normalerweise im Indikativ, wenn nicht, so wird eine bestimmte Aussageabsicht damit verbunden. Im Beispielsatz ist deutlich, dass Claudia ihrem Vater nicht hilft, weil sie krank ist, der Relativsatz hat also einen kausalen Nebensinn; man kann ihn dann auch so übersetzen: „Claudia half ihrem Vater nicht auf dem Acker, weil sie krank war."

Relativsätze können daneben manchmal auch → finalen oder → konsekutiven Sinn haben.

■ Igitur mater servum misit, qui patrem **adiuvaret.** Deshalb schickte die Mutter einen Sklaven, der dem Vater helfen sollte.

■ Servus talis erat, qui patrem sua pigritia **vexaret.** Der Sklave war so, dass er den Vater mit seiner Trägheit nervte.

2) als sogenannter obliquer Konjunktiv.

Dabei unterscheidet man wieder drei Fälle: Der Konjunktiv steht im Nebensatz, wenn der Hauptsatz, von dem er abhängig ist, im Konjunktiv steht, außerdem wenn er von einem → Infinitiv abhängig ist und wenn der Nebensatz die Meinung des Subjekts wiedergibt.

■ Servus, qui patrem **adiuvet,** sedulus sit. Der Sklave, der dem Vater hilft, soll fleißig sein.

konsekutiv, Konsekutivsatz dt. Folgesatz, von lat. consequi (folgen). Konsekutivsätze beschreiben eine Folge oder Wirkung. Sie stehen immer im Konjunktiv, der im Deutschen nicht übersetzt wird, und werden eingeleitet mit ut (dass, sodass), verneint ut non (dass, sodass nicht). Im Hauptsatz finden sich häufig Adjektive wie tantus, -a, -um (so groß), talis, -is, -e (so beschaffen) oder Adverben wie ita, tam, sic (so), adeo (so sehr). Beispiele:

- Cicero **tanto** ingenio erat, **ut** omnes aequales **superaret.** Cicero war von einer **so großen** Begabung, **dass** er alle Zeitgenossen **überragte.**
- Hic locus **tam** firmum praesidium habuit, **ut** tutus **esset.** Dieser Ort hatte einen **so** starken Schutz, **dass** er sicher **war.**

Modus dt. Aussageweise, von lat. modus, -i m. (Art, Weise). Man unterscheidet drei Modi: → Indikativ, → Konjunktiv und → Imperativ. Durch den Modus drückt der Sprecher seine Haltung zum Gesagten aus. Er hält die Aussage entweder für wirklich, also eine Tatsache (Indikativ), für möglich, also eine Vorstellung oder einen Wunsch (Konjunktiv), oder er drückt einen Befehl aus (Imperativ).

Nominativ der 1. Fall, der Nennfall, von lat. nominare (nennen). Man fragt nach ihm mit wer? oder was?. Im Nominativ stehen immer das Subjekt und alle Wörter, die sich darauf beziehen; dies können sein das → Prädikatsnomen, das → Prädikativum oder ein → Attribut.

Numeralia dt. Zahlwörter, von lat. numerus, -i m. (Zahl, Anzahl). Man unterscheidet generell zwei Arten von Numeralia: Grundzahlen, die eine bestimmte Anzahl angeben (5, 12, etc.), und Ordnungszahlen, die eine Reihenfolge bestimmen (der 5., der 12. usw.). Die wichtigsten Grundzahlen findest du in Kapitel 10.2. Bis auf die Zahlen 1 (unus, -a, -um), 2 (duo, duae, duo) und 3 (tres, tres, tria) werden sie nicht dekliniert bzw. erst wieder ab 200. Kennst du die ersten zehn Grundzahlen, dann lassen sich fast alle anderen Zahlen (auch die Ordinalzahlen) davon ableiten. Beispiele:

quinque	5	quintus, -a, -um	der 5.
quinquaginta	50	quinquagesimus, -a, -um	der 50.
quingenti, -ae, -a	500	quingentesimus, -a, -um	der 500.

Die Zehner werden mit dem typischen Suffix -ginta/-gesimus gebildet, die Hunderter mit -genti, -centi/-gentesimus, -centesimus. Die Ordinalzahlen und die Grundzahlen ab 200 werden nach der a/o-Deklination dekliniert. Merken muss man sich viginti 20, centum 100 und mille (milia) 1000 (tausende), außerdem Zehnerzahlen mit 8 oder 9: undeviginti 19 (1 weg von 20), duodetriginta 28 (2 weg von 30) usw.

Numerus dt. Zahl, von lat. numerus, -i m. (Zahl, Anzahl). Man unterscheidet den Singular und den Plural.

Objekt dt. Ergänzung, von lat. obicere (entgegenwerfen, vorwerfen, preisgeben). Das Objekt wird dem Prädikat preisgegeben, ausgeliefert, denn es bezeichnet im Aktiv die Person oder Sache, die von einer Handlung betroffen ist. Es gibt im Lateinischen Objekte in jedem → Kasus bis auf den Nominativ. Manchmal kann auch ein Relativsatz, ein → Infinitiv, ein → AcI oder ein ganzer Satz Objekt sein. Die Art des Objekts richtet sich danach, ob das Verb des Prädikats → transitiv oder intransitiv ist, die Anzahl der Objekte nach der → Valenz des Verbs. Beispiele:

- Numquam **illius puellae** obliviscar. Niemals werde ich **jenes Mädchen** vergessen. (Genitivobjekt)
- Puer **amico** aderat. Der Junge half **seinem Freund.** (Dativobjekt)
- Claudia **Marcum** amat. Claudia liebt **Markus.** (Akkusativobjekt)
- Dominus **divitiis** fruitur. Der Herr genießt **seinen Reichtum.** (Ablativobjekt)
- Pompeius postulavit, **ut pecunia mitteretur.** Pompejus forderte, **dass Geld geschickt werden sollte.** (Objektsatz)
- Nuntius narravit **Caesarem vicisse.** Der Bote erzählte, **dass Cäsar gesiegt hatte.** (AcI)

Optativ dt. Wunschsatz, von lat. optare (wünschen). Der Optativ drückt einen Wunsch des Sprechers aus, von dem es auch abhängt, ob er den Wunsch für erfüllbar oder unerfüllbar hält. Danach richtet sich dann die sprachliche Form. Bei erfüllbaren Wünschen steht der Konjunktiv Präsens für Wünsche, die sich auf die Gegenwart beziehen, der Konjunktiv Perfekt für Wünsche, die sich auf die Vergangenheit beziehen. Im Deutschen fügt man am besten „hoffentlich" in die Übersetzung ein. Im Lateinischen kann ein utinam oder velim im Satz stehen. Beispiele:

- (Utinam/velim) discipuli vocabula **discant! Hoffentlich lernen** die Schüler die Vokabeln!
- (Utinam/velim) discipuli vocabula **didiscerint! Hoffentlich haben** die Schüler die Vokabeln **gelernt!**
- **Utinam** discipuli vocabula **discerent! Wenn doch** die Schüler Vokabeln **lernen würden!**
- **Utinam** discipuli vocabula **didicissent! Wenn doch** die Schüler die Vokabeln **gelernt hätten!**

Die letzten beiden Sätze drücken aus der Sicht des Sprechers unerfüllbare Wünsche aus. Alle unerfüllbaren Wünsche werden mit utinam eingeleitet, im Deutschen verwendet man am besten „wenn doch"; für Wünsche, die sich auf die Gegenwart beziehen, steht der Konjuntiv Imperfekt, für Wünsche, die sich auf die Vergangenheit beziehen, Konjunktiv Plusquamperfekt.

Oratio obliqua dt. indirekte Rede, von lat. oratio (die Rede) und obliquus, -a, -um (schief, abhängig, indirekt). Die indirekte Rede ist im Gegensatz zur direkten Rede von einem Verb des

Sagens, Denkens oder einem ähnlichen Ausdruck abhängig.
Nach den Regeln des → AcI steht nach Verben des Sagens
ein Akkusativ mit Infinitiv.

- Marcus dicit: „**Claudius aegrotus est.**" Markus sagt:
  „Klaus **ist** krank."
- Marcus dicit **Claudium aegrotum esse.** Markus sagt,
  Klaus **sei** krank.

Alle Nebensätze und Fragen (außer rhetorischen Fragen)
stehen im Konjunktiv.

- Dominus dicit: „Servi, qui seduli **sunt,** laudantur." Der Herr
  sagt: „Die Sklaven, die fleißig sind, werden gelobt."
- Dominus dicit servos, qui seduli **sint,** laudari. Der Herr
  sagt, dass die Sklaven, die fleißig seien, gelobt würden.

Parataxe dt. Satzreihe, von griech. paratattein (nebeneinanderstellen).
Parataxe bedeutet, dass zwei oder mehr Hauptsätze anein-
andergereiht werden. Diese können unverbunden (asynde-
tisch) oder verbunden ((poly-)syndetisch) sein. Zur Verbindung dienen nebenordnende Konjunktionen (→ Kap. 8.1),
Adverben (→ Kap. 7) oder Pronomen (→ Kap. 6).

- Aeneas auxilium vocavit. Amicus subvenit. Äneas rief um
  Hilfe. Sein Freund kam zur Unterstützung.
- Aeneas auxilium vocavit **et** amicus subvenit. Äneas rief
  um Hilfe **und** sein Freund kam zur Unterstützung.
  (Nebenordnende Konjunktion)

- Aeneas auxilium vocavit, **sed** amicus eum non audivit.
  Äneas rief um Hilfe, **aber** sein Freund hörte ihn nicht.
  (Nebenordnende Konjunktion)
- Aeneas auxilium vocavit. **Igitur** amicus subvenit. Äneas
  rief um Hilfe. **Also** kam sein Freund zur Unterstützung.
  (Adverb)
- Amicus Aeneam non audivit. **Ille enim** dormitavit. Sein
  Freund hörte Äneas nicht. **Jener** schlief **nämlich** fest.
  (Pronomen, nebenordnende Konjunktion)

Participium coniunctum von lat. particeps (teilhabend) und coniungere
(verbinden). Wörtlich übersetzt ist das Participium coniunctum (kurz PC) ein verbundenes Partizip. Verbunden erstens
mit einem Beziehungswort (alle weiteren Informationen unter
dem Stichwort Partizip), das entweder im Nominativ, Genitiv,
Dativ oder Akkusativ steht; zweitens eng verbunden mit dem
Satz, in dem sie stehen. Beispiel:

- **Puer flens** in horto sedet. **Der weinende Junge** sitzt im Garten.

Das Partizip flens ist mit puer verbunden (das sehe ich an
der KNG-Kongruenz) und der gesamte Ausdruck ist das
Subjekt.

Das PC stellt gelegentlich ein Problem dar, weil man sich mit
der Übersetzung schwertut. Voraussetzung ist, dass ich in den
Formen des Lateinischen sicher bin und ein Partizip und des-

sen Bezugswort erkenne. Die Übersetzungsmöglichkeiten des PC stellen keinen Zwang dar, sondern eine Chance. Welche sind nun diese Übersetzungsmöglichkeiten? Wir haben im Beispielsatz das Partizip wörtlich wiedergegeben. Dies ist eine der Möglichkeiten und immer grammatikalisch richtig, nur im Deutschen oft nicht schön, besonders wenn das PC durch weitere Angaben erweitert wurde.

Tipp: Man kann sich darauf verlassen, dass alle Angaben, die zum PC gehören, zwischen dem Partizip und seinem Beziehungswort stehen. Man spricht von einer sogenannten Klammerstellung. Die findest du auch beim → AcI.

■ **Puer multas lacrimas vehementer flens** in horto sedet.
  Der heftig viele Tränen weinende Junge sitzt im Garten.

Gefälliger und vor allem leichter verständlich wird die Übersetzung mit einem Relativsatz:

■ Der Junge, **der heftig viele Tränen weint,** sitzt im Garten.

Auch das ist immer sprachlich richtig und vielleicht die beste Lösung, wenn du dir nicht sicher bist. Man kann es sich auch noch einfacher machen und den Satz in zwei Hauptsätze verwandeln: „Der Junge weint. Der Junge sitzt im Garten."

■ Der Junge sitzt im Garten **und weint heftig viele Tränen.**

Die Lösung mit zwei Hauptsätzen nennt man Beiordnung.

Ich kann noch einen Schritt weitergehen und mir Gedanken darüber machen, wie das logische Verhältnis der beiden Sachverhalte ist. Um das im Deutschen auszudrücken, kann ich zum Beispiel konjunktionale Nebensätze verwenden, sogenannte Adverbialsätze. Hier habe ich zahlreiche Möglichkeiten, ich muss mir aber genau überlegen, welche am besten dem Sinn des lateinischen Satzes entspricht.

▪ Der Junge sitzt im Garten, **während er heftig viele Tränen weint.**

In diesem Satz haben wir uns für einen Temporalsatz entschieden. Es steht aber die ganze Bandbreite der konjunktionalen Nebensätze zur Verfügung. Wichtig ist die Entscheidung für die Art, die der Aussage des Originalsatzes am besten entspricht. Und nun kommen wir zur letzten Übersetzungsmöglichkeit, der präpositionalen Wendung oder dem präpositionalen Ausdruck. Im Deutschen dienen diese wie die Adverbialsätze dazu, adverbiale Bestimmungen auszudrücken, also wo, wann, wie, unter welchen Umständen, warum usw. etwas passiert. Man nehme also eine Präposition und wähle einen entsprechenden Ausdruck, der den Gedanken wiedergibt.

▪ **Unter Tränen** sitzt der Junge im Garten.

Die fünf Übersetzungsmöglichkeiten zusammengefasst:
▪ wörtlich
▪ Relativsatz

- Beiordnung (zwei Hauptsätze)
  ((und) dann, dabei, deshalb, trotzdem, so usw.)
- konjunktionaler Nebensatz
  (als, nachdem, während, weil, da, wenn, obwohl, indem usw.)
- präpositionaler Ausdruck
  (nach, während, wegen, im Falle, trotz, bei, durch, unter usw.)

Diese Übersetzungsmöglichkeiten sind kein Zwang. Sie dienen dazu, eine angemessene, gefällige deutsche Übersetzung herzustellen. Das lateinische Partizip legt sich in keiner Weise auf eine Sinnrichtung fest. Hier kannst du die Möglichkeiten deiner Muttersprache kennenlernen und ausprobieren. Wichtig ist, dass die Art des Partizips das Zeitverhältnis bestimmt. Dazu findest du alles Weitere unter Partizip. Es sei auch noch einmal an die Klammerstellung erinnert und vor allem: **Achtung!** Das Partizip wird auf diese Art und Weise übersetzt, das Prädikat des Satzes (in unserem Beispiel sedet (er sitzt)) muss unverändert bleiben!

Diese Regeln für das PC gelten für alle Fälle, bei denen sich das Partizip auf einen der ersten vier Kasus bezieht. Damit kommen wir zum Schluss zum **Ablativus absolutus** (kurz Abl. abs.). Hier bezieht sich das Partizip auf ein Bezugswort im Ablativ. Beim Übersetzen ist er einfacher als das PC, weil ich mich statt zwischen fünf nur zwischen drei Übersetzungsmöglichkeiten entscheiden muss, denn die wörtliche Übersetzung und die mit Relativsatz fallen weg. Der → Ablativ dient im Lateinischen dazu, adverbiale Bestimmungen auszudrücken und diese Funktion behält er auch bei, wenn ein Ablativ mit einem Partizip verbunden wird. Damit ist der Abl. abs. aber kein notwendiger Satzteil, wie zum Beispiel Subjekt oder Objekt. Deshalb nennt man ihn absolutus, das heißt „losgelöst" vom Rest des Satzes. So ergeben sich für folgenden Satz zum Beispiel als mögliche temporale Übersetzungen:

▨ **Oppido expugnato** milites in castra redierunt.

Temporalsatz: **Nachdem die Stadt erobert worden war,**
    kehrten die Soldaten ins Lager zurück.
Beiordnung: **Die Stadt war erobert worden und dann** kehrten
    die Soldaten ins Lager zurück.
Präpositionaler Ausdruck: **Nach der Eroberung der Stadt**
    kehrten die Soldaten ins Lager zurück.

Man kann sich, abhängig vom Zusammenhang, auch für eine andere Sinnrichtung entscheiden.

Tipp: Fällt die Entscheidung für eine bestimmte Sinnrichtung schwer, so hilft, dass beim PC ein Relativsatz immer funktioniert und dass man beim PC und Abl. abs. mit einem Temporalsatz mit „als" meistens nicht viel verkehrt machen kann.

Der übliche Sonderfall: Der Abl. abs. kommt ab und zu ganz ohne Partizip aus. Er besteht dann nur aus dem Bezugswort und einem weiteren Nomen (Substantiv oder Adjektiv). Man kann sich aber ein Partizip dazudenken, etwa eine Form von sein, also seiend. Das gibt es aber im Lateinischen nicht und deshalb fehlt hier das Partizip. Zwei typische Beispiele sind:

Cicerone consule	als Cicero Konsul war, unter dem Konsulat Ciceros
matre invita	obwohl Mutter es nicht wollte, gegen den Willen der Mutter

Partizip dt. Mittelwort, von lat. particeps (teilhabend). Ein Partizip hat oder nimmt also Teil an etwas. Es hat Teil an zwei verschiedenen Wortarten und wird abgleitet von einem Verb und behandelt wie ein Adjektiv. Das besagt auch der deutsche Begriff Mittelwort: Das Mittelwort steht in der Mitte zwischen Verb und Adjektiv. Partizipien gibt es im Deutschen wie im Englischen und Lateinischen, jedoch gar nicht so viele:
cantans, -ntis (Partizip Präsens Aktiv/PPA),
cantatus, -a, -um (Partizip Perfekt Passiv/PPP),
cantaturus, -a, -um (Partizip Futur Aktiv/PFA)

Die typischen Formen im Lateinischen sind beim PPA -ns im Nominativ, in allen anderen Fällen -nt-. Das PPA wird dekliniert wie ein einendiges Adjektiv (zum Beispiel sapiens oder prudens, → Kap. 3.6.2) mit einer Ausnahme: Der Ablativ Singular endet für alle drei Geschlechter auf -e. Das PPP endet normalerweise auf -tus, -ta, -tum, das PFA auf -turus, -tura, -turum. Beide werden dekliniert wie die Adjektive der a/o-Deklination (→ Kap. 3.3). Ein Partizip wird also abgeleitet von einem Verb und benimmt sich wie ein Adjektiv. Beispiel:

■ Die Schwester tröstet den **weinenden** Jungen. Soror puerum **flentem** consolatur.

Weinend ist abgeleitet vom Verb weinen, flens von flere. Es steht aber nicht, wie bei Verben zumeist der Fall, als Prädikat, das ist ja tröstet/consolatur, sondern nimmt die Aufgabe eines Adjektivs an. Mit einem Partizip kann ich in einem Satz zwei Ereignisse oder Tätigkeiten kombinieren. Dieses Partizip flens nennt man das Partizip Präsens Aktiv oder kurz PPA. Nun ist dieser Begriff in dem Sinne problematisch, dass der Name eine falsche Vorstellung von der Aufgabe des Partizips gibt, denn es hat mit Präsens gar nichts zu tun!

■ Der **weinende** Junge saß gestern im Garten. Heri puer **flens** in horto sedebat.

In diesem Satz steht immer noch weinend bzw. flens – dass dieser Satz aber nicht in der Gegenwart spielt, ist ja offen-sichtlich (gestern, heri). Was drückt also das PPA aus? Nur dass etwas gleichzeitig passiert – wann, ist völlig egal. Und was bedeutet das Aktiv? Nun ganz einfach, dass jemand aktiv ist, das heißt etwas tut, in unserem Fall weinen.

Und damit sind wir bei dem zweiten Partizip, dem Partizip Perfekt Passiv oder kurz PPP. Von der Bezeichnung her funktioniert es genauso wie das PPA, weil es vom Perfektstamm gebildet wurde, nicht weil es irgendetwas mit einer bestimmten Vergangenheit zu tun hätte. Beispiel:

■ Hostes **victi** oppidum relinquunt. Die **besiegten** Feinde verlassen die Stadt.

Wieder sind zwei Geschehnisse in einem Satz kombiniert. Die Feinde gehen aus der Stadt und wurden besiegt. Wie ist die zeitliche Reihenfolge dieser beiden Vorgänge? Zuerst wurden sie besiegt, dann verlassen sie die Stadt. Das Partizip Perfekt Passiv drückt also aus, dass etwas vorher passiert ist, also die Vorzeitigkeit, egal in welcher Zeit das Prädikat steht.

■ Hostes **victi** oppidum heri reliquerunt. Die **besiegten** Feinde verließen gestern die Stadt.
■ Hostes **victi** oppidum cras relinquent. Die **besiegten** Feinde werden morgen die Stadt verlassen.

Egal wann es passiert, ob gestern, morgen oder heute, das PPP drückt aus, dass etwas vorher passiert ist. Es heißt Passiv, weil mit den Feinden etwas geschehen ist, sie waren passiv, es ist ihnen zugestoßen: Sie haben ja nicht gewonnen, sondern sind besiegt worden.

Nun gibt es aber im Lateinischen ein drittes Partizip, das Partizip Futur Aktiv oder kurz PFA. Wir haben gesehen, dass das PPA die Gleichzeitigkeit ausdrückt, das PPP die Vorzeitigkeit. Was aber, wenn ich audrücken will, dass etwas nachher geschehen wird oder soll, sozusagen die Nachzeitigkeit – dann habe ich im Deutschen kein Partizip, um das auszudrücken, im Lateinischen schon. Beispiel:

▪ Milites oppidum **oppugnaturi** castra collocant.
  Die Soldaten, **die** die Stadt **belagern wollen/werden,** schlagen ein Lager auf.

Bei der Übersetzung sieht man schon, dass man das PFA nicht wörtlich wiedergeben kann, weil es diese Form im Deutschen nicht gibt. Ich muss auf eine andere Lösung ausweichen (siehe dazu Participium coniunctum). Daran liegt es auch, dass in den Lateinbüchern und Grammatiken immer eine Hilfsübersetzung beim PFA steht (einer, der etwas tun will). Wie ist die zeitliche Reihenfolge hier? Die Soldaten schlagen jetzt das Lager auf, haben aber erst vor (zum Beispiel morgen), die Stadt zu belagern. Auch hier gilt, dass das PFA immer die Nachzeitigkeit ausdrückt, egal wann das Lager aufgeschlagen wird, wurde oder werden wird.

Besonderheiten: Bestimmte Verben, zum Beispiel die intransitiven, können kein Passiv bilden, deshalb gibt es bei ihnen kein PPP; daher stehen bei manchen Verben nur drei Stammformen. Manchmal steht aber auch als vierte Stammform statt des PPP das PFA, denn das geht natürlich auch bei diesen Verben (Partizip Futur Aktiv (!)).

Beachte: Deponentien sind besondere Verben, die nur Passivformen bilden, aber aktive Bedeutung haben. So hat auch die Form des PPP bei diesen nicht passivische, sondern aktive Bedeutung! Beispiel:

- Claudius diu in foro **moratus** domum redit. Lange auf dem Marktplatz **gewartet habend** kehrt Klaus nach Hause zurück (besser: Nachdem Klaus lange auf dem Marktplatz **gewartet hat,** kehrt er nach Hause zurück.).

Das Deponens morari, moror, moratus sum heißt warten und hat nur aktive Bedeutung. So auch hier. Klaus hat ja gewartet, er hat es getan. Wichtig ist aber auch hier, zu beachten, dass es vorher passiert ist: Erst wartet er, dann geht er nach Hause. Das Prinzip der Vorzeitigkeit gilt also auch hier!

Perfekt dt. abgeschlossen, vollendet, von lat. perficere (vollenden, vollbringen). Das Perfekt ist die Erzählzeit im Lateinischen (im Deutschen das Imperfekt), das heißt, in diesem Tempus werden vergangene Geschehnisse, Ereignisse und Handlungen wiedergegeben. Bei der Übersetzung ist die Wiedergabe des lateinischen Perfekt durch das deutsche Imperfekt bei handlungsreichen Texten notwendig.

■ Caesar exercitum in castra **deduxit,** Labienum **praeposuit** et ipse in Galliam **profectus est.** Cäsar **führte** das Heer ins Lager, **machte** Labienus zum Kommandanten und **brach** selbst nach Gallien auf.

Zu den Formen siehe Perfektbildung und Tempus.

Perfektbildung Den Perfektstamm liefert uns bei normalen Verben die 3. Stammform. Nun gibt es verschiedene Perfektbildungen, die unabhängig von der Konjugation des jeweiligen Verbs sind. So können zum Beispiel von den Verben, die zur konsonantischen Konjugation gehören, einige ein s-Perfekt, andere ein v-Perfekt, wieder andere ein u-Perfekt haben usw. Welches Perfekt im Aktiv vorliegt, erkenne ich nur an der **3. Stammform.** Beispiele: cedere, cedo, **cessi,** cessum hat ein **s-Perfekt,** weil der Perfektstamm (der Bestandteil des Wortes vor der Personalendung -i) auf **s** endet. petere, peto, **petivi,** petitus ist demnach ein **v-Perfekt.** Für die passiven Formen brauche ich die letzte Stammform, das Partizip Perfekt Passiv (PPP). Habe ich den Perfektstamm erkannt und kenne das PPP, kann ich diese Zeiten genauso wie im Beispiel unten bilden. Alle Endungen sind, egal welche Perfektbildung vorliegt, vollkommen identisch.

v-Perfekt	laudāre, laudō, **laudāvī,** laudātus, -a, -um
s-Perfekt	cedere, cedō, **cessī,** cessum
u-Perfekt	monēre, moneō, **monuī,** monitus, -a, -um

Reduplikationsperfekt	tangere, tangō, **tetigī,** tāctus, -a, -um
Dehnungsperfekt	venīre, veniō, **vēnī,** ventum
Perfekt ohne Stammveränderung	ascendere, ascendo, **ascendī,** ascēnsus, -a, -um

Ein **s-Perfekt** erscheint manchmal in etwas seltsamer Form: So ist zum Beispiel das Perfekt **duxi** von ducere ein **s-Perfekt,** weil es aus **duc-s-i** entstanden ist. Spricht man **duc-s-i** aus, so ergibt sich ein **x,** also wurde es auch in die Schrift übernommen. Gleiches gilt zum Beispiel auch für dicere (dixi aus dic-s-i). Ein **Reduplikationsperfekt** ist wörtlich übersetzt ein „Verdopplungsperfekt". Was wird verdoppelt? Der erste (manchmal mit dem zweiten) Buchstaben des Stammes: tangere (berühren) ➡ tetigi, andere Beispiele sind currere (laufen) ➡ **cucu**rri, **ca**nere (singen) ➡ **ce**cini, **di**scere (lernen) ➡ **didi**ci usw. Ein **Dehnungsperfekt** besagt, dass eine Silbe gedehnt wurde. Bei venire (kommen) ist das e kurz, im Perfekt bei vēni aber lang. Ein anderes Beispiel ist vidēre (sehen) ➡ vīdi. Und schließlich gibt es noch Verben, deren Perfekt genau den selben Stamm hat wie das Präsens: **ascend**ere (hinaufsteigen) ➡ **ascend**i.

Als Beispiel für die Endungen, die an den Perfektstamm angehängt werden, nehmen wir ein Wort der a-Konjugation. Die Endungen sind aber für alle Konjugationen und Perfekt-bildungen gleich! Siehe auch Deponentien.

2

Perfekt					
Aktiv					
		Indikativ		Konjunktiv	
		lateinisch	deutsch	lateinisch	deutsch
Singular	1.	laudāv-ī	ich habe gelobt	laudāv-**erim**	ich möge gelobt haben
	2.	laudāv-**istī**	du hast gelobt	laudāv-**eris**	du mögest gelobt haben
	3.	laudāv-**it**	er, sie, es hat gelobt	laudāv-**erit**	er, sie, es möge gelobt haben
Plural	1.	laudāv-**imus**	wir haben gelobt	laudāv-**erimus**	wir mögen gelobt haben
	2.	laudāv-**istis**	ihr habt gelobt sie haben	laudāv-**eritis**	ihr möget gelobt haben
	3.	laudāv-**ērunt**	gelobt	laudāv-**erint**	sie mögen gelobt haben

Perfekt				
Passiv				
		Indikativ		Konjunktiv	
		lateinisch	deutsch	lateinisch	deutsch
Singular	1.	laudāt-us, -a, -um sum	ich bin gelobt worden	laudāt-us, -a, -um sim	ich möge gelobt worden sein
	2.	laudāt-us, -a, -um es	du bist gelobt worden	laudāt-us, -a, -um sīs	du mögest gelobt worden sein
	3.	laudāt-us, -a, -um est	er, sie, es ist gelobt worden	laudāt-us, -a, -um sit	er, sie, es möge gelobt worden sein
Plural	1.	laudāt-ī, -ae, -a sumus	wir sind gelobt worden	laudāt-ī, -ae, -a sīmus	wir mögen gelobt worden sein
	2.	laudāt-ī, -ae, -a estis	ihr seid gelobt worden	laudāt-ī, -ae, -a sītis	ihr möget gelobt worden sein
	3.	laudāt-ī, -ae, -a sunt	sie sind gelobt worden	laudāt-ī, -ae, -a sint	sie mögen gelobt worden sein

Plusquamperfekt					
		Aktiv			
		Indikativ		Konjunktiv	
		lateinisch	deutsch	lateinisch	deutsch
Singular	1.	laudāv-**eram**	ich hatte gelobt	laudāv-**issem**	ich hätte gelobt
	2.	laudāv-**erās**	du hattest gelobt	laudāv-**issēs**	du hättest gelobt
	3.	laudāv-**erat**	er, sie, es hatte gelobt	laudāv-**isset**	er, sie, es hätte gelobt
Plural	1.	laudāv-**erāmus**	wir hatten gelobt	laudāv-**issēmus**	wir hätten gelobt
	2.	laudāv-**erātis**	ihr hattet gelobt	laudāv-**issētis**	ihr hättet gelobt
	3.	laudāv-**erant**	sie hatten gelobt	laudāv-**issent**	sie hätten gelobt

Plusquamperfekt					
Passiv					
		Indikativ		Konjunktiv	
		lateinisch	deutsch	lateinisch	deutsch
Singular	1.	laudāt-**us, -a, -um eram**	ich war gelobt worden	laudāt-**us, -a, -um essem**	ich wäre gelobt worden
	2.	laudāt-**us, -a, -um erās**	du warst gelobt worden	laudāt-**us, -a, -um esses**	du wärest gelobt worden
	3.	laudāt-**us, -a, -um erat**	er, sie, es war gelobt worden	laudāt-**us, -a, -um essēt**	er, sie, es wäre gelobt worden
Plural	1.	laudāt-**ī, -ae, -a erāmus**	wir waren gelobt worden	laudāt-**ī, -ae, -a essēmus**	wir wären gelobt worden
	2.	laudāt-**ī, -ae, -a erātis**	ihr wart gelobt worden	laudāt-**ī, -ae, -a essētis**	ihr wäret gelobt worden
	3.	laudāt-**ī, -ae, -a erant**	sie waren gelobt worden	laudāt-**ī, -ae, -a essent**	sie wären gelobt worden

Futur II					
Aktiv					
		Indikativ		Konjunktiv	
		lateinisch	deutsch	lateinisch	deutsch
Singular	1.	laudāv-**erō**	ich werde gelobt haben	–	–
	2.	laudāv-**eris**	du wirst gelobt haben	–	–
	3.	laudāv-**erit**	er, sie, es wird gelobt haben	–	–
Plural	1.	laudāv-**erimus**	wir werden gelobt haben	–	–
	2.	laudāv-**eritis**	ihr werdet gelobt haben	–	–
	3.	laudāv-**erint**	sie werden gelobt haben	–	–

Futur II				
Passiv				
		Indikativ		Konjunktiv
		lateinisch	deutsch	lateinisch	deutsch
Singular	1.	laudāt-**us, -a, -um ero**	ich werde gelobt worden sein	–	–
	2.	laudāt-**us, -a, -um eris**	du wirst gelobt worden sein	–	–
	3.	laudāt-**us, -a, -um erit**	er, sie, es wird gelobt worden sein	–	–
Plural	1.	laudāt-**ī, -ae, -a erimus**	wir werden gelobt worden sein	–	–
	2.	laudāt-**ī, -ae, -a eritis**	ihr werdet gelobt worden sein	–	–
	3.	laudāt-**ī, -ae, -a erunt**	sie werden gelobt worden sein	–	–

Personalendung An der Personalendung erkennt man, wer bei einem Prädikat die handelnde (oder beim Passiv erleidende) Person ist. Diese sind ziemlich einheitlich, wobei nur der Indikativ Perfekt Aktiv herausfällt. Man muss aktive und passive Personalendungen unterscheiden.

Präsens Aktiv	
Imperfekt Aktiv	
Futur Aktiv	-o/-m, -s, -t, -mus, -tis, -nt
Perfekt Passiv	
Plusquamperfekt Aktiv + Passiv	
Futur II Aktiv + Passiv	

Indikativ Perfekt Aktiv	-i, -isti, -it, -imus, -istis, -erunt

Präsens Passiv	
Imperfekt Passiv	-(o)r, -ris, -tur, -mur, - mini, -ntur
Futur I Passiv	

Zur genauen Bildung siehe Kapitel 4.

Personalpronomen dt. persönliches Fürwort, von lat. persona,-ae f. (Person), pro (für, anstelle von) und nomen, -inis n. (Name, Bezeichnung). Im Lateinischen steht ein Personalpronomen als Subjekt nur, wenn es stark betont wird. Ansonsten wird es durch die Personalendung des Prädikats ausgedrückt. Beispiel:

■ Cur **me** reprehendis? **Ego** officia mea praestiti, sed **tu** officia tua neglexisti. Warum kritisierst du **mich?** **Ich** (jedenfalls) habe meine Aufgaben erledigt, aber **du** hast deine Pflichten vernachlässigt.

Possessivpronomen dt. besitzanzeigendes Fürwort, von lat. possidere (besitzen). Possessivpronomen betonen ein Besitzverhältnis oder eine Zugehörigkeit; sie werden verwendet wie → Adjektive, allerdings nur in attributiver Stellung (→ Attribut). Es gibt folgende Possessivpronomina:

meus, mea, meum	mein (1. Person Singular ich)
tuus, tua, tuum	dein (2. Person Singular du)
noster, nostra, nostrum	unser (1. Person Plural wir)
vester, vestra, vestrum	euer (2. Person Plural ihr)

Bei der 3. Person Singular er, sie, es gebraucht man das → Reflexivpronomen suus, sua, suum (sein, ihr), wenn es sich auf das Subjekt des Satzes bezieht; eius, eorum, earum (von is, ea, id), wenn es sich auf eine andere Person als das Subjekt des Satzes bezieht.

■ **Domina** servas **suas** laudat. **Die Herrin** lobt **ihre** Dienerinnen. (Subjekt „Herrin")

■ Nam **servae eius** pigrae non sunt. Denn **ihre Dienerinnen** sind nicht faul. (Subjekt „Dienerinnen", Bezug von „ihre" ist die Herrin)

Prädikat dt. Satzaussage, von lat. praedicare (aussagen, ankündigen, bekannt machen). Das Prädikat ist der wichtigste Satzteil, ohne ihn kann kein Satz entstehen. Das Prädikat sagt aus, was das Subjekt tut (im Aktiv) oder was mit dem Subjekt geschieht (im Passiv). Das Prädikat wird entweder von einem Vollverb oder einem Hilfsverb mit zum Beispiel einem Prädikatsnomen gebildet. Es steht in → Kongruenz mit dem → Subjekt, das heißt im selben → Numerus. Eine Besonderheit des Lateinischen ist, dass ein Prädikat das Subjekt enthalten kann, dieses also nicht gesondert ausgedrückt werden muss. Beispiele:

- Nauta e nave **descendit.** Tum uxorem et liberos **salutat.**
  Der Seemann **geht** von Bord. Dann **begrüßt er** Frau und Kinder.
- Senator **loquax est.** Der Senator ist geschwätzig.

Prädikativum keine deutsche Entsprechung, von lat. praedicare (behaupten). Der fehlende deutsche Begriff macht schon deutlich, dass es diese grammatische Erscheinung im Deutschen nicht gibt – das heißt, sie wird nur nicht als solche bezeichnet. Das Prädikativum „behauptet" etwas und teilt sich einerseits die Aufgabe und Aussehen mit dem Adjektiv und Adverb, andererseits kann es auch als Substantiv vorkommen. Beispiele:

- **Laetus** Marcus domum rediit et flere coepit. Der **fröhliche** Markus kam nach Hause und begann zu weinen. (Adjektivisches Attribut)

■ Marcus **laete** rediit et matrem osculis salutavit. Markus
kam **fröhlich** nach Hause und begrüßte seine Mutter mit
Küssen. (Adverb)

Wo ist der inhaltliche Unterschied der beiden Sätze? Beim
ersten Satz hat der Junge offensichtlich die typische Eigenschaft, fröhlich zu sein (genauso wie er blond, dick oder klein
ist). Im Moment ist er zwar gar nicht glücklich, denn er fängt
sofort an zu weinen. Aber im Prinzip ist er meistens frohge-
mut. Der zweite Satz besagt, dass Markus fröhlich nach
Hause kommt, laete beschreibt also die Art, wie er den
Heimweg erlebt. Und es gibt den Fall, dass Markus zwar
fröhlich ist, man das seinen Bewegungen und Gesten gar
nicht entnehmen kann.

■ Marcus **laetus** domum rediit. (Prädikativum) Markus kam
fröhlich nach Hause.

Markus, der sonst immer nur miesepetrig durch die Gegend
rennt, ist gut gelaunt. Deshalb wäre die Übersetzung wie im
ersten Satz verkehrt. Der zweite Satz drückt etwas aus über
seinen Gang, sein Verhalten, das war aber ganz normal, sozusagen stille Freude. Jetzt ist er (momentan) fröhlich, aber
mehr im Inneren. Im Deutschen unterscheiden wir diese Fälle
gar nicht und behandeln das fröhlich wie ein Adverb, deshalb
ist auch die Übersetzung identisch. Man kann zumeist nur im
Textzusammenhang entscheiden, ob ein Prädikativum oder

ein adjektivisches Attribut vorliegt. Dazu brauche ich eben mehr Kenntnisse über Markus.

Es gibt, wie bereits gesagt, das Prädikativum auch als Substantiv. Beispiele:
- Tyrus servus est.
- Tyrus **puer** Romam venit.
- Tyrus **senex** in patriam redire vult.

Dreimal Tyrus – immer derselbe? Ja, aber es wird etwas zu verschiedenen Zeiten über ihn ausgesagt.
- Tyrus ist ein Sklave.
- Tyrus kam **als Kind** nach Rom.
- Tyrus will **als alter Mann** in die Heimat zurückkehren.

Wenn wir puer und senex als Attribut übersetzen, haben wir drei verschiedene Tyri: der Junge Tyrus, der alte Mann Tyrus und Tyrus. Wahrscheinlich handelt es sich um Opa, Vater und Enkel. Wenn es aber im Text klar ist, dass es sich um ein und dieselbe Person handelt, dann ist eine Übersetzung mit „als" immer besser. Das Prädikativum gibt uns meistens Informationen über einen körperlichen oder seelischen Zustand (laetus fröhlich, senex als alter Mann) oder über eine Reihenfolge oder Menge. Bei einem substantivischen Prädikativum füge ich in der Übersetzung ein „als" ein, ein adjektivisches Prädikativum übersetze ich (meist) wie das Adjektiv.

Prädikatsnomen ist ein Nomen in einem Prädikat. Beispiele: Markus
schwärmt Claudia im Colosseum von seinem Lieblingsgladia-
tor vor und sagt:

- Lydus **gladiator est**. Lydus **ist ein Gladiator** (Schwertkämpfer).
- Lydus **fortis est**. Lydus **ist tapfer**.
- Lydus **est ille**. Lydus **ist jener da**.

Die Prädikate in allen drei Sätzen bestehen aus einer Form
des Verbs esse in Kombination mit einem Nomen: im ersten
Satz ein Substantiv (gladiator), im zweiten ein Adjektiv (fortis),
im dritten ein (Demonstraiv-)Pronomen (ille). Für die Übersetzung kein Problem. Außerdem hilft immer, das Prädikatsnomen und Subjekt (hier Lydus) kongruent sind, das heißt in
Kasus, Numerus und Genus übereinstimmen, da das Prädikatsnomen ja immer dieselbe Person meint wie das Subjekt.

Präfix dt. Vorsilbe, von lat. praefigere (vorne anheften). Präfixe sind
Wortbausteine am Anfang eines Wortes, die bestimmte Be-
deutungen ausdrücken. Es macht das Erschließen vieler un-
bekannter Vokabeln bei der Übersetzung einfacher, wenn man
sich die häufigsten Präfixe merkt. Es gibt sie vor allem bei
Verben. Sie sind oft von Präpositionen (→ Kap. 9) abgeleitet;
kennt man die Bedeutung der Präposition, so kann man die
Bedeutung des zusammengesetzten Verbes erschließen.
Solche Verben nennt man → Komposita. Die wichtigsten
Präfixe sind:

Präfix	Bedeutung	Beispiel
a-, ab-, abs-, (au-) (von a, ab)	weg-, ab-, ent-	avellere (abreißen) → vellere abesse (weg sein) → esse abducere (entführen) → ducere abstrahere (wegschleppen) → trahere auferre (wegtragen) → ferre
ac-, ad-, af-, al-, ap-, as- at- (von ad)	dabei-, hinzu-, herbei-, heran-, an-	accurrere (hinzulaufen) → currere advolare (herbeieilen) → volare afferre (herbeitragen) → ferre attingere (anrühren) → tangere
col-, com-, con- (von cum)	zusammen-, mit-	colligere (sammeln) → legere componere (zusammensetzen) → ponere concurrere (zusammenlaufen) → currere conscius (mitwissend) → scire
de-, des- (von de)	herab	deportare (herabtragen) → portare descendere (herabsteigen) → scandere
di-, dif-, dis-	auseinander	dividere (trennen) → videre differre (auseinander tragen) → ferre disiungere (trennen) → iungere discedere (auseinander gehen) → cedere
e-, ef-, ex- (von e, ex)	heraus-, hinaus-, aus-, ent-	elabi (herausgleiten) → labi effugere (entfliehen) → fugere extrahere (herausziehen) → trahere
il-, im-, in- (von in)	hinein-, darin-, darauf-, herein-, an-	illigare (anbinden) → ligare imponere (darauf setzen) → ponere incurrere (hineinlaufen) → currere incola (Einwohner) → colere
in-	Gegenteil	inhumanus (unmenschlich) → humanus

ne-, nec-, neg-	Gegenteil, Verneinung	negotium (Tätigkeit) → otium
ob-, oc- (von ob)	entgegen	obstare (entgegenstehen) → stare occurrere (entgegen laufen) → currere
per- (von per)	hindurch-	percurrere (durchlaufen) → currere
pro-, prod- (von pro)	hervor-, vor-	proferre (vortragen) → ferre prodire (hervorgehen) → ire
re-, red-	zurück-	retrahere (zurückziehen) → trahere reverti (zurückkehren) → vertere
se-	Trennung	secedere (weggehen) → cedere seiungere (trennen) → iungere
sub-	unter-	subicere (unterwerfen) → iacere (von sub) subvenire (unterstützen) → venire

Siehe auch Suffix.

Präposition dt. Verhältniswort, von lat. praeponere (voranstellen).
Präpositionen sagen uns etwas über Verhältnisse, vor allem räumliche (lokale) und zeitliche (temporale). Beispiele:
▪ Liber **sub** tabula iacet. Das Buch liegt **unter** dem Tisch.
▪ **Ante** cenam ambulabimus. Wir werden **vor** dem Essen spazieren gehen.

Die Präpositionen der Beispielsätze sagen uns etwas über das Verhältnis von Buch und Tisch bzw. Essen und unserer

Tätigkeit. Die Präpositionen haben aber ihren Aufgabenbe-
reich immer weiter ausgedehnt, sodass sie nicht nur auf
Verhältnisse wie oben angewendet werden, sondern auch
eine sogenannte übertragene Bedeutung annehmen können.
Beispiel:

▨ Caesar libros **de** bello Gallico scripsit. Cäsar schrieb
  Bücher **über** den gallischen Krieg.

Präsens dt. Gegenwart, von lat. praesens, -ntis (gegenwärtig). Das
Präsens bezeichnet gegenwärtige Handlungen oder Zustände
und allgemeingültige Feststellungen.

Gelegentlich kommt es vor, dass Ereignisse der Vergangenheit im Präsens geschildert werden. Man spricht dann von
einem historischen Präsens. Der Verfasser will diese Ereignisse besonders lebhaft gestalten.

Prohibitiv dt. Verbot, von lat. prohibere (verbieten). Der Prohibitiv ist
das Gegenteil vom → Imperativ. Während dort jemandem
befohlen wird, etwas zu tun, wird er hier aufgefordert, etwas
zu unterlassen bzw. nicht zu tun. Während man im Deutschen einfach ein „nicht" zum Befehl hinzusetzt (geh! geh
nicht!), benutzt man im Lateinischen den Konjunktiv Perfekt
+ ne und richtet sich an eine zweite Person (du oder ihr),
deshalb gebraucht man entweder die 2. Person Singular oder
die 2. Person Plural. Beispiel:

■ **Ne laudaveris!** Lobe nicht! **Ne laudaveritis!** Lobt nicht!

Eine etwas einfachere Möglichkeit bieten die Befehlsformen von nolle (→ Kap. 5.4), die nur hier gebräuchlich sind. Man nimmt diese Imperativformen und kombiniert sie mit dem Infinitiv des jeweiligen Verbs. Beispiel:
■ **Noli laudare!** Lobe nicht! **Nolite laudare!** Lobt nicht!

Reflexivpronomen dt. rückbezügliches Fürwort, von lat. reflectere (zurück-beugen, umwenden) und nomen, -inis n. (Name, Bezeich-nung). Das Reflexivpronomen kommt nie im Nominativ vor und hat für Singular und Plural und alle drei Geschlechter die gleiche Form: Dativ: sibi, Akkusativ: se, Ablativ: (a) se. Im Genitiv verwendet man das dazu gehörige → Possessiv-pronomen suus, -a, -um. Das Reflexivpronomen bezieht sich immer auf das Subjekt des Satzes, das in der dritten Person steht. Dies ist vor allem wichtig für den → AcI. Beispiele:
■ Marcus dicit **eum** stultum esse. Markus sagt, dass **er** (Egon) dumm ist.
■ Marcus dicit **se** stultum esse. Markus sagt, dass **er** (selbst, Markus) dumm ist.

Eine Übersetzung mit „sich" ist im AcI nicht möglich, ansons-ten immer richtig.
■ Servus **se** (ipsum) reprehendit. Der Sklave kritisierte **sich** (selbst).

2

■ Puellae **sibi** opulentam cenam paraverunt. Die Mädchen bereiteten **sich** eine reichhaltige Mahlzeit.

Relativpronomen von lat. referre (zurücktragen, wiedergeben, widerspiegeln). Was wird widergespiegelt? Ein Substantiv eines übergeordneten Satzes. Das Relativpronomen leitet einen Relativsatz ein. Dabei stimmen Relativpronomen und Bezugswort in Numerus und Genus überein, der Kasus des Relativpronomens wird durch seine Funktion im Nebensatz bestimmt.

■ **Servo, qui** dominum suum interfecerat, in patriam effugere contigit. **Dem Sklaven, der** seinen Herrn getötet hatte, gelang es, in seine Heimat zu fliehen.

Man unterscheidet neben den „normalen" Relativpronomen qui, quae, quod (der, die, das) (→ Kap. 6.3) noch die verallgemeinernden Relativpronomen quisquis, quidquid und quicumque, quaecumque, quodcumque jeder, der (alles, was); wer/was auch immer. Manchmal verwenden die Römer ein Relativpronomen auch in einem Hauptsatz, um ihn mit dem vorhergehenden Satz enger zu verknüpfen. Das Relativpronomen steht dann zum Beispiel für hic, haec, hoc oder ille, illa, illud.

■ Servo in patriam effugere contigit. **Qui** antea dominum suum interfecerat. Dem Sklaven gelang es, in seine Heimat zu fliehen. **Dieser** hatte vorher seinen Herrn getötet.

Satzgefüge → Hypotaxe

Satzreihe → Parataxe

Satzteil bezeichnet die Funktionen und Aufgaben, die bestimmte Wortarten (Nomen, Verben, Adverben, Präpositionen, Konjunktionen) im Satz erfüllen. Zum Unterschied von Satzteilen und Wortarten siehe dort. Satzteile sind Subjekt, Prädikat, Objekt, adverbiale Bestimmung (auch Adverbiale genannt) und Attribut.

Semideponentien von lat. semi (halb) und deponere (ablegen). Es handelt sich bei diesen Verben um halbe → Deponentien. „Halb", weil sie entweder die Tempora des Präsensstammes oder des Perfektstammes „normal" bilden, die jeweils anderen wie ein Deponens. Beispiel:
gaudere, gaudeo, gavisus sum sich freuen

Die ersten beiden → Stammformen sind ganz normal: der Infinitiv Präsens Aktiv und die 1. Person Singular Indikativ Präsens Aktiv. Dann fehlt aber das Perfekt Aktiv, stattdessen haben wir eine passivische Perfektbildung. Mit anderen Worten: gaudere bildet Präsens, Imperfekt und Futur I mit aktivischen Formen, Perfekt, Plusquamperfekt und Futur II mit passivischen Formen, die Bedeutung im Deutschen ist aber Aktiv!
gaudere   sich freuen
gaudeo   ich freue mich
gavisus sum   ich habe mich gefreut

Weitere Semideponentien sind:
audere, audeo, ausus sum wagen (Perfekt: ich habe gewagt)
solere, soleo, solitus sum pflegen, gewohnt sein
 (Perfekt: ich bin gewohnt gewesen)
fidere, fido, fisus sum trauen (Perfekt: ich habe getraut)
confidere, confido confisus sum vertrauen
 (Perfekt: ich habe vertraut)

Außerdem reverti, revertor, reverti zurückkehren, das sich als
einzige Ausnahme genau umgekehrt verhält: Präsens, Imperfekt
und Futur I bilden passivische Formen, Perfekt, Plusquamperfekt und Futur II werden aktivisch gebildet. Auch dieses Verb
hat im Deutschen immer aktive Bedeutung: reverti zurückkehren, revertor ich kehre zurück, reverti ich bin zurückgekehrt.

Simplex ein einfaches Verb, von lat. simplex (einfach). Ein Simplex ist
ein Grundverb, das durch → Präfixe (Vorsilben) in seiner
Bedeutung differenziert werden kann.

Beispiel: Simplex: ponere   setzen, stellen, legen
          mit Präfixen:
          deponere   herabsetzen
          componere   zusammensetzen
          disponere   auseinandersetzen
          exponere   aussetzen
          imponere   daraufsetzen
          proponere   vorsetzen

Diese Zusammensetzungen nennt man → Komposita.

Stammformen gibt es nur bei Verben. Es gibt sie auch im Deutschen (gehen, ging, gegangen), im Lateinischen sind es allerdings vier (movere, moveo, movi, motum). Aber wozu? Man braucht die Stammformen, um alle sechs Zeiten (→ Tempus) zu bilden. Und wie der Begriff Stammform besagt, erfährt man etwas über den Stamm. Welche Stammformen gibt es?

movere: Die erste Stammform ist der Infinitiv Präsens Aktiv, die Grundform.

moveo: Die zweite Stammform ist die 1. Person Singular Indikativ Präsens Aktiv. Sie gibt mir Informationen über den Präsensstamm und damit die Konjugation. Trenne ich die Personalendung ab, bleibt move-. Damit weiß ich, dass das Wort movere zur e-Konjugation gehört. Mit diesem Stamm bilde ich alle Formen im Präsens, Imperfekt und Futur I, Indikativ und Konjunktive, Aktiv und Passiv.

movi: Die dritte Stammform ist die 1. Person Indikativ Perfekt Aktiv. Sie gibt mir Informationen über den Perfektstamm und die → Perfektbildung. Trenne ich die Personalendung -i ab, bleibt mov-. Damit weiß ich, dass das Wort ein v-Perfekt bildet. Mit diesem (Perfekt-) Stamm bilde ich alle Formen im Perfekt, Plusquamperfekt und Futur II Aktiv (!).

motum: Die vierte ist das Partizip Perfekt Passiv (PPP). Eigentlich heißt es motus, mota, motum, der Kürze halber wird in der Vokabelliste nur eine Form erwähnt. Mit diesem Partizip und den Formen von esse (→ Kap. 5.3) bilde ich alle Formen im Perfekt, Plusquamperfekt und Futur II Passiv (!).

Damit sind alle möglichen Formen abgedeckt und können gebildet werden.

Zusammengefasst:

movere	**Grundform**
moveo	→ **Präsens, Imperfekt, Futur I (Aktiv + Passiv)**
movi	→ **Perfekt, Plusquamperfekt, Futur II (Aktiv)**
motum	→ **Perfekt, Plusquamperfekt, Futur II (Passiv) (+ esse)**

Aber manche Verben haben nur drei Stammformen, es fehlt das PPP. Warum? Wenn Verben kein Passiv bilden können, dann fällt auch das PPP weg, denn es dient ja nur dazu, Passivformen zu bilden. Solche Verben nennt man intransitive Verben.

Bei manchen Verben, von denen man eindeutig kein Passiv bilden kann, steht trotzdem ein PPP, zum Beispiel ire, eo, ii, itum. Man kann doch nicht „gegangen werden"? Es gibt allerdings die Möglichkeit, ein Passiv unpersönlich, das heißt mit der 3. Person „es" oder mit „man" zu bilden. Das funktioniert auch im Deutschen. Stellen wir uns vor, ein Festzug mit Hunderten von Menschen geht zum Tempel des Saturn. Man könnte sagen (zugegeben nicht sehr schön) „Es wurde zum Tempel des Saturn gegangen" bzw. „Man ging zum Tempel des Saturn", im Lateinischen entsprechend „Ad templum Saturni itum est."

Manchmal steht statt des PPP ein PFA (Partizip Futur Aktiv) als letzte Stammform, zum Beispiel remanere, remaneo, remansi, remansurum. Das PFA wird vom PPP abgeleitet (zum Beispiel beim PPP laudatus wird die Endung -tus durch -turus ersetzt und man erhält so das PFA laudaturus). remanere ist ein intransitives Verb, kann also kein Passiv bilden, hat somit kein PPP. Das PFA existiert aber trotzdem, denn mit dem PFA bildet man Aktivformen, wie der Name schon sagt: Partizip Futur **Aktiv** (!).

Deponentien: Sie haben nur passive Formen und nur drei Stammformen, zum Beispiel polliceri, polliceor, pollicitus sum. Die dritte fehlt, denn sie dient ja dazu, Perfekt, Plusquamperfekt und Futur II Aktiv (!) zu bilden, die aktiven Formen haben Deponentien aber nicht. Die letzte Stammform ist – wie bei „normalen" Verben – das PPP. Nur pflegt man hier die Form von esse in der 1. Person dazuzusetzen (was man auch bei den anderen „normalen" Verben machen könnte). Siehe Weiteres bei Deponentien.

Steigerung → Komparation

Subjekt dt. Satzgegenstand, von lat. subicere (unterwerfen). Das Subjekt ist etwas „Unterworfenes", und zwar unterworfen dem → Prädikat. Das Subjekt ist entweder der Handlungsträger eines Satzes (im Aktiv) oder von der Handlung betroffen (im Passiv). Sofern es sich um ein Nomen handelt, und das ist meistens der Fall, steht das Subjekt immer im 1. Fall, dem → Nominativ, und ist die Antwort auf die Frage „wer oder was?". Das Subjekt steht in → Kongruenz zum Prädikat, das heißt im selben → Numerus. Ab und zu kann auch ein Infinitiv oder ein ganzer Satz Subjekt sein. Jeder Satz braucht neben dem Prädikat ein Subjekt, wobei eine Besonderheit des Lateinischen ist, dass dieses auch nur im Prädikat „stecken" kann, also nicht durch ein Wort ausgedrückt werden muss wie im Deutschen. Beispiel:

■ Ingrediu**ntur. Sie** treten ein.

Die Personalendung -ntur enthält schon das Subjekt „sie".

Suffix dt. Nachsilbe, von lat. suffigere (von unten her anheften). Suffixe sind Wortbausteine am Ende eines Wortes, die bestimmte Bedeutungen ausdrücken. Das macht das Erschließen vieler unbekannter Vokabeln bei der Übersetzung einfacher, wenn man sich die häufigsten Suffixe merkt. Es gibt sie bei Substantiven, Adjektiven und Verben.

Endung	Bedeutung	Beispiel
-tor (m.), -trix (f.)	Täter	victor (Sieger) → vincere orator (Redner) → orare inventor (Erfinder) → invenire inventrix (Erfinderin) → invenire monitor (Mahner) → monere amator (Liebhaber) → amare imperator (Feldherr) → imperare
-io, -tio, -sio, -tus (Gen. tūs)	Handlung im Verlauf	dilectio (Liebe) → diligere suspicio (Verdacht) → suspicere dilectus (Auswahl) → dilegere fluctus (Flut) → fluere cantus (Gesang) → cantare
-ium	Ergebnis	imperium (Reich) → imperare aedificium (Gebäude) → aedificare
-or, -ium	abstrakte Begriffe	amor (Liebe) → amare dolor (Schmerz) → dolere gaudium (Freude) → gaudere
-ia, -itia, -ities, -tas, -tus (Gen. tutis), -tudo	Eigenschaften	superbia (Stolz) → superbus iustitia (Gerechtigkeit) → iustus miseria (Not) → miser mollities (Zartheit) → mollis libertas (Freiheit) → liber dignitas (Würde) → dignus crudelitas (Grausamkeit) → crudelis servitus (Knechtschaft) → servire altitudo (Höhe, Tiefe) → altus consuetudo (Gewohnheit) → consuescere multitudo (Menge) → multus
-mentum, -men, -trum, -culum, -clum, -bulum	Mittel, Werkzeug	ornamentum (Schmuck) → ornare vinculum (Fessel) → vincire aratrum (Pflug) → arare

sepulcrum (Grab) → sepelire
certamen (Streit) → certare

Adjektive:

-ilis, -bilis	Möglichkeit	agilis (beweglich) → agere
		credibilis (glaubhaft) → credere
-osus, -olentus	Fülle	gloriosus (ruhmvoll) → gloriari
		violentus (gewalttätig) → violare
-eus	Stoff	aureus (golden) → aurum
-ius, -icus, -nus	Abstammung	Germanus (germanisch)
		humanus (menschlich) → homo
		patricius (patrizisch) → pater
		domesticus (häuslich) → domus
-alis, -ilis, -idus,-tus	Eigenschaft	terribilis (schrecklich) → terrere
		horridus (schrecklich) → horrere
		mortalis (sterblich) → mors
		amabilis (lieblich) → amare
		liquidus (flüssig) → liquere
		barbatus (bärtig) → barba

Verben:

-tare, -sare	verstärkte oder wiederholte Handlung	captare (fangen) → capere
		cursare (rennen) → currere
		tractare (schleppen) → trahere
-urire	Verlangen	esurire (hungern) → edere
-scere	Beginn einer Handlung	crescere (wachsen)
		noscere (kennenlernen)

Superlativ → Komparation

Tempus/Tempora von lat. tempus, temporis n. (Zeit). Wir haben im Deutschen und Lateinischen sechs Zeiten (jeweils Aktiv und Passiv):
Auf einem Zeitstrahl von der Vergangenheit bis zur Gegenwart würden sich die Tempora so verteilen:

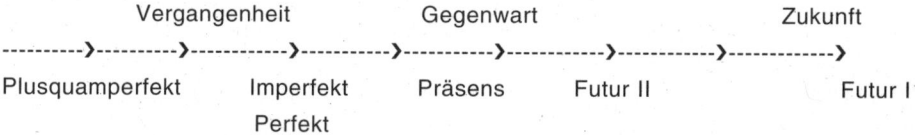

Vergangenheit		Gegenwart		Zukunft
Plusquamperfekt	Imperfekt	Präsens	Futur II	Futur I
	Perfekt			

Im alltäglichen Sprachgebrauch beschränken wir uns meist auf Präsens und Perfekt, es stehen uns aber alle diese Zeiten zur Verfügung. So ist im Deutschen das Imperfekt in Romanen zum Beispiel die normale Erzählzeit. Das Futur I wird aber oft, selbst wenn es um die Zukunft geht, gar nicht mehr benutzt („Nächsten Sonntag gehe ich ins Kino"). Hier sind das Lateinische und auch Englische viel genauer. Wenn etwas in der Zukunft passieren wird/soll, dann wird auch das Futur I benutzt („Next Sunday I will go to the cinema"). Das Futur II wird im Deutschen fast gar nicht mehr verwendet, sondern meistens durch Präsens oder Perfekt ersetzt.

Von allen Zeiten kann ich Aktiv und Passiv bilden, von allen (bis auf Futur I und Futur II) auch Konjunktive (→ Kap. 4).

Präsens	Aktiv	Indikativ	voco	ich rufe
		Konjunktiv	vocem	ich möge rufen
	Passiv	Indikativ	vocor	ich werde gerufen
		Konjunktiv	vocer	ich möge gerufen werden
Imperfekt	Aktiv	Indikativ	vocabam	ich rief
		Konjunktiv	vocarem	ich würde rufen
	Passiv	Indikativ	vocabar	ich wurde gerufen
		Konjunktiv	vocarer	ich würde gerufen werden
Futur I	Aktiv	Indikativ	vocabo	ich werde rufen
		Konjunktiv	–	–
	Passiv	Indikativ	vocabor	ich werde gerufen werden
		Konjunktiv	–	–
Perfekt	Aktiv	Indikativ	vocavi	ich habe gerufen
		Konjunktiv	vocaverim	ich möge gerufen haben
	Passiv	Indikativ	vocatus sum	ich bin gerufen worden
		Konjunktiv	vocatus sim	ich möge gerufen worden sein

Plus-quam-perfekt	Aktiv	Indikativ	vocaveram	ich hatte gerufen
		Konjunktiv	vocavissem	ich hätte gerufen
	Passiv	Indikativ	vocatus eram	ich war gerufen worden
		Konjunktiv	vocatus essem	ich wäre gerufen worden
Futur II	Aktiv	Indikativ	vocavero	ich werde gerufen haben
		Konjunktiv	–	–
	Passiv	Indikativ	vocatus ero	ich werde gerufen worden sein
		Konjunktiv	–	–

Um diese Zeiten zu bilden, brauchst du die → Stammformen.

transitiv abgeleitet von lat. transire (hinübergehen). Der Begriff beschreibt eine bestimmte Art von Vollverben, die hinübergehen können. Wohin? Wozu? Die Antwort ist ganz einfach: Sie können vom Aktiv ins Passiv wechseln. Manche Verben können das nicht, sie sind intransitiv. Ein transitives Verb verbindet sich im Aktiv immer mit einem Akkusativobjekt (wen? was?). Nur dann kann ich den Satz ins Passiv umwandeln. Beispiele:
- Servi **cibos** parant. Die Diener bereiten **die Speisen.** (Aktiv)
- **Cibi** a servis parantur. **Die Speisen** werden von den Dienern bereitet. (Passiv)

Das Akkusativobjekt des Aktivsatzes wird im Passiv zum Subjekt. Und wo ist der Unterschied zu einem intransitiven Verb? Beispiel:

▨ Pueri **amico** adsunt. Die Jungen helfen **dem Freund.**

„helfen" und „adesse" stehen mit einem Dativobjekt, eine Umwandlung in ein sogenanntes persönliches Passiv, weil eine Person beteiligt ist, geht nicht. Deswegen ist auch der Werbespruch „Hier werden Sie geholfen" grammatisch verkehrt, weil er gegen diese Regel verstößt. Hier ist nur ein „unpersönliches" Passiv möglich (Es wird dem Freund von den Jungen geholfen). Das Gleiche gilt auch für die meisten Verben der Bewegung. Puellae currunt (Die Mädchen laufen) kann nicht ins Passiv gesetzt werden, da diese Verben üblicherweise gar kein Objekt haben.

Merke! Transitive Verben haben 1. ein Akkusativobjekt und können 2. ein persönliches Passiv bilden.

Valenz dt. Wertigkeit, von lat. valere (wert sein, stark/gesund sein). Die Valenz ist eine Eigenschaft des Verbs, sie sagt etwas darüber aus, wie vieler Ergänzungen ein Verb bedarf. So hat grundsätzlich jedes Verb die Valenz 1 (einwertig), weil es zur Bildung eines Satzes ein Subjekt braucht. Beispiel:

▨ Flet. **Er** weint.

Ein Verb wie amare lieben hat die Valenz 2 (zweiwertig), weil es zur Bildung eines sinnvollen Satzes ein Subjekt und ein Akkusativobjekt braucht.

■ **Puella** amat **puerum. Das Mädchen** liebt **den Jungen.**

donare geben/schenken hat die Valenz 3 (dreiwertig), weil es ein Subjekt, ein Akkusativobjekt und ein Dativobjekt benötigt.

■ **Pater filiae equum** donat. **Der Vater** schenkt **der Tochter ein Pferd.**

Beim Übersetzen hilft es schon, wenn man weiß, dass zum Beispiel dare (geben) die Valenz 3 hat, denn dann werde ich im lateinischen Satz nicht nur das Subjekt, sondern logischerweise auch ein Akkusativobjekt und ein Dativobjekt suchen, denn diese Informationen müssen im Satz vorhanden sein.

Verb dt. Zeitwort, Tätigkeitswort, von lat. verbum (Wort). Wir unterscheiden zwischen Vollverben und Hilfsverben. Verben bezeichnen eine Handlung, einen Vorgang oder Zustand. Verben bilden grundsätzlich das → Prädikat und können durch Person, → Numerus, → Modus, → Tempus und → Genus verbi bestimmt werden. Eine weitere wichtige Eigenschaft von Verben ist die → Valenz. Hilfsverben sind Verben, die „Hilfe" brauchen und „Hilfe" bringen, das heißt, sie können nicht allein stehen. Im Sinne der Valenz sind natürlich alle Verben Hilfsverben, aber im engeren Sinne versteht man darunter vor allem esse (sein) sowie Verben wie debere (müssen), posse (können), velle (wollen) usw., die auch Modalverben genannt werden. Beispiele für Hilfsverben:

- Servus **est piger/amicus** agricolae. Der Sklave ist **faul/ein Freund** des Bauern.
- Puer **cantare potest**. Der Junge kann **singen**.
- Senator orationem **habere vult**. Der Senator will eine Rede **halten**.

Vokativ der 6. Fall oder „Anredefall". Der Vokativ ist fast in allen Deklinationen mit dem Nominativ identisch (und wird deshalb bei den meisten Deklinationen gar nicht erst aufgeführt) und wird benutzt, wenn man jemanden anspricht. Die angesprochene Person ist dann gewöhnlich durch Kommata abgetrennt. Beispiel:

- Tu, **Claudia,** heri tua officia neglexisti! Du, **Claudia,** hast gestern deine Aufgaben vernachlässigt!

Es gibt eine einzige Ausnahme: Wörter der o-Deklination auf -us haben bei der Anrede statt des -us ein -e. Beispiele: domin-us ➡ domin-e, Marc-us ➡ Marc-e usw. Dies gilt auch für die Adjektive der a/o-Deklination, sofern sie die maskuline Form bilden, also domin-us car-us ➡ domin-e car-e.

Wortarten sind Nomen (Substantive, Adjektive und Pronomen), Verben (Vollverben und Hilfsverben), Adverben, Präpositionen und Konjunktionen (bei- oder nebenordnende und unterordnende (auch Subjunktionen genannt)). Oft fällt es Schülern schwer, Wortarten und Satzteile auseinanderzuhalten. Dabei ist es wie bei einer Fußballmannschaft. Die Satzteile wären die Spielpositionen: Torwart, Verteidigung, Mittelfeld und Sturm entsprechen Subjekt, Prädikat, Objekt, adverbiale Bestimmung und Attribut. Diese Teile sind nur sinnvoll innerhalb einer Mannschaft bzw. eines Satzes. Auf diesen Positionen spielen nun verschiedene Spieler. Das sind unsere Wortarten (Nomen, Verben, Adverben, Präpositionen und Konjunktionen). So sind Substantive auf der Position „Subjekt" oder „Objekt" klasse, Adjektive „spielen" gern Attribut, und Verben sind als „Prädikate" herausragend. Aber wenn man will, können die Wortarten auch andere Positionen besetzen; das hängt von den Absichten des Sprechers oder Verfassers ab. Klar? Zur Verdeutlichung zwei Beispiele:

■ Mater liberos laudat. Die Mutter lobt die Kinder.

Das Substantiv mater (die Mutter) ist das Subjekt (wer?/was?), das Substantiv liberos (die Kinder) das Objekt (wen?/was?), das Verb laudat (lobt) das Prädikat (was geschieht?), oder anders ausgedrückt: mater „spielt" auf der Position Subjekt, die liberi als Objekt und laudat als Prädikat.

■ Liberi matrem amant. Die Kinder lieben die Mutter.

Nun hat der Trainer die Mannschaft umgestellt: Jetzt ist das Substantiv liberi (die Kinder) auf die Subjektposition ge-

rutscht. mater (die Mutter) muss Objekt spielen und laudat
(lobt) wurde ausgewechselt. Stattdessen „spielt" nun das
Verb amant (sie lieben) auf der Prädikatsposition. Aber: Nicht
jeder Satz besetzt immer alle Positionen. Beispiele:

- Gladiator ridet. Der Schwertkämpfer lacht. = Subjekt
  (gladiator) + Prädikat (ridet)
- Gladiator adversarium interficit. Der Schwertkämpfer tötet
  den Gegner. = Subjekt (gladiator) + Objekt (adversarium)
  + Prädikat (interficit)
- Uxor maerens maritum deplorat. Die trauernde Gattin
  beweint ihren Ehemann. = Subjekt (uxor) + Attribut
  (maerens) + Objekt (maritum) + Prädikat (deplorat)
- Uxor maerens maritum in patriam deducit. Die trauernde
  Gattin geleitet ihren Ehemann in die Heimat. = Subjekt
  (uxor) + Attribut (maerens) + Objekt (maritum) + adverbiale
  Bestimmung (in patriam) + Prädikat (deducit)

Wie man bei diesen Sätzen sieht, können also die Positionen
des Subjekts oder Objekts durch verschiedene Sustantive,
die des Prädikats durch verschiedene Verben besetzt werden.

Zahlwörter → Numeralia

Zeitverhältnis Man unterscheidet Vorzeitigkeit, Gleichzeitigkeit und Nachzeitigkeit. Dies ist wichtig für den → AcI, das → Participium
coniunctum und die Consecutio temporum.

3 Deklinationen

In diesem Kapitel findest du die fünf Deklinationen (a-, o-,
konsonantische, e- und u-) und die häufigsten Substantive
und Adjektive, die jeweils dazu gehören. Alle Formen sind
Lateinisch und Deutsch, damit du immer weißt, wie eine Form
zu übersetzen ist. Am Ende der Deklinationen findest du
kleine Formenübungen, um zu überprüfen, ob du die Tabelle
beherrschst. Der Vokativ wird in der Regel nicht genannt,
weil er fast immer identisch ist mit dem Nominativ. Wenn
die Begriffe aus der Tabelle (zum Beispiel Plural, Nominativ,
Ablativ usw.) nicht mehr ganz klar sind, kannst du sie in
Kapitel 2 nachschlagen.

3.1 Die a-Deklination

	Singular (lat.)	Singular (dt.)	Plural (lat.)	Plural (dt.)
Nominativ	amīc-**a**	die Freundin	amīc-**ae**	die Freundinnen
Genitiv	amīc-**ae**	der Freundin	amīc-**ā-rum**	der Freundinnen
Dativ	amīc-**ae**	der Freundin	amīc-**īs**	den Freundinnen
Akkusativ	amīc-**am**	die Freundin	amīc-**ās**	die Freundinnen
Ablativ	(cum) amīc-**ā**	(mit) der Freundin	(cum) amīc-**īs**	(mit) den Freundinnen

Warum heißt die **a**-Deklination so? Der Wortstamm ist am deutlichsten im Genitiv Plural: amic-**a**-rum. Dieser Stammvokal ist allerdings in den meisten anderen Kasus nicht mehr sichtbar.

Wie bei allen anderen Deklinationen entspricht der Nominativ dem Vokativ.

Fast alle Wörter der a-Deklination sind **femininum**. Ausnahmen sind angegeben!

 Leicht zu merken
Alle Wörter, die männliche Wesen bezeichnen, sind **maskulinum** (zum Beispiel poēta = Dichter, agricola = Bauer, nauta = Seemann).

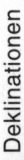

Deklinationen

3.1

 Achtung

Einige Formen kommen mehrfach vor: Genitiv Singular, Dativ Singular und Nominativ Plural (amic**ae**), außerdem im Schriftbild Nominativ Singular und Ablativ Singular (amica), allerdings ist die Endung beim Ablativ lang (amic**ā**).

Tipp

Welche Form vorliegt, lässt sich nur aus dem Textzusammenhang schließen bzw. aus einem eventuell vorhandenen Beziehungswort.

Übungen

1) Bilde folgende Formen und übersetze!
   a) Nom. Pl. von ala
   b) Abl. Sg. von area
   c) Dat. Sg. von avaritia
   d) Akk. Pl. von lacrima
   e) Dat. Sg. von serva

2) Setze in den Plural und übersetze!
   a) villam
   b) horā
   c) bestiae
   d) operae
   e) puella

3) Bilde den Genitiv Singular von folgenden Substantiven und übersetze!
   a) industria
   b) poeta
   c) via

adulēscentia, adulēscentiae f.	Jugend
agricola, agricolae m.	Bauer, Landmann
āla, ālae f.	Flügel
amīcitia, amīcitiae f.	Freundschaft
anima, animae f.	Leben, Seele
aqua, aquae f.	Wasser
aquila, aquilae f.	Adler
āra, ārae f.	Altar
ārea, āreae f.	freie Fläche, Platz
audācia, audāciae f.	Kühnheit, Tollkühnheit, Mut
aura, aurae f.	Luft(zug)
avāritia, avāritiae f.	Habgier, Geiz
benevolentia, benevolentiae f.	Wohlwollen
bestia, bestiae f.	wildes Tier
capra, caprae f.	Ziege
causa, causae f.	Grund, Ursache
cella, cellae f.	Keller, Kammer
cēna, cēnae f.	Speise, Mahl, Essen
cēra, cērae f.	Wachs
collēga, collēgae m.	Amtskollege
colōnia, colōniae f.	Kolonie
coma, comae f.	Haar
concordia, concordiae f.	Eintracht
cōnscientia, cōnscientiae f.	Bewusstsein, Gewissen
cōnstantia, cōnstantiae f.	Standhaftigkeit, Festigkeit
contrōversia, contrōversiae f.	Streit

contumēlia, contumēliae f.	Schande, Beleidigung
cōpia, cōpiae f.	Vorrat, Menge, (Pl.) Truppen
corōna, corōnae f.	Krone, Kranz
culpa, culpae f.	Schuld
cūra, cūrae f.	Sorge
cūria, cūriae f.	Rathaus, Kurie
custōdia, custōdiae f.	Bewachung, Haft, Gewahrsam
dea, deae f.	Göttin
dīligentia, dīligentiae f.	Sorgfalt, Aufmerksamkeit
disciplīna, disciplīnae f.	Lehre, Unterricht, Bildung
dīvitiae, dīvitiārum f. (Pl.)	Reichtum, Wohlstand
doctrīna, doctrīnae f.	Lehre, Unterricht
ēloquentia, ēloquentiae f.	Beredsamkeit
epistula, epistulae f.	Brief
epulae, epulārum f. (Pl.)	Speisen, Mahl
fābula, fābulae f.	Erzählung, Geschichte, Fabel
fāma, fāmae f.	Ruf
familia, familiae f.	Familie, Hausstand
fēmina, fēminae f.	Frau
fera, ferae f.	wildes Tier
fīdūcia, fīdūciae f.	Vertrauen
figūra, figūrae f.	Gestalt, Aussehen
fīlia, fīliae f.	Tochter
flamma, flammae f.	Flamme, Feuer
fōrma, fōrmae f.	Gestalt, Schönheit
fortūna, fortūnae f.	Schicksal, Glück
fossa, fossae f.	Graben

fuga, fugae f.	Flucht
glōria, glōriae f.	Ruhm, Ehre
grātia, grātiae f.	Ansehen, Würde
hasta, hastae f.	Lanze
herba, herbae f.	Pflanze, Kraut
historia, historiae f.	Geschichte, Geschichtsschreibung
hōra, hōrae f.	Stunde
hostia, hostiae f.	Opfertier
iānua, iānuae f.	Tür
īgnōminia, īgnōminiae f.	Schande
industria, industriae f.	Fleiß, Einsatzbereitschaft
indūtiae, indūtiārum f. (Pl.)	Waffenstillstand
inertia, inertiae f.	Trägheit, Faulheit
inimīcitiae, inimīcitiārum f. (Pl.)	Feindschaft
iniūria, iniūriae f.	Ungerechtigkeit
innocentia, innocentiae f.	Unschuld
inopia, inopiae f.	Mangel, Not
īnsidiae, īnsidiārum f. (Pl.)	Hinterhalt, Falle, Anschläge
īnsula, īnsulae f.	Insel, Mietshaus
invidia, invidiae f.	Neid, Hass
īra, īrae f.	Zorn, Wut
īrācundia, īrācundiae f.	Zorn, Jähzorn
iūstitia, iūstitiae f.	Gerechtigkeit
lacrima, lacrimae f.	Träne
laetitia, laetitiea f.	Freude, Fröhlichkeit
lascīvia, lascīviae f.	Ausgelassenheit, Lust
licentia, licentiae f.	Erlaubnis, Freiheit, Willkür

lingua, linguae f.	Sprache, Zunge
litterae, litterārum f. (Pl.)	Brief, Literatur, Wissenschaft
lūna, lūnae f.	Mond
lupa, lupae f.	Wölfin
lūxuria, lūxuriae f.	Ausschweifung, Verschwendung
māteria, māteriae f.	Stoff, Material
medicīna, medicīnae f.	Heilmittel
memoria, memoriae f.	Erinnerung, Gedächtnis
mēnsa, mēnsae f.	Tisch
mīlitia, mīlitiae f.	Kriegsdienst
minae, minārum f. (Pl.)	Drohungen
miseria, miseriae f.	Elend, Unglück, Leid
misericordia, misericordiae f.	Mitleid, Barmherzigkeit
modestia, modestiae f.	Bescheidenheit, Mäßigung
molestia, molestiae f.	Ärger, Unbehagen, Beschwernis
mora, morae f.	Verzögerung, Aufenthalt
nāta, nātae f.	Tochter
nātūra, nātūrae f.	Natur
nauta, nautae m.	Seemann, Matrose
nota, notae f.	Merkmal, Zeichen
nūptiae, nūptiārum f. (Pl.)	Hochzeit
opera, operae f.	Arbeit, Mühe
opulentia, opulentiae f.	Wohlstand
ōra, ōrae f.	Küste
palma, palmae f.	Hand(fläche)
parricīda, parricīdae f.	Vatermörder
patria, patriae f.	Heimat, Vaterland

pecūnia, pecūniae f.	Geld, Vermögen
perfuga, perfugae m.	Flüchtling
persevērantia, persevērantiae f.	Beharrlichkeit
persōna, persōnae f.	Maske, Rolle, Person
philosophia, philosophiae f.	Philosophie
poena, poenae f.	Strafe, Rache
poēta, poētae m.	Dichter
porta, portae f.	Tür, Tor
potentia, potentiae f.	Macht, Stärke
praeda, praedae f.	Beute
praetūra, praetūrae f.	Prätur, Feldherrenamt
prōvidentia, prōvidentiae f.	Vorsehung
prōvincia, prōvinciae f.	Provinz
prūdentia, prūdentiae f.	Klugheit, Einsicht, Weisheit
pudīcitia, pudīcitiae f.	Sittsamkeit, Schamhaftigkeit
puella, puellae f.	Mädchen
pūgna, pūgnae f.	Kampf
rapīna, rapīnae f.	Raub
rēgīna, rēgīnae f.	Königin
rīpa, rīpae f.	Ufer
ruīnae, ruīnārum f. (Pl.)	Trümmer
sagitta, sagittae f.	Pfeil
sapientia, sapientiae f.	Weisheit, Einsicht
scientia, scientiae f.	Wissen, Kenntnis
sententia, sententiae f.	Meinung, Aussage, Satz
serva, servae f.	Dienerin, Sklavin
silva, silvae f.	Wald

sollertia, sollertiae f.	Kunstfertigkeit, Gewandtheit
statua, statuae f.	Standbild, Statue
stēlla, stēllae f.	Stern
stultitia, stultitiae f.	Dummheit
summa, summae f.	Hauptsache, Gesamtheit
superbia, superbiae f.	Hochmut, Stolz
tabula, tabulae f.	Gemälde, Tafel
temperantia, temperantiae f.	Mäßigung, Zurückhaltung
tenebrae, tenebrārum f. (Pl.)	Dunkelheit, Finsternis
terra, terrae f.	Land, Erde
tuba, tubae f.	Trompete
turba, turbae f.	Menge, Schar
umbra, umbrae f.	Schatten
unda, undae f.	Welle, Flut
ūrna, ūrnae f.	Krug, Topf
venia, veniae f.	Gnade, Vergebung, Nachsicht
verēcundia, verēcundiae f.	Ehrfurcht, Scheu
via, viae f.	Weg, Straße
victōria, victōriae f.	Sieg
vigilia, vigiliae f.	Nachtwache
vīlla, vīllae f.	Landhaus, Landgut
vīta, vītae f.	Leben

3.2.1 Die o-Deklination auf -us

	Singular (lat.)	Singular (dt.)	Plural (lat.)	Plural (dt.)
Nominativ	amīc-**us**	der Freund	amīc-ī	die Freunde
Genitiv	amīc-ī	des Freundes	amīc-**ō**-rum	der Freunde
Dativ	amīc-**ō**	dem Freunde	amīc-īs	den Freunden
Akkusativ	amīc-**um**	den Freund	amīc-**ōs**	die Freunde
Ablativ	(cum) amīc-**ō**	(mit) dem Freund	(cum) amīc-īs	(mit) den Freunden
Vokativ	amīc-**e**!	Freund!	amīc-ī!	Freunde!

Warum heißt die **o**-Deklination so? Der Wortstamm ist am deutlichsten im Genitiv Plural: amic-**o**-rum. Dieser Stammvokal ist allerdings in den meisten anderen Kasus nicht mehr sichtbar.

 Achtung
Nur bei den Wörtern der o-Deklination auf -**us** unterscheidet sich der Vokativ vom Nominativ: amīc**e**!

Wörter auf -**er** oder -**r** (zum Beispiel ager, agri, puer, pueri oder vir, viri) werden mit den gleichen Endungen verbunden wie Wörter auf -**us.** Wie bei allen anderen Deklinationen entspricht der Nominativ dem Vokativ.

175

Achtung

Einige Wörter auf -**er** verlieren im Genitiv das -**e**- **(agri!)**.
Der Stamm, an den die Kasusendungen kommen,
lautet also **agr-**.

 Leicht zu merken
Die meisten Wörter auf -**er**
verschmähen **e** stets vor dem **r**.
Ausnahmen: **puer, vesper, gener.**

Nahezu alle Wörter der o-Deklination auf -**us** sind
maskulinum. Ausnahmen sind angegeben!

 Leicht zu merken
Als weiblich denke **humus**,
als sächlich **virus, vulgus.**

Jeweils zwei Formen sind identisch: Genitiv Singular und Nominativ Plural **(amici)** und Dativ und Ablativ Singular und Plural **(amico, amicis)**. Welche Form vorliegt, lässt sich nur aus dem Textzusammenhang schließen bzw. aus einem eventuell vorhandenen Beziehungswort.

Übungen

1) Bestimme folgende Formen und übersetze!
a) amici
b) nuntio
c) morbos
d) angulus
e) tumulis

2) Setzte in den Singular und übersetze!
a) locis
b) muros
c) socii
d) agri
e) arbitris

3) Bilde den Dativ Plural und übersetze!
a) maritus
b) vir
c) cibus

adulter, adulterī m.	Ehebrecher
adversārius, adversāriī m.	Gegner, Feind
aemulus, aemulī m.	Nacheiferer, Rivale
ager, agrī m.	Acker, Feld
āgnus, āgnī m.	Lamm
amīcus, amīcī m.	Freund
angulus, angulī m.	Winkel, Ecke
animus, animī m.	Geist, Mut, Verstand, Seele, Denken
annus, annī m.	Jahr
arbiter, arbitrī m.	Richter
autumnus, autumnī m.	Herbst
avus, avī m.	Großvater
campus, campī m.	Feld
capillus, capillī m.	Haar
cibus, cibī m.	Speise, Nahrung
clipeus, clipeī m.	Schild
cognātus, cognātī m.	Verwandter
deus, deī m.	Gott, Gottheit
dolus, dolī m.	List
dominus, dominī m.	Herr
equus, equī m.	Pferd
faber, fabrī m.	Handwerker
fīlius, fīliī m.	Sohn
fūmus, fūmī m.	Rauch, Qualm
fundus, fundī m.	Landgut, Grundstück
gener, generī m.	Schwiegersohn
gladius, gladiī m.	Schwert

hortus, hortī m.	Garten
humus, humi f.	Erdboden
inimīcus, inimīcī m.	Feind
iocus, iocī m.	Scherz, Spaß
lacertus, lacertī m.	Oberarm
lectus, lectī m.	Bett, Liege
lēgātus, lēgātī m.	Gesandter, (leitender) Offizier
libellus, libelli n.	Büchlein, Heft
liber, librī m.	Buch
līberi, līberorum m.	Kinder (von Freien)
locus, locī m.	Ort, Platz, Stelle
lūcus, lūcī m.	Hain, Wäldchen
lūdus, lūdī m.	Spiel, Schule
lupus, lupī m.	Wolf
magister, magistrī m.	Lehrer
marītus, marītī m.	Gatte, Ehemann
medicus, medicī m.	Arzt
modus, modī m.	Maß, Art, Weise
morbus, morbī m.	Krankheit
mundus, mundī m.	Erde, Welt, Weltall
mūrus, mūrī m.	Mauer
nātus, nātī m.	Sohn
numerus, numerī m.	Zahl, Anzahl
nummus, nummī m.	Münze
nūntius, nūntiī m.	Bote
oculus, oculī m.	Auge
patrōnus, patrōnī m.	Schutzherr

philosophus, philosophī m.	Philosoph
populus, populī m.	Volk
posterī, posterōrum m. (Pl.)	Nachkommen
puer, puerī m.	Junge, Kind
radius, radiī m.	Strahl
rāmus, rāmī m.	Zweig, Ast
rīvus, rīvī m.	Bach
servus, servī m.	Sklave, Diener
sēstertius, sēstertiī m.	Sesterz
socius, sociī m.	Gefährte, Bundesgenosse
somnus, somnī m.	Schlaf
sonus, sonī m.	Laut, Geräusch
stilus, stilī m.	Stift
superī, superōrum m. (Pl.)	Götter
taurus, taurī m.	Stier
tribūnus, tribūnī m.	Tribun
triumphus, triumphī m.	Siegeszug
tumulus, tumulī m.	Hügel
tyrannus, tyrannī m.	Gewaltherrscher
umerus, umerī m.	Schulter
ventus, ventī m.	Wind
vesper, vesperī m.	Abend
vīcus, vici m.	Dorf
vir, virī m.	Mann
vīrus, vīri n.	Gift, Schleim
vulgus, vulgī n.	Pöbel, Masse

3.2.2 Die o-Deklination auf -um

	Singular (lat.)	Singular (dt.)	Plural (lat.)	Plural (dt.)
Nominativ	aedifici-**um**	das Gebäude	aedifici-**a**	die Gebäude
Genitiv	aedifici-**ī**	des Gebäudes	aedifici-**ō-rum**	der Gebäude
Dativ	aedifici-**ō**	dem Gebäude	aedifici-**īs**	den Gebäuden
Akkusativ	aedifici-**um**	das Gebäude	aedifici-**a**	die Gebäude
Ablativ	(in) aedifici-**ō**	(in) dem Gebäude	(in) aedifici-**īs**	(in) den Gebäuden

Warum heißt die o-Deklination so? Der Wortstamm ist am deutlichsten im Genitiv Plural: aedifici-ō-rum. Dieser Stammvokal ist allerdings in den meisten anderen Kasus nicht mehr sichtbar.

Leicht zu merken
Alle Wörter der o-Deklination auf -**um** sind neutrum.

Achtung
Wie bei allen Neutra gilt: **Nominativ gleich Akkusativ, Nominativ Plural endet auf -a.** Welche Form vorliegt, lässt sich nur aus dem Textzusammenhang schließen.

Übungen

1) Bilde folgende Formen und übersetze!
   a) Akk. Pl. von arma
   b) Nom. Pl. von auspicium
   c) Abl. Sg. von commodum
   d) Gen. Sg. von beneficium
   e) Abl. Pl. von caelum

2) Verwandle jeweils in den anderen Numerus und übersetze!
   a) consulto
   b) exempli
   c) flagitii
   d) desiderio
   e) monstrorum

3) Bilde den Akkusativ Plural und übersetze!
   a) oppidum
   b) peccatum
   c) periculum

aedificium, aedificiī n.	Gebäude, Bauwerk
aerārium, aerāriī n.	Staatskasse
aevum, aevī n.	Zeit, Zeitalter, Alter, Leben
argentum, argentī n.	Silber
argūmentum, argūmentī n.	Beweis, Grund
arma, armōrum n. (Pl.)	Waffen
artificium, artificiī n.	Kunstwerk, Handwerk
arva, arvōrum n. (Pl.)	Ackerland, Felder
arvum, arvī n.	Land, Flur
astrum, astrī n.	Sternbild, Gestirn
aurum, aurī n.	Gold
auspicium, auspiciī n.	Vogelschau, Vorzeichen
auxilium, auxiliī n.	Hilfe, Unterstützung
bellum, bellī n.	Krieg
beneficium, beneficiī n.	Wohltat, Verdienst
bona, bonōrum n. (Pl.)	Hab und Gut
bonum, bonī n.	das Gut(e)
bracchium, bracchiī n.	Arm
caelum, caelī n.	Himmel
castellum, castellī n.	Festung, Kastell
castra, castrōrum n. (Pl.)	(Heer)Lager
colloquium, colloquiī n.	Unterhaltung, Gespräch
collum, collī n.	Hals
comitia, comitiōrum n. (Pl.)	Volksversammlung
commodum, commodī n.	Vorteil
concilium, conciliī n.	Zusammenkunft, Versammlung
cōnsilium, cōnsiliī n.	Plan, Beschluss, Beratung

cōnsultum, cōnsultī n.	Planung, Beschluss
convīvium, convīviī n.	Gastmahl, Gelage
dēcrētum, dēcrētī n.	Beschluss
dēlictum, dēlictī n.	Verbrechen, Vergehen
dēlūbrum, dēlūbrī n.	Tempel
dēsīderium, dēsīderiī n.	Sehnsucht, Verlangen
dictum, dictī n.	Äußerung, Wort
dōnum, dōnī n.	Geschenk
exemplum, exemplī n.	Beispiel
exilium, exiliī n.	Verbannung
factum, factī n.	Tat, Handlung
fastīgium, fastīgiī n.	Gipfel, Höhepunkt
fātum, fātī n.	Schicksal, Weissagung, Götterspruch
ferrum, ferrī n.	Schwert, Eisen
flāgitium, flāgitiī n.	Schande
forum, forī n.	Markt, Marktplatz
frūmentum, frūmentī n.	Getreide, Nachschub
fūrtum, fūrtī n.	Diebstahl
gaudium, gaudiī n.	Freude
gremium, gremiī n.	Schoß
impedīmenta, impedīmentōrum n. (Pl.)	Gepäck, Tross
impedīmentum, impedīmentī n.	Hindernis
imperium, imperiī n.	Macht, Herrschaft, Reich
incendium, incendiī n.	Brand
inceptum, inceptī n.	Vorhaben, Unternehmung
incommodum, incommodī n.	Nachteil

indicium, indiciī n.	Anzeige, Hinweis
ingenium, ingeniī n.	geistige Fähigkeit, Talent, Charakter
initium, initiī n.	Anfang, Beginn
īnstitūtum, īnstitūtī n.	Einrichtung, Vorhaben
iūdicium, iūdiciī n.	Urteil, Gericht, Prozess
iugum, iugī n.	Joch
lētum, lētī n.	Tod, Vernichtung
lūdibrium, lūdibriī n.	Spott, Beleidigung
malum, malī n.	Unglück, Übel, Laster
medium, mediī n.	Mitte, Öffentlichkeit
membrum, membrī n.	Glied, Körperteil
meritum, meritī n.	Verdienst, Schuld
mōnstrum, mōnstrī n.	Ungeheuer, Wunderzeichen
monumentum, monumentī n.	Denkmal, Grabmal
mūnicipium, mūnicipiī n.	Landstadt
negōtium, negōtiī n.	Aufgabe, Pflicht, Angelegenheit
odium, odiī n.	Hass
officium, officiī n.	Aufgabe, Pflicht, Dienst
oppidum, oppidī n.	Stadt
ōrāculum, ōrāculī n.	Orakel, Vorhersage
ōrnāmentum, ōrnāmentī n.	Schmuck
ōtium, ōtiī n.	Muße, Ruhe, Freizeit, Nichtstun
ōvum, ōvī n.	Ei
pactum, pactī n.	Vertrag, Übereinkunft
peccātum, peccātī n.	Sünde, Vergehen
perīculum, perīculī n.	Gefahr
pīlum, pīlī n.	Wurfspieß

pōculum, pōculī n.	Becher
portentum, portentī n.	Vorzeichen
praeceptum, praeceptī n.	Vorschrift, Lehre
praemium, praemiī n.	Belohnung
praesidium, praesidiī n.	Schutz, Besatzung
pretium, pretiī n.	Wert, Lohn, Geld
prīncipium, prīncipiī n.	Grundlage, Anfang
probrum, probrī n.	Schande, Schandtat
prōdigium, prōdigiī n.	Vorzeichen, Ungeheuer
proelium, proeliī n.	Schlacht, Gefecht
rēgnum, rēgnī n.	Königtum, Herrschaft
respōnsum, respōnsī n.	Antwort
sacrum, sacrī n.	Heiligtum, Opfer
saeculum, saeculī n.	Jahrhundert, Menschenalter, Zeitalter
saxum, saxī n.	Felsblock, Fels
sepulcrum, sepulcrī n.	Grab
servitium, servitiī n.	Sklavendienst, Sklavenstand
sīgnum, sīgnī n.	Zeichen, Bild, Statue
silentium, silentiī n.	Schweigen, Stille
simulācrum, simulācrī n.	Abbild, Trugbild
sōlācium, sōlāciī n.	Trost
solum, solī n.	(Erd-)Boden, Gegend
somnium, somniī n.	Traum
spatium, spatiī n.	Raum, Zeitraum
spectāculum, spectāculī n.	Schauspiel
spolia, spoliōrum n. (Pl.)	Beute
stīpendium, stīpendiī n.	Abgabe, Tribut, Steuer

studium, studiī n.	Eifer, Bemühen
subsidium, subsidiī n.	Hilfstruppe, Unterstützung
supplicium, suppliciī n.	Hinrichtung, Strafe, Bittopfer
taedium, taediī n.	Ekel, Überdruss
tēctum, tēctī n.	Dach, Haus
tēlum, tēlī n.	Geschoss, Waffe
templum, templī n.	Tempel, geweihter Bezirk
tergum, tergī n.	Rücken
testimōnium, testimōniī n.	Zeugnis, Zeugenaussage
vadum, vadī n.	Furt
vallum, vallī n.	Verschanzung, Wall
vēlum, vēlī n.	Segel
venēnum, venēnī n.	Gift
verbum, verbī n.	Wort
vērum, vērī n.	Wahrheit
vestīgium, vestīgiī n.	Spur
vinculum, vinculī n.	Band, Fessel
vīnum, vīnī n.	Wein
vitium, vitiī n.	Fehler, Laster
vocābulum, vocābulī n.	Bezeichnung, Benennung
vōtum, vōtī n.	Wunsch, Gebet, Gelübde

3.3 Die a/o-Deklination (Adjektive)

Die Adjektive der **a/o-Deklination** werden dekliniert wie
die Substantive der **o-Deklination auf -us** (absurdus), der
a-Deklination (absurda) und der **o-Deklination auf -um**
(absurdum). Auch für die Adjektive auf -er gelten dieselben
Regeln wie für die Substantive (→ Kap. 3.2.1).

Dekliniert wie diese Adjektive werden auch das **Partizip
Perfekt Passiv** (PPP; zum Beispiel von amare: amatus,
amata, amatum) und das davon abgeleitete **Partizip Futur
Aktiv** (PFA; zum Beispiel amatūrus, amatūra, amatūrum).
Der Kürze halber steht bei den Stammformen der Verben
lediglich die Neutrumform. Einige wenige Wörter weichen von
diesem Deklinationssystem ab:

 Leicht zu merken
ūnus, sōlus, tōtus, ūllus
uter, alter, neuter, nūllus,
alius wollen alle
īus in dem zweiten Falle,
doch im dritten setzt man sie
unbedingt mit langem ī.

Also: Zum Beispiel ist Genitiv Singular für alle drei Geschlechter von unus **unīus,** der Dativ Singular **unī.**

! **Achtung**
alius bildet im Nominativ Singular Neutrum statt der regelmäßigen Endung auf -um die Form **aliud.**

Sonderformen hat auch das Zahlwort **duo.**

Plural (lat.)		
m.	**f.**	**n.**
Nominativ duo	duae	duo
Genitiv duōrum	duārum	duōrum
Dativ duōbus	duābus	duōbus
Akkusativ duōs/duo	duās	duo
Ablativ duōbus	duābus	duōbus

Gleiche Formen hat **ambo, ambae, ambo** (beide).

Übungen

1) Bilde folgende Formen!
   a) Akk. Pl. m. von absurdus
   b) Abl. Pl. m. von benignus
   c) Akk. Pl. n. von ignavus
   d) Dat. Sg. f. von caecus
   e) Dat. Pl. n. von decorus

2) Verwandle in den Plural!
   a) vana
   b) vago
   c) tuti
   d) pulchrae
   e) stulta

3) Bilde den Akkusativ Singular femininum von folgenden Adjektiven!
   a) solus
   b) situs
   c) perpetuus

absurdus, absurda, absurdum	abgeschmackt, unbrauchbar
accūrātus, accūrāta, accūrātum	sorgfältig, genau
acerbus, acerba, acerbum	herb, bitter, rau
adulter, adultera, adulterum	ehebrecherisch
adversus, adversa, adversum	feindlich, entgegengesetzt
aeger, aegra, aegrum	krank, leidend, bekümmert
aegrōtus, aegrōta, aegrōtum	krank
aequus, aequa, aequum	gleich, gerecht, eben
aeternus, aeterna, aeternum	ewig
albus, alba, album	weiß
aliēnus, aliēna, aliēnum	fremd
aliquantus, aliquanta, aliquantum	bedeutend, ziemlich viel, ziemlich groß
alius, alia, aliud	ein anderer
alter, altera, alterum	einer von beiden, zweiter
altus, alta, altum	hoch, tief
ambō, ambae, ambō (Pl.)	beide
amplus, ampla, amplum	weit, geräumig
angustus, angusta, angustum	eng, schwierig
antīquus, antīqua, antīquum	alt, altertümlich
anxius, anxia, anxium	ängstlich
apertus, aperta, apertum	offen
aptus, apta, aptum	passend, geeignet
arduus, ardua, arduum	steil, schwierig
armātus, armāta, armātum	bewaffnet
asper, aspera, asperum	rau, hart, streng
āter, ātra, ātrum	schwarz, düster
aureus, aurea, aureum	golden

avārus, avāra, avārum	habsüchtig, geizig
avidus, avida, avidum	gierig, begierig
barbarus, barbara, barbarum	ungebildet
beātus, beāta, beātum	glücklich
benīgnus, benīgna, benīgnum	wohlwollend, gütig, freundlich
bīnī, bīnae, bīna (Pl.)	je zwei
blandus, blanda, blandum	schmeichelnd
bonus, bona, bonum	gut, tüchtig, rechtschaffen
caecus, caeca, caecum	blind, unsichtbar
callidus, callida, callidum	klug, schlau, gerissen
captīvus, captīva, captīvum	gefangen
cārus, cāra, cārum	wertvoll, teuer, lieb
cautus, cauta, cautum	vorsichtig
certus, certa, certum	sicher, bestimmt
cēterī, cēterae, cētera (Pl.)	die übrigen
clarus, clara, clarum	berühmt, hell, klar
commodus, commoda, commodum	angenehm, bequem, angemessen
cōnscius, cōnscia, cōnscium	mitwissend, eingeweiht
contentus, contenta, contentum	zufrieden
continuus, continua, continuum	ununterbrochen, zusammenhängend
contrārius, contrāria, contrārium	entgegengesetzt
cottīdiānus, cottīdiāna, cottīdiānum	täglich
crassus, crassa, crassum	fett, dick, plump
crēber, crēbra, crēbrum	häufig, zahlreich
cunctī, cunctae, cuncta (Pl.)	alle

cupidus, cupida, cupidum	gierig, begierig
cūriōsus, cūriōsa, cūriōsum	neugierig, wissbegierig
decimus, decima, decimum	der zehnte
decōrus, decōra, decōrum	zierlich, anmutig, passend
dēditus, dēdita, dēditum	ergeben, abhängig
dēnsus, dēnsa, dēnsum	dicht
dexter, dextera, dexterum	rechts, günstig, geschickt
(auch dextra, dextrum)	
dīgnus, dīgna, dīgnum	würdig, wert, entsprechend
dīrus, dīra, dīrum	grässlich, unheilvoll
diūturnus, diūturna, diūturnum	lang andauernd
dīversus, dīversa, dīversum	verschieden, getrennt, entgegengesetzt
dīvīnus, dīvīna, dīvīnum	göttlich
dīvus, dīva, dīvum	göttlich
domesticus, domestica, domesticum	häuslich, privat, einheimisch
dubius, dubia, dubium	zweifelhaft, unsicher
ducentī, ducentae, ducenta (Pl.)	zweihundert
duo, duae, duo (Pl.)	zwei
dūrus, dūra, dūrum	hart, hartherzig
ēgregius, ēgregia, ēgregium	herausragend, hervorragend
exiguus, exigua, exiguum	klein, gering, knapp, unbedeutend
exter, extera, exterum	ausländisch
extrēmus, extrēma, extrēmum	äußerster
falsus, falsa, falsum	falsch, unecht
ferus, fera, ferum	wild

fessus, fessa, fessum	müde
fīdus, fīda, fīdum	treu
fīnitimus, fīnitima, fīnitimum	benachbart, angrenzend
firmus, firma, firmum	stark, zuverlässig, treu
foedus, foeda, foedum	hässlich, scheußlich
frāternus, frāterna, frāternum	brüderlich
frētus, frēta, frētum	vertrauend (auf)
fulvus, fulva, fulvum	goldgelb, braungelb
futūrus, futūra, futūrum	zukünftig
geminus, gemina, geminum	zweifach, doppelt
glōriōsus, glōriōsa, glōriōsum	ruhmreich, ehrenvoll
grātus, grāta, grātum	dankbar, willkommen, lieb
hībernus, hīberna, hībernum	winterlich
honestus, honesta, honestum	ehrenhaft
hūmānus, hūmāna, hūmānum	menschlich
idōneus, idōnea, idōneum	passend, geeignet
īgnārus, īgnāra, īgnārum	nicht wissend, ahnungslos
īgnāvus, īgnāva, īgnāvum	feige, träge, faul
īgnōtus, īgnōta, īgnōtum	unbekannt
immoderātus, immoderāta, immoderātum	maßlos
imperītus, imperīta, imperītum	unkundig, unerfahren
impius, impia, impium	gottlos, frevelhaft
improbus, improba, improbum	frech, schlecht
imprōvīsus, imprōvīsa, imprōvīsum	unvorhergesehen
īmus, īma, īmum	unterster, niedrigster

incertus, incerta, incertum	unsicher
incultus, inculta, incultum	ungebildet, schmutzig
indīgnus, indīgna, indīgnum	unwürdig
īnfandus, īnfanda, īnfandum	schrecklich
īnferus, īnfera, īnferum	unterer
īnfēstus, īnfēsta, īnfēstum	feindselig
īnfīnītus, īnfīnīta, īnfīnītum	unbegrenzt, endlos
īnfīrmus, īnfīrma, īnfīrmum	schwach
inhonestus, inhonesta, inhonestum	unehrenhaft
inimīcus, inimīca, inimīcum	feindlich, verhasst
inīquus, inīqua, inīquum	ungleich, ungerecht
innoxius, innoxia, innoxius	schuldlos
īnsānus, īnsāna, īnsānum	wahnsinnig, verrückt
integer, integra, integrum	unversehrt
intentus, intenta, intentum	angespannt, engagiert
intimus, intima, intimum	innerster
invītus, invīta, invītum	unwillig, wider Willen
īrātus, īrāta, īrātum	erzürnt, zornig
iūcundus, iūcunda, iūcundum	angenehm, erfreulich
iūstus, iūsta, iūstum	gerecht
laetus, laeta, laetum	froh, fröhlich
laevus, laeva, laevum	links, linkisch
lātus, lāta, lātum	weit, breit
līber, lībera, līberum	frei
liquidus, liquida, liquidum	flüssig, klar, rein
longus, longa, longum	lang
maestus, maesta, maestum	traurig

māgnificus, māgnifica, māgnificum	großartig
māgnus, māgna, māgnum	groß
malus, mala, malum	schlecht, böse
manifestus, manifesta, manifestum	offenbar, klar, überführt
māternus, māterna, māternum	mütterlich
mātūrus, mātūra, mātūrum	reif, rechtzeitig, schnell
medius, media, medium	mitten, mittlerer
meus, mea, meum	mein
minimus, minima, minimum	kleinster, kleinste, kleinstes
mīrus, mīra, mīrum	wunderbar, erstaunlich
miser, misera, miserum	elend, unglücklich
moderātus, moderāta, moderātum	maßvoll, überlegt, besonnen
modestus, modesta, modestum	bescheiden
modicus, modica, modicum	mäßig, bescheiden
molestus, molesta, molestum	lästig, beschwerlich
multus, multa, multum	viel, zahlreich
mūtus, mūta, mūtum	stumm
necessārius, necessāria, necessārium	notwendig, nötig, nahe verwandt
nefārius, nefāria, nefārium	frevlerisch, verbrecherisch, gottlos
neuter, neutra, neutrum	keiner (von beiden)
niger, nigra, nigrum	schwarz, dunkel
nocturnus, nocturna, nocturnum	nächtlich
nōnnūllī, nōnnūllae, nōnnūlla (Pl.)	einige, manche

noster, nostra, nostrum	unser
nōtus, nōta, nōtum	bekannt
novus, nova, novum	neu
nūdus, nūda, nūdum	nackt
nūllus, nūlla, nūllum	kein
obnoxius, obnoxia, obnoxium	hörig, abhängig
obscūrus, obscūra, obscūrum	dunkel, unbekannt, geheimnisvoll
occultus, occulta, occultum	verborgen, geheim
opportūnus, opportūna, opportūnum	passend, geeignet, günstig
optimus, optima, optimum	bester, beste, bestes
opulentus, opulenta, opulentum	reich, mächtig
parcus, parca, parcum	sparsam
parvus, parva, parvum	klein, gering
paternus, paterna, paternum	väterlich
patricius, patricia, patricium	patrizisch
patrius, patria, patrium	väterlich, heimisch, heimatlich
paucī, paucae, pauca (Pl.)	wenige
perītus, perīta, perītum	erfahren, kundig
perniciōsus, perniciōsa, perniciōsum	verderblich
perpetuus, perpetua, perpetuum	ewig, ununterbrochen
perspicuus, perspicua, perspicuum	hell, klar, einsichtig
pessimus, pessima, pessimum	schlechtester, bösester
pius, pia, pium	pflichtbewusst, fromm
placidus, placida, placidum	still, sanft, ruhig, gelassen

plānus, plāna, plānum	flach, eben, klar
plēnus, plēna, plēnum	voll
plērīque, plēraeque, plēraque (Pl.)	sehr viele, die meisten
plūrimī, plūrimae, plūrima (Pl.)	die meisten
postrēmus, postrēma, postrēmum	letzter
praeclārus, praeclāra, praeclārum	berühmt
praeditus, praedita, praeditum	ausgestattet, begabt
prāvus, prāva, prāvum	schlecht, verkehrt, unnatürlich
prīmus, prīma, prīmum	erster
prīstinus, prīstina, prīstinum	früher
prīvātus, prīvāta, prīvātum	persönlich, privat
probus, proba, probum	gut, rechtschaffen, tüchtig
prōmptus, prōmpta, prōmptum	bereit, entschlossen
propinquus, propinqua, propinquum	nahe, benachbart, verwandt
proprius, propria, propríum	eigen, eigentümlich
prosperus, prospera, prosperum	günstig, glücklich
proximus, proxima, proximum	nächster, letzter
pūblicus, pūblica, pūblicum	öffentlich, staatlich
pulcher, pulchra, pulchrum	schön
pūrus, pūra, pūrum	rein, klar
quantus, quanta, quantum	wie groß
quartus, quarta, quartum	vierte
quiētus, quiēta, quiētum	ruhig, friedlich
quīntus, quīnta, quīntum	fünfte
rapidus, rapida, rapidum	wild, reißend
rārus, rāra, rārum	selten

rēctus, rēcta, rēctum	gerade, richtig, recht
rēgius, rēgia, rēgium	königlich
reliquus, reliqua, reliquum	übrig
repentīnus, repentīna, repentīnum	unerwartet, plötzlich
reus, rea, reum	schuldig, angeklagt
rigidus, rigida, rigidum	starr
ruber, rubra, rubrum	rot
sacer, sacra, sacrum	heilig, verflucht
saevus, saeva, saevum	wütend, zornig, rasend
salvus, salva, salvum	unversehrt, gesund
sānctus, sāncta, sānctum	heilig, geweiht
sānus, sāna, sānum	gesund, vernünftig
scelerātus, scelerāta, scelerātum	verbrecherisch, frevelhaft, unheilvoll
secundus, secunda, secundum	zweiter, günstig
sempiternus, sempiterna, sempiternum	ewig
septimus, septima, septimum	siebter
serēnus, serēna, serēnum	heiter
sērus, sēra, sērum	spät, zu spät
sevērus, sevēra, sevērum	streng, ernst
siccus, sicca, siccum	trocken
singulus, singula, singulum	einzeln, je ein
sinister, sinistra, sinistrum	links, falsch, trügerisch
situs, sita, situm	gelegen, befindlich
sollicitus, sollicita, sollicitum	besorgt, unruhig
sōlus, sōla, sōlum	allein, einsam

sordidus, sordida, sordidum	schmutzig
splendidus, splendida, splendidum	strahlend, herrlich
strēnuus, strēnua, strēnuum	tatkräftig, eifrig
studiōsus, studiōsa, studiōsum	eifrig
stultus, stulta, stultum	dumm, töricht
summus, summa, summum	oberster, höchster, letzter
superbus, superba, superbum	hochmütig, stolz, überheblich
suprēmus, suprēma, suprēmum	höchster
suus, sua, suum	sein, ihr
tacitus, tacita, tacitum	still, schweigsam, heimlich
tantus, tanta, tantum	so groß
tardus, tarda, tardum	langsam, spät
tener, tenera, tenerum	zart, jung
tertius, tertia, tertium	dritter
timidus, timida, timidum	ängstlich
tōtus, tōta, tōtum	ganz
trānquillus, trānquilla, trānquillum	ruhig, windstill
trecentī, trecentae, trecenta (Pl.)	dreihundert
trepidus, trepida, trepidum	ängstlich, zitternd
tūtus, tūta, tūtum	sicher, geschützt
tuus, tua, tuum	dein
ūllus, ūlla, ūllum	irgendein
ultimus, ultima, ultimum	äußerster, letzter
ūniversus, ūniversa, ūniversum	ganz, allgemein
ūnus, ūna, ūnum	ein, einzig

urbānus, urbāna, urbānum	städtisch, gebildet
uter, utra, utrum	welcher (von beiden)
uterque, utraque, utrumque	jeder (von beiden)
vacuus, vacua, vacuum	frei, leer
vagus, vaga, vagum	umherschweifend, unstet
validus, valida, validum	kräftig, stark
vānus, vāna, vānum	eitel, leer, vergeblich
varius, varia, varium	bunt, mannigfaltig, verschieden
vāstus, vāsta, vāstum	riesig, weit
venustus, venusta, venustum	nett, reizend
vērus, vēra, vērum	wahr, echt
vester, vestra, vestrum	euer
vīvus, vīva, vīvum	lebendig

3.4 Die e-Deklination

	Singular (lat.)	Singular (dt.)	Plural (lat.)	Plural (dt.)
Nominativ	rēs	die Sache	rēs	die Sachen
Genitiv	reī	der Sache	rērum	der Sachen
Dativ	reī	der Sache	rēbus	den Sachen
Akkusativ	rem	die Sache	rēs	die Sachen
Ablativ	rē	(durch) die Sache	rēbus	(durch) die Sachen

Warum heißt die **e**-Deklination so? Der Wortstamm endet auf **-e** und ist bei allen Formen deutlich sichtbar. Der bloße Stamm liegt im Ablativ Singular vor (r**e**). Der selten vorkommende Vokativ entspricht dem Nominativ.

 Leicht zu merken
Die Wörter der **e**-Deklination sind **Feminina,** bis auf **merīdiēs** und **diēs** in der Bedeutung „Tag". Diese sind **maskulinum.** Einige Wörter bilden aufgrund ihrer Bedeutung fast ausschließlich den Singular (**fidēs, perniciēs, speciēs, spēs**).

Achtung

Mehrere Formen sind **identisch:** Nominativ Singular,
Nominativ Plural, Akkusativ Plural **(rēs)** und Genitiv Singular,
Dativ Singular **(rei).**

Tipp

Welche Form vorliegt, lässt sich nur aus dem Textzusammenhang schließen bzw. aus einem eventuell
vorhandenen Beziehungswort.

Übungen

1) Bilde folgende Formen und übersetze!
   a) Gen. Sg. von fides
   b) Akk. Pl. von spes
   c) Dat. Sg. von meridies
   d) Nom. Sg. von species
   e) Akk. Pl. von res novae

2) Verwandle jeweils in folgenden Kasus (Nom. in Gen., Gen. in Dat. usw.) und übersetze!
   a) spem
   b) fidei
   c) rerum gestarum
   d) rem familiarem
   e) diem

3) Bilde den Ablativ Singular und übersetze!
   a) acies
   b) pernicies
   c) facies

aciēs, aciēī f.	Schärfe, Spitze, Schlachtreihe
diēs, diēī m./f.	Tag, Termin
faciēs, faciēī f.	Gesicht, Aussehen, Anblick
fidēs, fideī f.	Treue, Glauben
merīdiēs, merīdiēī m.	Mittag
perniciēs, perniciēī f.	Verderben, Untergang
rēs familiāris, reī familiāris f.	privates Vermögen
rēs gēstae, rērum gēstārum f. (Pl.)	Taten
rēs mīlitāris, reī mīlitāris f.	Kriegswesen
rēs novae, rērum novārum f. (Pl.)	Aufstand, politischer Umsturz
rēs pūblica, reī pūblicae f.	Staat, Verfassung
rēs, reī f.	Sache, Ding
speciēs, specieī f.	Anblick, Erscheinung, Schein
spēs, speī f.	Hoffnung

3.5 Die u-Deklination

	Singular (lat.)	Singular (dt.)	Plural (lat.)	Plural (dt.)
Nominativ	cās-**us**	der Fall	cās-**ūs**	die Fälle
Genitiv	cās-**ūs**	des Falles	cās-**uum**	der Fälle
Dativ	cās-**uī**	dem Falle	cās-**ibus**	den Fällen
Akkusativ	cās-**um**	den Fall	cās-**ūs**	die Fälle
Ablativ	cās-**ū**	(durch Zu-)Fall	cās-**ibus**	(durch Zu-)Fälle

Warum heißt die **u**-Deklination so? Der Wortstamm -**u** ist bei
allen Formen deutlich sichtbar. Der bloße Stamm liegt im
Ablativ Singular vor (casū). Der selten vorkommende Vokativ
entspricht dem Nominativ.

Leicht zu merken
Von den Wörtern auf -**us**, -**ūs**
man fünf als weiblich merken muss:
domus, manus, tribus,
porticus und **Īdūs.**
Die Wörter auf -u sind neutrum.

Achtung

Vier Formen sind im Schriftbild **identisch:** Nominativ Singular, Genitiv Singular, Nominativ Plural, Akkusativ Plural **(casus),** bei der Aussprache nur noch drei (bei cas-**us** im Nominativ Singular ist das -u kurz, bei den anderen lang, cas-**ūs**).

 Tipp

Welche Form vorliegt, lässt sich nur aus dem Textzusammenhang schließen bzw. aus einem eventuell vorhandenen Beziehungswort.

Übungen

1) Bestimme folgende Formen und übersetze!
 a) arcu
 b) coetibus
 c) currus
 d) gradūs
 e) vultum

2) Verwandle in den Singular und übersetze!
 a) versibus
 b) saltibus
 c) portūs
 d) manūs
 e) exituum

3) Bilde den Genitiv Plural und übersetze!
 a) fructus
 b) cornu
 c) motus

adventus, adventūs m.	Ankunft
aestus, aestūs m.	Glut, Hitze, Brand, Brandung
arcus, arcūs m.	Bogen
cāsus, cāsūs m.	Fall, Zufall, Unglück
coetus, coetūs m.	Zusammenkunft, Versammlung
commeātus, commeātūs m.	Verkehr, Handel
concursus, concursūs m.	Zusammenstoß, Angriff
consēnsus, consēnsūs m.	Übereinstimmung
cōnspectus, cōnspectūs m.	Anblick
cōnsulatus, cōnsulatūs m.	Konsulat
conventus, conventūs m.	Versammlung
cornu, cornūs n.	Horn, Flügel (des Heeres)
cruciatus, cruciatūs m.	Qual, Folter
cultus, cultūs m.	Verehrung, Pflege
currus, currūs m.	Wagen, Streitwagen
cursus, cursūs m.	Lauf, Laufbahn, Kurs
dīlēctus, dīlēctūs m.	Auswahl, Aushebung
domus, domūs f.	Haus
equitātus, equitātūs m.	Reiterei
ēventus, ēventūs m.	Ausgang, Ereignis
exercitus, exercitūs m.	Heer
exitus, exitūs m.	Ausgang, Ende, Tod
flūctus, flūctūs m.	Flut, Strömung
frūctus, frūctūs m.	Frucht, Gewinn, Vorteil
gemitus, gemitūs m.	Stöhnen, Seufzen
gradus, gradūs m.	Schritt, Stufe
habitus, habitūs m.	Haltung, Verhalten, Gesinnung

īctus, īctūs m.	Hieb, Stoß, Stich
Īdūs, Īduum f. (Pl.)	Iden, Monatsmitte
impetus, impetūs m.	Ansturm, Angriff
lacus, lacūs m.	See
lūctus, lūctūs m.	Trauer
lūxus, lūxūs m.	Luxus, übertriebener Wohlstand
magistrātus, magistrātūs m.	Beamter, Amt
manus, manūs f.	Hand, Schar
metus, metūs m.	Furcht, Angst
mōtus, mōtūs m.	Bewegung
ortus, ortūs m.	Abstammung, Herkunft
passus, passūs m.	Schritt, Doppelschritt (= 1,5 m)
porticus, porticūs f.	Säulenhalle
portus, portūs m.	Hafen
prīncipātus, prīncipātūs m.	erste Stelle, Vorrang
reditus, reditūs m.	Rückkehr
saltus, saltūs m.	Schlucht, Waldtal
senātus, senātūs m.	Senat, Ratsversammlung
sēnsus, sēnsūs m.	Empfinden, Gefühl, Verstand
spīritus, spīritūs m.	Hauch, Atem, Geist, Leben
status, statūs m.	Stand, Zustand, Stellung
sūmptus, sūmptūs m.	Aufwand
tribus, tribūs f.	Bezirk, Abteilung
tumultus, tumultūs m.	Lärm, Aufruhr
ūsus, ūsūs m.	Gebrauch
vīctus, vīctūs m.	Lebensunterhalt, Lebensweise
vultus, vultūs m.	Miene, Gesicht, Aussehen

3.6 Die 3. oder konsonantische Deklination

Die konsonantische Deklination ist hervorgegangen aus reinen konsonantischen Stämmen und einer ehemaligen i-Deklination. Deshalb bevorzugen einige Grammatiken den Begriff 3. Deklination (nach der 1., der a-Deklination, und der 2., der o-Deklination). Da die Wörter der i-Deklination sich aber zumeist nur noch in einer Form, dem Genitiv Plural, von der reinen konsonantischen Deklination unterscheiden, verwenden wir hier den Begriff konsonantische Deklination für alle Wörter.

3.6.1 Die konsonantische Deklination – Substantive

Substantive m./f.			
	Singular (lat.)	Singular (dt.)	Plural (lat.)	Plural (dt.)
Nominativ	custōs	der Wächter	custōd-**ēs**	die Wächter
Genitiv	custōd-**is**	des Wächters	custōd-**um**	der Wächter
Dativ	custōd-**ī**	dem Wächter	custōd-**ibus**	den Wächtern
Akkusativ	custōd-**em**	den Wächter	custōd-**ēs**	die Wächter
Ablativ	(cum) custōd-**e**	(mit) dem Wächter	(cum) custōd-**ibus**	(mit) den Wächtern

Warum heißt die konsonantische Deklination so? Der Wortstamm ist am deutlichsten im Genitiv Plural: custo**d**-um, aber auch im Genitiv Singular: custo**d**-is. Deshalb wird bei allen Wörtern dieser Deklination der Genitiv Singular mit angegeben. Der Stamm endet also auf einen Konsonanten (im Beispiel -**d**-). Es können aber auch alle möglichen anderen Konsonanten vorkommen, zum Beispiel -**c**- (vox, vocis), -**n**- (certamen, certaminis), -**r**- (corpus, corporis) etc. Der Nominativ Singular hat keine bestimmte Kasusendung, oft fehlt auch der Stammkonsonant (custos).

 Tipp

Der Stammkonsonant ist immer im Genitiv erkennbar, deshalb den **Genitiv immer mitlernen!** An diesen (nicht den Nominativ Singular!) kommen die Endungen.

Folgende Wörter bilden den Genitiv Plural auf -**ium** statt -**um**: alle, die im **Nominativ Singular auf -is oder -es enden** und im **Genitiv Singular die gleiche Silbenzahl wie im Nominativ** haben (zum Beispiel civis, civis oder clades, cladis). Dazu kommen noch die Wörter, die **vor der Genitivendung mehr als einen Konsonanten** haben (zum Beispiel gens, gentis oder mons, montis).

Substantive n.			
	Singular (lat.)	Singular (dt.)	Plural (lat.)	Plural (dt.)
Nominativ	corpus	der Körper	corpor-a	die Körper
Genitiv	corpor-is	des Körpers	corpor-um	der Körper
Dativ	corpor-ī	dem Körper	corpor-ibus	den Körpern
Akkusativ	corpus	den Körper	corpor-a	die Körper
Ablativ	(cum) corpor-e	(mit) dem Körper	(cum) corpor-ibus	(mit) den Körpern

Für die Wörter **mit neutralem Geschlecht** gelten in Bezug auf
die Bildung der Formen die gleichen Regeln wie für die
Feminina und Maskulina (siehe oben). Für Neutra gelten
allerdings zwei Sonderregeln:
1. Nominativ = Akkusativ
2. im Nominativ Plural lautet die Endung -a (nicht -es).
So ergeben sich die Formen für Akkusativ Singular (wie
Nominativ: corpus), und Nominativ und Akkusativ Plural
(corpora). Diese zwei Regeln gelten für alle Neutra, egal zu
welcher Deklination sie gehören (vergleiche o-Deklination
auf -um, cornu aus der u-Deklination).

Außerdem bilden die Neutra mare und animal den **Nominativ
Plural** auf -ia (maria, animalia) und den **Ablativ Singular** auf -i
(mari, animali). Das **-i im Ablativ Singular** haben außerdem
sitis, turris und vis.

Die Wörter der konsonantischen Deklination haben – im
Gegensatz zu der anderen Deklination, wo meist ein Genus
vorherrscht – jeweils **verschiedene Geschlechter.** Diese entsprechen oft nicht dem deutschen Geschlecht (siehe unten
corpus, **n.,** dt. der Körper, **m.**). Deshalb ist das Geschlecht in
der Vokabelliste immer angegeben.

Es gibt auch Merksprüche, die das mühsame Erlernen des
jeweiligen Geschlechts etwas erleichtern können. Man sollte
sie aber nur als grobe Richtlinie nehmen, da es einige
Ausnahmen gibt.

Leicht zu merken
Nimm als **männlich** die auf -**or**, -**os**, -**er**
und -**es** Ungleichsilbiger.
Dazu noch die auf -**nis** und -**guis**,
genau wie die folgenden auf -**is**:
**collis, fascis, lapis, ēnsis,
orbis, piscis, pulvis, mēnsis.**

Beispiele:
tim**or**, fl**ōs**, agg**er**, p**ēs** (pedis), ci**nis**, san**guis**

Leicht zu merken
Nimm als **weiblich** die auf **-o,**
die **-as, -aus, -x** grad ebenso,
dann die auf **Konsonant + s,**
Gleichsilbige auf **-is** und **-es.**

Beispiele:
imāgō, cīvitās, laus, lux, hiems, avis, nūbēs

 Leicht zu merken
Und zu guter Letzt:
Die **-e** und **-c,** die **-l, -men, -t,**
die **-ar, -ur, -us** sind **neutrius.**

Beispiele:
mare, lac, animal, nomen, caput, exemplar,
robur, corpus

Übungen

1) Bilde folgende Formen und übersetze!
   a) Akk. Pl. von adulescens
   b) Vok. Sg. von consul
   c) Abl. Pl. von aegritudo
   d) Gen. Pl. von lex
   e) Nom. Pl. von canis

2) Bilde jeweils den vorhergehenden Kasus
   (Abl. in Akk., Akk. in Dat. usw.) und übersetze!
   a) litoribus
   b) nepotibus
   c) quaestores
   d) ventri
   e) ominum

3) Bilde den Genitiv Plural und übersetze!
   a) finis
   b) voluptas
   c) gens

accūsātor, accūsātōris m.	Ankläger
āctiō, āctiōnis f.	Tätigkeit, Handlung
adulēscēns, adulēscentis m.	junger Mann
aedēs oder aedis, aedis f.	Tempel, Pl. Haus
aedīlis, aedīlis m.	Ädil
aegritūdō, aegritūdinis f.	Krankheit
aegrōtātio, aegrōtātiōnis f.	Krankheit, Siechtum
aequor, aequoris n.	Ebene, Fläche, Meer
āēr, āeris m.	Luft
aes aliēnum, aeris aliēnī n.	Schulden
aes, aeris n.	Geld, Lohn, Bronze
aestās, aestātis f.	Sommer, Hitze
aetās, aetātis f.	Alter, Leben
aethēr, aetheris m.	Luft, Himmel
agmen, agminis n.	Heereszug, Marsch, Schlacht
altitūdo, altitūdinis f.	Höhe, Tiefe
ambitiō, ambitiōnis f.	Ehrgeiz, Karrieredenken
amnis, amnis m.	Strom, Fluss
amor, amōris m.	Liebe
animal, animālis n.	Lebewesen, Tier
arbor, arbōris f.	Baum
ārdor, ārdōris m.	Hitze, Glut, Liebe
ars, artis f.	Kunst, Fähigkeit, Eigenschaft
arx, arcis f.	Burg
as, assis m.	Münze
auctor, auctōris m.	Urheber, Verfasser
auctōritas, auctōritātis f.	Ansehen, Einfluss, Bedeutung

auris, auris f.	Ohr
avis, avis f.	Vogel
bōs, bovis m./f.	Kuh, Rind, Ochse
cadāver, cadāveris n.	Leichnam
caedēs, caedis f.	Mord, Morden
calamitās, calamitātis f.	Unglück, Schaden, Verlust
calor, calōris m.	Hitze, Wärme
canis, canis m./f.	Hund
caput, capitis n.	Kopf, Haupt, Hauptstadt
carcer, carceris m.	Gefängnis, Kerker
cāritās, cāritātis f.	Liebe, Wertschätzung
carmen, carminis n.	Gedicht, Lied
celeritās, celeritātis f.	Schnelligkeit, Geschwindigkeit
cēnsor, cēnsōris m.	Zensor
centuriō, centuriōnis m.	Centurio
certāmen, certāminis n.	Streit, Wettkampf
cervīx, cervīcis f.	Genick, Nacken
cinis, cineris m.	Asche
cīvis, cīvis m./f.	Bürger
cīvitās, cīvitātis f.	Bürgerschaft, Gesellschaft, Staat
clādēs, clādis f.	Niederlage, Unglück
clāmor, clāmōris m.	Niederlage
classis, classis f.	Flotte
cliēns, clientis m.	Schützling, Schutzbefohlener
cōdex, cōdicis m.	Schreibtafel, Buch
cohors, cohortis f.	Kohorte

collis, collis m.	Hügel
color, colōris m.	Farbe
comes, comitis m./f.	Begleiter, Gefährte
condiciō, condiciōnis f.	Bedingung, Lage, Zustand
coniūnx, coniugis m./f.	Gatte, Gattin
coniūrātiō, coniūrātiōnis f.	Verschwörung
consuētūdō, consuētūdinis f.	Gewohnheit, Umgang
cōnsul, cōnsulis m.	Konsul
cōnsulāris, cōnsulāris m.	(ehemaliger) Konsul
contentiō, contentiōnis f.	Streit, Anspannung
cōntiō, cōntiōnis f.	Versammlung
cor, cordis n.	Herz
corpus, corporis n.	Körper
crīmen, crīminis n.	Verbrechen, Anklage, Vorwurf
crīnis, crīnis m.	Haar
crūdēlitās, crūdēlitātis f.	Grausamkeit
cupiditās, cupiditātis f.	Begierde, Verlangen
cupīdō, cupīdinis f.	Begierde, Verlangen
custōs, custōdis m.	Wächter, Beschützer
decus, decoris n.	Zierde, Schmuck, Ansehen
dēdecus, dēdecoris n.	Schande
dēditiō, dēditiōnis f.	Unterwerfung, Übergabe
diciō, diciōnis f.	Befehlsgewalt, Macht
dictātor, dictātōris m.	Diktator
difficultās, difficultātis f.	Schwierigkeit
dīgnitās, dīgnitātis f.	Würde, Ansehen
discrīmen, discrīminis n.	Unterscheidung, Entscheidung

dīvīnātiō, dīvīnātiōnis f.	Weissagung, Sehergabe
dolor, dolōris m.	Schmerz
dominātiō, dominātiōnis f.	(Gewalt)Herrschaft
dōs, dōtis f.	Mitgift
dubitātiō, dubitātiōnis f.	Zweifel, Zögern, Zaudern
dux, ducis m.	Führer, Leiter
egestās, egestātis f.	Not
ēnsis, ēnsis m.	Schwert
eques, equitis m.	Ritter, Reiter
error, errōris m.	Irrtum, Irrfahrt
exemplar, exemplāris n.	Beispiel, Kopie, Abbild
exercitātiō, exercitātiōnis f.	Übung
exul, exulis oder exsul, exsulis m.	Verbannter
facinus, facinoris n.	Tat, Verbrechen
factiō, factiōnis f.	Partei, politischer Fanatismus
facultās, facultātis f.	Möglichkeit, Fähigkeit
famēs, famis f.	Hunger
fās n. (undekliniert)	göttliches Gebot, Recht
fascēs, fascium m. (Pl.)	Rutenbündel
faucēs, faucium f. (Pl.)	Schlund, Schlucht
fax, facis f.	Fackel
fīnis, fīnis m.	Ende, Grenze, Pl. Gebiet
flōs, flōris m.	Blume
flūmen, flūminis n.	Fluss
foedus, foederis n.	Bündnis, Vertrag
fōns, fontis m.	Quelle, Ursprung

formīdō, formīdinis f.	Furcht, Schrecken
fortitūdō, fortitūdinis f.	Tapferkeit
frāter, frātris m.	Bruder
fraus, fraudis f.	Betrug
frīgus, frīgoris n.	Kälte
frōns, frondis f.	Laub
frōns, frontis f.	Stirn, Vorderseite
fulmen, fulminis n.	Blitz
fūnus, fūneris n.	Bestattung, Untergang
fūr, fūris m.	Dieb
furor, furōris m.	Zorn, Raserei
genitor, genitōris m.	Vater, Erzeuger
gēns, gentis f.	Familie, Geschlecht, Stamm
genus, generis n.	Abstammung
gladiātor, gladiātōris m.	Schwertkämpfer, Gladiator
gravitās, gravitātis f.	Gewicht, Bedeutung, Würde
grex, gregis m.	Herde
hērēs, hērēdis m./f.	Erbe, Erbin
hērōs, hērōis m.	Held, Halbgott
hiems, hiemis f.	Winter
homō, hominis m.	Mensch
honestās, honestātis f.	Ehre, Ansehen, Ehrenhaftigkeit
honōs oder honor, honōris m.	Ehre, Ehrenamt
hospes, hospitis m.	Gast, Gastfreund
hostis, hostis m.	Feind
hūmānitās, hūmānitātis f.	Bildung, Menschlichkeit, Menschenliebe

īgnis, īgnis m.	Feuer
imāgō, imāginis f.	Bild, Bildnis, Abbild
imber, imbris m.	Regen
imperātor, imperātōris m.	Feldherr, Kaiser
iter, itineris n.	Weg, Marsch, Reise
iūdex, iūdicis m.	Richter
iūs iūrandum, iūris iūrandī n.	Eid
iūs, iūris n.	Recht
iuvenis, iuvenis m.	junger Mann
iuventūs, iuventūtis f.	Jugend
labor, labōris m.	Arbeit, Mühe, Anstrengung
lac, lactis n.	Milch
lapis, lapidis m.	Stein
Lār, Laris m.	Schutzgott, Hausgott
latrō, latrōnis m.	Räuber
latus, lateris n.	Seite, Flanke
laus, laudis f.	Lob
lēgātiō, lēgātiōnis f.	Gesandtschaft
legiō, legiōnis f.	Legion
leō, leōnis m.	Löwe
lēx, lēgis f.	Gesetz
lībertās, lībertātis f.	Freiheit
libīdō, libīdinis f.	Lust, Begierde, Verlangen
līmen, līminis n.	Eingang, Schwelle
lītus, lītoris n.	Küste, Strand
lūmen, lūminis n.	Licht(strahl), Auge(nlicht), Leben

lūx, lūcis f.	Licht
māgnitūdō, māgnitūdinis f.	Größe
māiestās, māiestātis f.	Größe, Würde, Ansehen
māiōrēs, māiōrum m. (Pl.)	Vorfahren
mare, maris n.	Meer
māter, mātris f.	Mutter
mel, mellis n.	Honig
mēns, mentis f.	Geist, Verstand, Einstellung
mēnsis, mēnsis m.	Monat
mercātor, mercātōris m.	Händler
mercēs, mercēdis f.	Lohn
merx, mercis f.	Ware
mīles, mīlitis m.	Soldat
moenia, moenium n. (Pl.)	(Stadt)Mauern
mōlēs, mōlis f.	Last, Gewicht
mōns, montis m.	Berg
mors, mortis f.	Tod
mortālēs, mortālium m. (Pl.)	die Sterblichen, Menschen
mōs, mōris m.	Sitte, Brauch, Pl. Charakter
mulier, mulieris f.	(Ehe)Frau
multitūdō, multitūdinis f.	Menge, Vielzahl
mūnītiō, mūnītiōnis f.	Befestigung
mūnus, mūneris n.	Geschenk, Aufgabe, Pflicht
nātiō, nātiōnis f.	Stamm, Abstammung, Volk
nāvis, nāvis f.	Schiff
necessitās, necessitātis f.	Notwendigkeit
nemus, nemoris n.	Wald

nepōs, nepōtis m.	Enkel, Nachkomme
nex, necis f.	Mord
nix, nivis f.	Schnee
nōbilitās, nōbilitātis f.	Adel, Berühmtheit
nōmen, nōminis n.	Name
nox, noctis f.	Nacht
nūbēs, nūbis f.	Wolke
nūmen, nūminis n.	göttliche Gewalt, Macht, Gottheit
obses, obsidis m./f.	Geisel
occāsiō, occāsiōnis f.	Gelegenheit
occupātiō, occupātiōnis f.	Beschäftigung
odōr, odōris m.	Geruch, Gestank
ōmen, ōminis n.	Vorzeichen
onus, oneris n.	Last, Mühe
opes, opum f. (Pl.)	Macht, Hilfsmittel
opīniō, opīniōnis f.	Meinung, Vermutung
ops, opis f.	Kraft, Hilfe, Unterstützung
optimātēs, optimātium m. (Pl.)	Optimaten
opus est	es ist nötig
opus, operis n.	Werk
ōrātiō, ōrātiōnis f.	Rede
ōrātor, ōrātōris m.	Redner
orbis, orbis m.	Kreis
ōrdō, ōrdinis m.	Reihe, Ordnung, Stand
orīgō, orīginis f.	Herkunft, Ursprung
ōs, ōris n.	Mund, Gesicht
os, ossis n.	Knochen, (Ge)Bein

palūs, palūdis f.	Sumpf
parēntēs, parēntum m. (Pl.)	Eltern
paries, parietis m.	Wand
pars, partis f.	Teil, Seite, Richtung, Partei
pater, patris m.	Vater
patres, patrum m. (Pl.)	Senatoren
paupertās, paupertātis f.	Armut
pavor, pavōris m.	Angst, Furcht
pāx, pācis f.	Friede
pectus, pectoris n.	Brust, Herz
pecus, pecoris n.	Vieh, Kleinvieh
pecus, pecudis f.	Haustier, Stück Vieh
pedes, peditis m.	Fußsoldat
pellis, pellis f.	Fell, Pelz
pēs, pedis m.	Fuß
pestis, pestis f.	Verderben, Unheil
petītiō, petītiōnis f.	Bewerbung
pietās, pietātis f.	Pflichtgefühl, Frömmigkeit
piscis, piscis m.	Fisch
plēbs, plēbis f.	Volk, Volksmenge
pondus, ponderis n.	Gewicht
pōns, pontis m.	Brücke
pontifex, pontificis m.	Priester
possessiō, possessiōnis f.	Besitz
potestās, potestātis f.	Amtsgewalt, Macht
praedō, praedōnis m.	Räuber
praetor, praetōris m.	Prätor

precēs, precum f. (Pl.)	Bitten, Gebete
prīnceps, prīncipis m.	erster Mann im Staat, Kaiser
probitās, probitātis f.	Rechtschaffenheit
prōlēs, prōlis f.	Nachkommenschaft
pudor, pudōris m.	Scham, Schande
pulvis, pulveris m.	Staub
quaestor, quaestōris m.	Quästor
quiēs, quiētis f.	Ruhe, Friede
rādīx, rādīcis f.	Wurzel
ratiō, ratiōnis f.	Vernunft, Plan, Berechnung
ratis, ratis f.	Floß
regiō, regiōnis f.	Gegend, Richtung
religiō, religiōnis f.	Bedenken, Scheu
rēx, rēgis m.	König
rōbur, rōbōris n.	Kraft, Stärke
rūmor, rūmōris m.	Ruf, Gerücht
rūs, rūris n.	Land
sacerdōs, sacerdōtis m./f.	Priester
sāl, salis m.	Salz, Meer
salūs, salūtis f.	Heil, Wohl, Rettung
sanguis, sanguinis m.	Blut
scelus, sceleris n.	Verbrechen, Frevel
sēcūritās, sēcūritātis f.	Sicherheit
sēdēs, sēdis f.	Sitz, Wohnsitz
sēditiō, sēditiōnis f.	Aufstand, Aufruhr
seges, segetis f.	Saat, Feld
sēmen, sēminis n.	Same, Keim, Spross

senātor, senātōris m.	Senator, Mitglied des Senats
senectūs, senectūtis f.	hohes Alter, Greisenalter
senex, senis m.	Greis, alter Mann
sermō, sermōnis m.	Gespräch, Sprache
servitūs, servitūtis f.	Sklaverei, Knechtschaft
sīdus, sīderis n.	Gestirn, Stern(zeichen)
similitūdō, similitūdinis f.	Ähnlichkeit
sitis, sitis f.	Durst
societās, societātis f.	Gemeinschaft, Bündnis
sōl, sōlis m.	Sonne
sōlitūdō, sōlitūdinis f.	Einsamkeit
sollicitūdō, sollicitūdinis f.	Sorge, Unruhe
soror, sorōris f.	Schwester
sors, sortis f.	Los, Schicksal
statiō, statiōnis f.	Stellung, Posten, Wache
stirps, stirpis f.	Ursprung, Geschlecht, Wurzel
superstitiō, superstitiōnis f.	Aberglaube
supplicātiō, supplicātiōnis f.	Dankfest, Bittfest
suspīciō, suspīciōnis f.	Verdacht, Argwohn
tellūs, tellūris f.	Erde, Erdgöttin Tellus
temeritās, temeritātis f.	Unbesonnenheit
tempestās, tempestātis f.	Unwetter, Sturm, Zeit
tempus, temporis n.	Zeit, Umstände, Lage
terror, terrōris m.	Schrecken
testis, testis m./f.	Zeuge
timor, timōris m.	Furcht, Angst
turbō, turbinis m.	Sturm, Wirbelsturm

turris, turris f.	Turm, Palast
urbs, urbis f.	Stadt
uxor, uxōris f.	Frau, Gattin
valētūdō, valētūdinis f.	Gesundheit, Krankheit
vallis, vallis f.	Tal
vās, vāsis n.	Gefäß
(Pl. vāsa, vāsōrum)	
vātēs, vātis m./f.	Priester, Wahrsager, Dichter
vectīgal, vectigālis n.	Steuer, Abgabe
venter, ventris m.	Bauch
vēr, vēris n.	Frühling
verbera, verberum n. (Pl.)	Schläge
vēritās, vēritātis f.	Wahrheit
vertex, verticis m.	Gipfel, Scheitel(punkt)
vestis, vestis f.	Kleid, Kleidung
vetustās, vetustātis f.	Alter
victor, victōris m.	Sieger
virgō, virginis f.	Mädchen
virtūs, virtūtis f.	Tugend, Mannhaftigkeit, Mut
vīs f.	Kraft, Stärke, Gewalt
(nur Akk. vim und Abl. vī)	
vītis, vītis f.	Rebstock, Weinranke
voluntās, voluntātis f.	Wunsch, Wille, Entschlossenheit
voluptās, voluptātis f.	Vergnügen, Lust, Freude
vōx, vōcis f.	Stimme, Äußerung
vulnus, vulneris n.	Wunde

3.6.2 Die konsonantische Deklination – Adjektive

einendig						
	Singular			Plural		
	m.	f.	n.	m.	f.	n.
Nominativ	fēlīx	fēlīx	fēlīx	fēlīc-**ēs**	fēlīc-**ēs**	fēlīc-**ia**
Genitiv	fēlīc-**is**	fēlīc-**is**	fēlīc-**is**	fēlīc-**i-um**	fēlīc-**i-um**	fēlīc-**i-um**
Dativ	fēlīc-**ī**	fēlīc-**ī**	fēlīc-**ī**	fēlīc-**ibus**	fēlīc-**ibus**	fēlīc-**ibus**
Akkusativ	fēlīc-**em**	fēlīc-**em**	fēlīx	fēlīc-**ēs**	fēlīc-**ēs**	fēlīc-**ia**
Ablativ	fēlīc-**ī**	fēlīc-**ī**	fēlīc-**ī**	fēlīc-**ibus**	fēlīc-**ibus**	fēlīc-**ibus**

zweiendig						
	Singular			Plural		
	m.	f.	n.	m.	f.	n.
Nominativ	grav-**is**	grav-**is**	grav-**e**	grav-**ēs**	grav-**ēs**	grav-**ia**
Genitiv	grav-**is**	grav-**is**	grav-**is**	grav-**i-um**	grav-**i-um**	grav-**i-um**
Dativ	grav-**ī**	grav-**ī**	grav-**ī**	grav-**ibus**	grav-**ibus**	grav-**ibus**
Akkusativ	grav-**em**	grav-**em**	grav-**e**	grav-**ēs**	grav-**ēs**	grav-**ia**
Ablativ	grav-**ī**	grav-**ī**	grav-**ī**	grav-**ibus**	grav-**ibus**	grav-**ibus**

dreiendig					
Singular			**Plural**		
m.	f.	n.	m.	f.	n.
Nominativ ācer	ācr-is	ācr-e	ācr-ēs	ācr-ēs	ācr-ia
Genitiv ācr-is	ācr-is	ācr-is	ācr-i-um	ācr-i-um	ācr-i-um
Dativ ācr-ī	ācr-ī	ācr-ī	ācr-ibus	ācr-ibus	ācr-ibus
Akkusativ ācr-em	ācr-em	ācr-e	ācr-ēs	ācr-ēs	ācr-ia
Ablativ ācr-ī	ācr-ī	ācr-ī	ācr-ibus	ācr-ibus	ācr-ibus

Die Adjektive der 3. oder konsonantischen Deklination werden im Prinzip dekliniert wie die Substantive. Da hier allerdings der Einfluss der ehemaligen i-Deklination (→ Kap. 3.6.1) noch stärker zu spüren ist, gibt es einige kleine Abweichungen: Ablativ Singular auf -i, Genitiv Plural auf -ium und Nominativ Plural Neutrum auf -ia.

Es gibt **einendige** (1. Tabelle), **zweiendige** (2. Tabelle) und **dreiendige** (3. Tabelle). Was heißt das? Diese Begriffe beziehen sich **nur** auf den **Nominativ** (und Vokativ) **Singular:**

fēlix ist **einendig,** weil es für alle drei Geschlechter im Nominativ Singular nur eine **einzige** Form gibt, nämlich fēlix. gravis ist **zweiendig,** weil es für maskulinum und femininum eine Endung gibt (gravis) und für neutrum eine andere (grave), insgesamt also **zwei unterschiedliche.**

ācer ist **dreiendig**, weil es für maskulinum (ācer), femininum (ācris) und neutrum (ācre) im Nominativ Singular **drei verschiedene** Endungen gibt.

In allen anderen Fällen spielt diese Bezeichnung keine Rolle und die Endungen sind völlig gleich, wenn man die zwei Sonderregeln für Neutra beachtet:

1. Nominativ = Akkusativ,
2. Nominativ Plural endet auf -ia.

 Tipp

Man muss **die anderen Formen des Nominativs immer mitlernen,** da man nur durch sie den Stamm des Wortes erkennt, an den die Kasusendungen angefügt werden. Bei einendigen ist dafür (wie bei den Substantiven) der **Genitiv** notwendig. Der Stamm von fēlīx ist also **fēlīc-** (siehe erste Tabelle), der Stamm von gravis **grav-** und der Stamm von ācer **ācr-.**

Das **Partizip Präsens der Verben** (zum Beispiel amāns, amantis von amāre, monēns, monentis von monēre, audiēns, audiēntis von audīre oder petēns, petentis von petere) funktioniert genau so wie ein einendiges Adjektiv. Einzige Ausnahme: im **Ablativ Singular** statt -ī ein -e.

Außerdem gibt es einige einendige Adjektive (dives, parti-
ceps, pauper, vetus), die im Ablativ Singular auf -**e** (nicht -i),
im Nominativ Plural Neutrum auf -**a** (nicht -ia) und im Genitiv
Plural auf -**um** (nicht -ium) enden. Das Gleiche gilt für die
Komparativformen auf -ior, -ior, -ius (zum Beispiel exterior
→ Vokabelliste!).

Achtung
Viele Formen sind identisch, zum Beispiel im Dativ und
Ablativ Singular.

Tipp
Eine eindeutige Festlegung der jeweiligen Form ist oft nur
durch ein Beziehungswort und den Textzusammenhang
möglich.

Übungen

1) Bestimme folgende Formen!
   a) aequabili
   b) vehementis
   c) viriles
   d) crudelia
   e) miserabilis

2) Verwandle jeweils ins Femininum!
   a) vilibus
   b) atrox
   c) prudenti
   d) humilem
   e) diligentium

3) Bilde den Ablativ Singular neutrum!
   a) fortis
   b) suavis
   c) locuples

absēns, absēns, absēns Gen. absentis	abwesend
ācer, ācris, ācre	spitz, scharf, heftig
adulēscēns, adulēscēns, adulēscēns Gen. adulescentis	jung, heranwachsend
aequābilis, aequābilis, aequābile	gleich, gleichmäßig
alacer, alacris, alacre	munter, lebhaft
āmēns, āmēns, āmēns Gen. āmentis	wahnsinnig, rasend
anceps, anceps, anceps Gen. ancipitis	zweideutig, unentschieden, doppelt
appetēns, appetēns, appetēns Gen. appetentis	gierig
atrōx, atrōx, atrōx Gen. atrōcis	wild, grausam
audāx, audāx, audāx Gen. audācis	kühn, verwegen
brevis, brevis, breve	kurz
caelestis, caelestis, caeleste	himmlisch, göttlich
celer, celeris, celere	schnell
cīvīlis, cīvīlis, cīvīle	bürgerlich
commūnis, commūnis, commūne	gemeinsam
complūrēs, complūrēs, complūra (Pl.)	mehrere, ziemlich viele
cōnstāns, cōnstāns, cōnstāns Gen. cōnstantis	standhaft, fest
continēns, continēns, continēns Gen. continentis	zusammenhängend, ununter- brochen, zurückhaltend
crūdēlis, crūdēlis, crūdēle	grausam
difficilis, difficilis, difficile	schwierig
dīligēns, dīligēns, dīligēns Gen. dīligentis	gewissenhaft, sorgfältig
dissimilis, dissimilis, dissimile	unterschiedlich
dīves, dīves, dīves Gen. dīvitis	reich
dulcis, dulcis, dulce	süß, angenehm
duplex, duplex, duplex Gen. duplicis	doppelt

egēns, egēns, egēns Gen. egentis	bedürftig, arm
ēlegāns, ēlegāns, ēlegāns Gen. ēlegantis	gewählt, geschmackvoll
exterior, exterior, exterius	äußerer
facilis, facilis, facile	leicht
familiāris, familiāris, familiāre	vertraut, verwandt
fēlīx, fēlīx, fēlīx Gen. fēlīcis	glücklich, erfolgreich
ferōx, ferōx, ferōx Gen. ferōcis	wild
fidēlis, fidēlis, fidēle	treu, zuverlässig
fortis, fortis, forte	tapfer, mutig, stark
frequēns, frequēns, frequēns Gen. frequentis	häufig
furēns, furēns, furēns Gen. furentis	rasend, besessen
grandis, grandis, grande	bedeutend, groß, alt
gravis, gravis, grave	schwer, wichtig, entscheidend
hostīlis, hostīlis, hostīle	feindlich
humilis, humilis, humile	niedrig
illūstris, illūstris, illūstre	hell, berühmt, klar
immānis, immānis, immāne	ungeheuer, gewaltig, riesig
immortālis, immortālis, immortāle	unsterblich
impudēns, impudēns, impudēns Gen. impudentis	unverschämt, schamlos
inānis, inānis, ināne	leer, hohl, eitel
incolumis, incolumis, incolume	unversehrt
incrēdibilis, incrēdibilis, incrēdibile	unglaublich
inermis, inermis, inerme	unbewaffnet
īnfēlīx, īnfēlīx, īnfēlīx Gen. īnfēlīcis	unglücklich
ingēns, ingēns, ingēns Gen. ingentis	ungeheuer, gewaltig
innocēns, innocēns, innocēns Gen. innocentis	unschuldig

īnsīgnis, īnsīgnis, īnsīgne	ausgezeichnet, hervorragend
īnsipiēns, īnsipiēns, īnsipiēns Gen. īnsipientis	dumm, töricht
interior, interior, interius	innerer
lēnis, lēnis, lēne	mild, sanft
levis, levis, leve	leicht, leichtfertig
līberālis, līberālis, līberāle	großzügig
locuplēs, locuplēs, locuplēs Gen. locuplētis	reich
māior, māior, māius	größer
mediocris, mediocris, mediocre	mittelmäßig
melior, melior, melius	besser
memor, memor, memor Gen. memoris	sich erinnernd, nachtragend
mīlitāris, mīlitāris, mīlitāre	soldatisch
minor, minor, minus	kleiner, geringer
mīrābilis, mīrābilis, mīrābile	wunderbar, außerordentlich
miserābilis, miserābilis, miserābile	bejammernswert
mītis, mītis, mīte	mild, sanft
mollis, mollis, molle	weicht, zart
mortālis, mortālis, mortāle	sterblich
nōbilis, nōbilis, nōbile	edel, anständig, berühmt
omnipōtens, omnipōtens, omnipōtens Gen. omnipōtentis	allmächtig
omnis, omnis, omne	all, ganz, jeder
pār, pār, pār Gen. paris	gleich
particeps, particeps, particeps Gen. participis	beteiligt
patiēns, patiēns, patiēns Gen. patientis	geduldig, ertragend
pauper, pauper, pauper Gen. pauperis	arm
pēior, pēior, pēius	schlechter, geringer, schlimmer

pinguis, pinguis, pingue	fett
plūrēs, plūrēs, plūra (Pl.)	mehrere
plūs, plūs, plūs Gen. plūris	mehr
populāris, populāris, populāre	volkstümlich, zum Volk gehörig
potēns, potēns, potēns Gen. potentis	mächtig
praeceps, praeceps, praeceps Gen. praecipitis	abschüssig, unbesonnen, hemmungslos
praesēns, praesēns, praesēns Gen. praesentis	anwesend, gegenwärtig
praestāns, praestāns, praestāns Gen. praestantis	hervorragend, vorzüglich
prior, prior, prius	vorderer, früherer
probābilis, probābilis, probābile	wahrscheinlich
prūdēns, prūdēns, prūdēns Gen. prūdentis	klug, erfahren
quālis, quālis, quāle	wie beschaffen
recēns, recēns, recēns Gen. recentis	frisch, neu, neulich
rudis, rudis, rude	roh, ungebildet, unerfahren
sapiēns, sapiēns, sapiēns Gen. sapientis	weise, verständig
sēgnis, sēgnis, sēgne	träge, langsam
similis, similis, simile	ähnlich
simplex, simplex, simplex Gen. simplicis	einfach, schlicht
singulāris, singulāris, singulāre	einzig, einzigartig
stabilis, stabilis, stabile	feststehend, dauerhaft
suāvis, suāvis, suāve	süß, angenehm
subtīlis, subtīlis, subtīle	fein, scharfsinnig
superior, superior, superius	höher
supplex, supplex, supplex Gen. supplicis	unterwürfig, demütig
tālis, tālis, tāle	so beschaffen, solcher

tenuis, tenuis, tenue	dünn, fein, zart
trēs, trēs, tria (Pl.)	drei
trīstis, trīstis, trīste	traurig
turpis, turpis, turpe	hässlich, schändlich
ulterior, ulterior, ulterius	weiter entfernt, jenseitig
ūtilis, ūtilis, ūtile	nützlich, brauchbar
vehemēns, vehemēns, vehemēns Gen. **vehementis**	heftig
vēlōx, vēlōx, vēlōx Gen. **vēlōcis**	schnell
vēnālis, vēnālis, vēnāle	käuflich
vetus, vetus, vetus Gen. **veteris**	alt
vīlis, vīlis, vīle	billig, wertlos
virīlis, virīlis, virīle	männlich
volucer, volucris, volucre	geflügelt

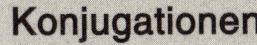Konjugationen

In diesem Kapitel findest du die vier Konjugationen (a-, e-, i- und konsonantische) und die häufigsten Verben, die jeweils dazugehören. Alle Formen sind Lateinisch und Deutsch, damit du immer weißt, wie eine Form zu übersetzen ist. Am Ende der Konjugationen findest du kleine Formenübungen, um zu überprüfen, ob du die Tabelle beherrschst. Da die Perfektformen für alle Konjugationen gleich sind, werden sie nur einmal in Kapitel 2 aufgeführt (→ Perfektstämme).

4.1 Die a-Konjugation

		Präsens			
		Aktiv			
		Indikativ		**Konjunktiv**	
		lateinisch	deutsch	lateinisch	deutsch
Singular	1.	laud-**ō**	ich lobe	laud-**e-m**	ich möge loben
	2.	laudā-**s**	du lobst	laud-**ē-s**	du mögest loben
	3.	lauda-**t**	er, sie, es lobt	laud-**e-t**	er, sie, es möge loben
Plural	1.	laudā-**mus**	wir loben	laud-**ē-mus**	wir mögen loben
	2.	laudā-**tis**	ihr lobt	laud-**ē-tis**	ihr möget loben
	3.	lauda-**nt**	sie loben	laud-**e-nt**	sie mögen loben

Präsens					
Passiv					
		Indikativ		Konjunktiv	
		lateinisch	deutsch	lateinisch	deutsch
Singular	1.	laud-**or**	ich werde gelobt	laud-**e-r**	ich möge gelobt werden
	2.	laudā-**ris**	du wirst gelobt	laud-**ē-ris**	du mögest gelobt werden
	3.	laudā-**tur**	er, sie, es wird gelobt	laud-**ē-tur**	er, sie, es möge gelobt werden
Plural	1.	laudā-**mur**	wir werden gelobt	laud-**ē-mur**	wir mögen gelobt werden
	2.	laudā-**minī**	ihr werdet gelobt	laud-**ē-minī**	ihr möget gelobt werden
	3.	lauda-**ntur**	sie werden gelobt	laud-**e-ntur**	sie mögen gelobt werden

Imperfekt				
Aktiv				
		Indikativ		**Konjunktiv**	
		lateinisch	deutsch	lateinisch	deutsch
Singular	1.	laudā-**ba-m**	ich lobte	laudā-**re-m**	ich würde loben
	2.	laudā-**bā-s**	du lobtest	laudā-**rē-s**	du würdest loben
	3.	laudā-**ba-t**	er, sie, es lobte	laudā-**re-t**	er, sie, es würde loben
Plural	1.	laudā-**bā-mus**	wir lobten	laudā-**rē-mus**	wir würden loben
	2.	laudā-**bā-tis**	ihr lobtet	laudā-**rē-tis**	ihr würdet loben
	3.	laudā-**ba-nt**	sie lobten	laudā-**re-nt**	sie würden loben

Imperfekt					
		Passiv			
		Indikativ		Konjunktiv	
		lateinisch	deutsch	lateinisch	deutsch
Singular	1.	lauda-**ba-r**	ich wurde gelobt	laudā-**re-r**	ich würde gelobt werden
	2.	lauda-**bā-ris**	du wurdest gelobt	laudā-**rē-ris**	du würdest gelobt werden
	3.	lauda-**bā-tur**	er, sie, es wurde gelobt	laudā-**rē-tur**	er, sie, es würde gelobt werden
Plural	1.	lauda-**bā-mur**	wir wurden gelobt	laudā-**rē-mur**	wir würden gelobt werden
	2.	lauda-**bā-minī**	ihr wurdet gelobt	laudā-**rē-minī**	ihr würdet gelobt werden
	3.	lauda-**ba-ntur**	sie wurden gelobt	laudā-r**e-ntur**	sie würden gelobt werden

Futur I					
Aktiv					
		Indikativ		Konjunktiv	
		lateinisch	deutsch	lateinisch	deutsch
Singular	1.	laudā-**b-ō**	ich werde loben	–	–
	2.	laudā-**bi-s**	du wirst loben	–	–
	3.	laudā-**bi-t**	er, sie, es wird loben	–	–
Plural	1.	laudā-**bi-mus**	wir werden loben	–	–
	2.	laudā-**bi-tis**	ihr werdet loben	–	–
	3.	laudā-**bu-nt**	sie werden loben	–	–

Futur I					
Passiv					
		Indikativ		**Konjunktiv**	
		lateinisch	deutsch	lateinisch	deutsch
Singular	1.	laudā-**bo-r**	ich werde gelobt werden	–	–
	2.	laudā-**be-ris**	du wirst gelobt werden	–	–
	3.	laudā-**bi-tur**	er, sie, es wird gelobt werden	–	–
Plural	1.	laudā-**bi-mur**	wir werden gelobt werden	–	–
	2.	laudā-**bi-minī**	ihr werdet gelobt werden	–	–
	3.	laudā-**bu-ntur**	sie werden gelobt werden	–	–

Konjugationen

4.1

Weitere Formen		
	lateinisch	**deutsch**
Infinitiv Präsens Aktiv	laudā-**re**	(zu) loben
Infinitiv Präsens Passiv	laudā-**rī**	gelobt (zu) werden
Infinitiv Perfekt Aktiv	laudāv-**isse**	gelobt (zu) haben
Infinitiv Perfekt Passiv	laudā-**tum, -tam, -tum esse**	gelobt worden (zu) sein
Infinitiv Futur Aktiv	laudā-**tūrum, -tūram, -tūrum esse**	loben (zu) werden
Partizip Präsens Aktiv	laudā-**ns, -ntis**	lobend
Partizip Perfekt Passiv	laudā-**tus, -ta, -tum**	gelobt
Partizip Futur Aktiv	laudā-**tūrus, -tura, -turum**	jemand, der loben wird
Gerundium	laudā-**re**	das Loben
	lauda-**nd-ī**	des Lobens
	lauda-**nd-ō**	dem Loben
	(ad) lauda-**nd-um**	(zum) Loben
	lauda-**nd-ō**	(durch) das Loben
Gerundivum	lauda-**nd-us, -a, -um**	jemand, der zu loben ist
Imperativ Singular	laudā!	lobe!
Imperativ Plural	laudā-**te!**	lobt!
Prohibitiv Singular	nē laudāv-**eris!**/ nōlī laudā-**re!**	lobe nicht!
Prohibitiv Plural	nē laudāv-**eritis!**/ nōlīte laudā-**re!**	lobt nicht!

Wieso heißt die **a**-Konjugation so? Wie bei den Nomen ist auch hier der Stamm entscheidend, an den die Personalendungen und Tempuszeichen angefügt werden. Den Stamm findet man, indem man die Infinitivendung -**re** abtrennt: laudā-**re,** der bloße Stamm lautet **laudā,** endet also auf -**a.** Daher der Name. Man findet den Stamm auch im Imperativ Singular.

Nun könnte man denken, dass die 1. Person Singular Indikativ Präsens Aktiv **laud-ō** dem widerspricht. Doch das ist nicht so, denn im Lauf der Sprachentwicklung ist das -**a** des Stammes mit der Personalendung -**o** zu einem langen -**ō** geworden, aus **laudā-o** wurde so **laudō.** Ähnliches gilt für den Konjunktiv Präsens: Aus **laudā-e-m** wurde **laudem.**

Zur Perfektbildung siehe Kapitel 2 → Perfektstämme.

Achtung

Deponentien bilden – wie auch in den anderen Konjugationen – lediglich die Passivformen, die Bedeutung ist aber aktivisch! Abweichend sind lediglich die Imperative, zum Beispiel von hortā-ri:

Imperativ Singular	hortā-re!	ermahne!
Imperativ Plural	hortā-minī!	ermahnt!
Prohibitiv Singular	nē hortātus sis!/	ermahne nicht!
	nōlī horta-rī!	
Prohibitiv Plural	nē hortātī sitis/	ermahnt nicht!
	nōlīte hortā-rī!	

 Tipp

Nicht verwechseln darf man den Imperativ Singular der Deponentien, zum Beispiel hortā-re, mit dem Infinitiv Präsens Aktiv der „normalen" Verben, zum Beispiel laudā-re. Üblicherweise kann man aber schon an der Interpunktion in einem Text erkennen, worum es sich handelt. Beim Imperativ macht in der Regel ein Ausrufezeichen (!) die Satzart deutlich.

 Leicht zu merken

Der überwiegende Teil der Verben der **a-Konjugation** bildet ein **v-Perfekt,** ganz wenige ein u-Perfekt (siehe Vokabelliste).

Übungen

1) Bestimme folgende Formen und übersetze!
   a) certas
   b) declararem
   c) morati sitis
   d) dent
   e) putavimus

2) Verwandle folgende Formen ins Passiv und übersetze!
   a) occultaverant
   b) necabit
   c) interrogabamus
   d) appellaveritis
   e) accuso

3) Bilde die Gerundiumformen!
   a) delectare
   b) minari
   c) vetare

Konjugationen

4.1

abundāre, abundō, abundāvī	im Überfluss vorhanden sein, überfließen
accūsāre, accūsō, accūsāvī, accūsātum	anklagen, kritisieren
adaequāre, adaequō, adaequāvī, adaequātum	gleichmachen, vergleichen
adiuvāre, adiuvō, adiūvi, adiūtum	helfen, unterstützen
administrāre, administrō, administrāvī, administrātum	verwalten
admirārī, admiror, admirātus sum	bewundern
aedificāre, aedificō, aedificāvī, aedificātum	bauen
aequāre, aequō, aequāvi, aequātum	angleichen, ausgleichen
aestimāre, aestimō, aestimāvī, aestimātum	beurteilen, einschätzen
affirmāre, affirmō, affirmāvī, affirmātum	bekräftigen, behaupten
agitāre, agitō, agitāvī, agitātum	bewegen, handeln
amāre, amō, amāvī, amātum	lieben
ambulāre, ambulō, ambulāvī	spazieren gehen
appellāre, appellō, apellāvī, appellātum	nennen, anrufen
appropinquāre, appropinquō, appropinquāvī	sich nähern
arāre, arō, arāvī, arātum	pflügen
arbitrārī, arbitror, arbitrātus sum	glauben, meinen
armāre, armō, armāvī, armātum	bewaffnen
āspernārī, āspernor, āspernātus sum	verachten, verschmähen
cēlāre, cēlō, cēlāvī, cēlātum	verbergen, verheimlichen
celebrāre, celebrō, celebrāvī, celebrātum	feiern, zahlreich besuchen
cēnāre, cēnō, cēnāvī, cēnātum	essen, speisen
certāre, certō, certāvī, certātum	streiten, kämpfen
cessāre, cessō, cessāvī, cessātum	rasten, zögern
circumdare, circumdō, circumdedī, circumdatum	umzingeln, umgeben

clāmāre, clāmō, clāmāvī, clāmātum	rufen, schreien
cōgitāre, cōgitō, cōgitāvī, cōgitātum	denken, überlegen
collocāre, collocō, collocāvī, collocātum	stellen, aufstellen
commemorāre, commemorō, commemorāvī	sich erinnern
commendāre, commendō, commendāvī, commendātum	anvertrauen, empfehlen
comparāre, comparō, comparāvī, comparātum	vergleichen
cōnari, cōnor, cōnātus sum	wagen
concitāre, concitō, concitāvī, concitātum	antreiben, anregen, veranlassen
condemnāre, condemnō, condemnāvī, condemnātum	verurteilen, verdammen
cōnfīrmāre, cōnfīrmō, cōnfīrmāvī, cōnfīrmātum	bekräftigen, bestätigen, ermutigen
cōnsecrāre, cōnsecrō, cōnsecrāvī, cōnsecrātum	weihen, verfluchen
cōnservāre, cōnservō, cōnservāvī, cōnservātum	bewahren, beachten
cōnsīderāre, cōnsīderō, cōnsīderāvī, cōnsīderātum	betrachten, bedenken
cōnsōlari, cōnsōlor, cōnsōlātus sum	trösten, lindern
cōnspicārī, cōnspicor, cōnspicātus sum	betrachten
cōnstāre, cōnstō, cōnstitī	bestehen in, bestehen aus, kosten
cōnstat	es steht fest, es ist bekannt
contemplārī, contemplōr, contemplātus sum	betrachten
convocāre, convocō, convocāvī, convocātum	zusammenrufen
creāre, creō, creāvī, creātum	erschaffen, wählen
cremāre, cremō, cremāvī, cremātum	verbrennen
crepāre, crepō, crepuī, crepitum	verkünden, schwatzen, krachen, tönen
cruciāre, cruciō, cruciāvī, cruciātum	quälen, martern
cubāre, cubō, cubuī, cubitum	liegen, ruhen

Konjugationen

4.1

cunctārī, cunctor, cunctātus sum	zögern, zaudern, zweifeln
cūrāre, cūrō, cūrāvī, cūrātum	sorgen für, sich kümmern um
damnāre, damnō, damnāvī, damnātum	verurteilen, schuldig sprechen
dare, dō, dedī, datum	geben
dēclārāre, dēclārō, dēclārāvī, dēclārātum	ernennen
dēlectāre, dēlectō, dēlectāvī, dēlectātum	erfreuen
dēmōnstrāre, dēmōnstrō, dēmōnstravi, dēmōnstrātum	zeigen, beweisen
dēportāre, dēportō, dēportāvī, dēportātum	fortschaffen
dēprecārī, dēprecor, dēprecātus sum	anflehen, anbetteln
dēsīderāre, dēsīderō, dēsīderāvī, dēsīderātum	sehnen, wünschen
dēspērāre, dēspērō, dēspērāvī, dēspērātum	verzweifeln
dīmicāre, dīmicō, dīmicāvī, dīmicātum	kämpfen
discrepāre, discrepō, discrepāvī	nicht übereinstimmen, widersprechen
disputāre, disputō, disputāvī, disputātum	erörtern, diskutieren
dissimulāre, dissimulō, dissimulāvī, dissimulātum	verheimlichen, verbergen
dīvīnāre, dīvīnō, dīvīnāvī, dīvīnātum	weissagen, ahnen, vermuten
domāre, domō, domuī, domitum	bezwingen, zähmen
dominārī, dominor, dominātus sum	beherrschen, herrschen
dōnāre, dōnō, dōnāvī, dōnātum	schenken, spenden
dubitāre, dubitō, dubitāvī, dubitātum	zögern, zweifeln
errāre, errō, errāvī, errātum	irren, in die Irre gehen
ēvocāre, ēvocō, ēvocāvī, ēvocātum	hervorrufen
exagitāre, exagitō, exagitāvī, exagitātum	aufwiegeln
excitāre, excitō, excitāvī, excitātum	aufregen, erregen
exīstimāre, exīstimō, exīstimāvī, exīstimātum	meinen, glauben

exōrnāre, exōrnō, exōrnāvī, exōrnātum	schmücken, ausstatten
explicāre, explicō, explicāvī oder	erklären
explicuī, explicātum oder explicitum	
explōrāre, explōrō, explōrāvī, explōrātum	auseinanderfalten, erklären, erläutern
expūgnāre, expūgnō, expūgnāvī, expūgnātum	erobern, besiegen
exspectāre, exspectō, exspectāvī, exspectātum	erwarten
exstāre, exstō, exstitī	vorhanden sein
fārī, (fōr), fātus sum	sprechen, sagen
fatīgāre, fatīgō, fatīgāvī, fatīgātum	ermüden
festīnāre, festīnō, festīnāvī, festīnatum	eilen
firmāre, firmō, firmāvī, firmātum	kräftigen, ermutigen, sichern
flagrāre, flagrō, flagrāvī	brennen, lodern
generāre, generō, generāvī, generātum	erzeugen, erschaffen, hervorbringen
glōriārī, glōrior, glōriātus sum	sich rühmen, prahlen
gubernāre, gubernō, gubernāvī, gubernātum	lenken, leiten
habitāre, habitō, habitāvī, habitātum	wohnen, bewohnen
hortārī, hortor, hortātus sum	ermutigen, ermahnen
iactāre, iactō, iactāvī, iactātum	werfen, schleudern
īgnōrāre, īgnōrō, īgnōrāvī	nicht wissen, nicht kennen
imitārī, imitor, imitātus sum	nachahmen
immolāre, immolō, immolāvī, immolātum	opfern
imperāre, imperō, imperāvi	befehlen, die Herrschaft ausüben
impetrāre, impetrō, impetrāvi, impetrātum	erlangen, erreichen
incitāre, incitō, incitāvī, incitātum	antreiben, anregen
indicāre, indicō, indicāvī, indicātum	ankündigen
īnflammāre, īnflammō, īnflammāvī, īnflammātum	entflammen
īnstāre, īnstō, īnstitī	drohen, bevorstehen, bedrängen

interrogāre, interrogō, interrogāvī, interrogātum	fragen
intrāre, intrō, intrāvī, intrātum	eintreten, betreten
īrāscī, īrāscor, īrātus sum	zürnen, in Zorn geraten
iūdicāre, iūdicō, iūdicāvī, iūdicātum	beurteilen, ein Urteil sprechen
iūrāre, iūrō, iūrāvī, iūrātum	schwören
iuvāre, iuvō, iūvī, iūtum	helfen
labōrāre, labōrō, labōrāvī, labōrātum	arbeiten, leiden
lacerāre, lacerō, lacerāvī, lacerātum	zerfleischen
laetārī, laetor, laetātus sum	sich freuen
laudāre, laudō, laudāvī, laudātum	loben
lavāre, lavō, lāvī, lautum	waschen, baden
levāre, levō, levāvī, levātum	erleichtern
līberāre, līberō, līberāvī, līberātum	befreien
locāre, locō, locāvī, locātum	stellen, legen
lūstrāre, lūstrō, lūstrāvī, lūstrātum	herumwandern, durchforschen
mandāre, mandō, mandāvī, mandātum	anvertrauen, beauftragen
mātūrāre, mātūrō, mātūrāvī, mātūrātum	beschleunigen
memorāre, memorō, memorāvī, memorātum	erinnern an, erwähnen
migrāre, migrō, migrāvī, migrātum	wandern
minārī, minor, minātus sum	drohen
mīrāri, mīrōr, mīrātus sum	sich wundern
miserārī, miserōr, miserātus sum	beklagen, bedauern
moderārī, moderor, moderātus sum	lenken, leiten
mōnstrāre, mōnstrō, mōnstrāvī, mōnstrātum	zeigen
morāri, moror, morātus sum	aufhalten, verweilen, zögern
multāre, multō, multāvī, multātum	bestrafen
mūtāre, mūtō, mūtāvī, mūtātum	verändern, wechseln

nārrāre, nārrō, nārrāvī, nārrātum	erzählen
nāvigāre, nāvigō, nāvigāvī, nāvigātum	segeln, zur See fahren
necāre, necō, necāvī, necātum	töten
negāre, negō, negāvī, negātum	verneinen, abschlagen
nōmināre, nōminō, nōmināvī, nōminātum	nennen
notāre, notō, notāvī, notātum	bezeichnen
numerāre, numerō, numerāvī, numerātum	zählen, rechnen
nūntiāre, nūntiō, nūntiāvī, nūntiātum	melden, verkünden
obsecrāre, obsecrō, obsecrāvī, obsecrātum	anflehen, bitten
observāre, observō, observāvī, observātum	beobachten
obtēstārī, obtēstor, obtēstātus sum	beschwören, beteuern
occultāre, occultō, occultāvī, occultātum	verstecken, verbergen
occupāre, occupō, occupāvī, occupātum	besetzen, sich bemächtigen
opīnārī, opīnor, opīnātus sum	glauben, vermuten
oppūgnāre, oppūgnō, oppūgnāvī, oppūgnātum	belagern, angreifen
optāre, optō, optāvī, optātum	wünschen
ōrāre, ōrō, ōrāvī, ōrātum	bitten, beten, reden
ōrnāre, ōrnō, ōrnāvī, ōrnātum	schmücken
pācāre, pācō, pācāvī, pācātum	befrieden, unterwerfen
parāre, parō, parāvī, parātum	vorbereiten, sich verschaffen
peccāre, peccō, peccāvī, peccātum	sündigen, sich vergehen
persevērāre, persevērō, persevērāvī	verharren, weitermachen
perturbāre, perturbō, perturbāvī, perturbātum	verwirren, in Unruhe versetzen
plācāre, plācō, plācāvī, plācātum	besänftigen, beruhigen
populārī, populor, populātus sum	verwüsten, verheeren
portāre, portō, portāvī, portātum	tragen, bringen
pōstulāre, pōstulō, pōstulāvī, pōstulātum	fordern, verlangen

pōtāre, pōtō, pōtāvī, pōt(āt)um	trinken
praedicāre, praedicō, praedicāvī, praedicātum	behaupten
praestāre, praestō, praestitī, praestitum	leisten, gewähren, übertreffen
praestat	es ist besser
precārī, precor, precātus sum	bitten, beten
prīvāre, prīvō, prīvāvī, prīvātum	rauben, berauben
probāre, probō, probāvī, probātum	billigen, prüfen
properāre, properō, properāvi, properātum	eilen, sich beeilen
pūgnāre, pūgnō, pūgnāvī, pūgnātum	kämpfen
putāre, putō, putāvī, putātum	meinen, glauben, halten für
recitāre, recitō, recitāvī, recitātum	vorlesen, rezitieren
recordārī, recordor, recordātus sum	sich erinnern
recuperāre, recuperō, recuperāvī, recuperātum	wiedererlangen, wiedergewinnen
recūsāre, recūsō, recūsāvī, recūsātum	sich weigern
rēgnāre, rēgnō, rēgnāvī, rēgnātum	herrschen, regieren
repudiāre, repudiō, repudiāvī, repudiātum	zurückweisen, verschmähen
repūgnāre, repūgnō, repūgnāvī, repūgnātum	Widerstand leisten
restāre, restō, restitī	Widerstand leisten, übrig bleiben
revocāre, revocō, revocāvī, revocātum	zurückrufen
rogāre, rogō, rogāvī, rogātum	fragen, bitten
salūtāre, salūtō, salūtāvī, salūtātum	grüßen, begrüßen
secāre, secō, secuī, sectum	schneiden
servāre, servō, servāvī, servātum	bewahren, retten
sīgnificāre, sīgnificō, sīgnificāvī, sīgnificātum	bezeichnen, bedeuten
simulāre, simulō, simulāvī, simulātum	nachahmen, vortäuschen
sollicitāre, sollicitō, solicitāvī, sollicitātum	aufwiegeln
sonāre, sonō, sonuī	tönen, rauschen

spectāre, spectō, spectāvī, spectātum	schauen, prüfen
spērāre, spērō, spērāvī, spērātum	hoffen
spoliāre, spoliō, spoliāvī, spoliātum	berauben, ausplündern
stāre, stō, steti	stehen
superāre, superō, superāvī, superātum	übertreffen, überwinden, überlegen sein
suspicārī, suspicor, suspicātus sum	verdächtigen, argwöhnen
temperāre, temperō, temperāvī, temperātum	mäßigen, lenken, leiten
temptāre, temptō, temptāvī, temptātum	versuchen, angreifen
tolerāre, tolerō, tolerāvī, tolerātum	ertragen, aushalten
tractāre, tractō, tractāvī, tractātum	behandeln
turbāre, turbō, turbāvī, turbātum	beunruhigen, verwirren, stören
tūtārī, tūtor, tūtātus sum	schützen
vacāre, vacō, vacāvī	frei sein, Zeit haben
vāstāre, vāstō, vāstāvī, vāstātum	verwüsten
vēnārī, vēnor, vēnātus sum	jagen
versārī, versōr, versātus sum	sich aufhalten, verweilen
vetāre, vetō, vetuī, vetitum	verbieten
vexāre, vexō, vexāvī, vexātum	quälen
vigilāre, vigilō, vigilāvī, vigilātum	wachen durchwachen
vindicāre, vindicō, vindicāvī, vindicātum	beanspruchen, befreien, bestrafen
violāre, violō, violāvī, violātum	verletzen, beleidigen
vītāre, vītō, vītāvī, vītātum	meiden, vermeiden
vituperāre, vituperō, vituperāvī, vituperātum	tadeln
vocāre, vocō, vocāvī, vocātum	rufen, nennen
volāre, volō, volāvī	fliegen
vulnerāre, vulnerō, vulnerāvī, vulnerātum	verletzen, verwunden

4.2 Die e-Konjugation

		Präsens			
		Aktiv			
		Indikativ		Konjunktiv	
		lateinisch	deutsch	lateinisch	deutsch
Singular	1.	mone-ō	ich warne	mone-**a-m**	ich möge warnen
	2.	monē-**s**	du warnst	mone-**ā-s**	du mögest warnen
	3.	mone-t	er, sie, es warnt	mone-**a-t**	er, sie, es möge warnen
Plural	1.	monē-**mus**	wir warnen	mone-**ā-mus**	wir mögen warnen
	2.	monē-**tis**	ihr warnt	mone-**ā-tis**	ihr möget warnen
	3.	mone-**nt**	sie warnen	mone-**a-nt**	sie mögen warnen

Präsens						
Passiv						
		Indikativ		Konjunktiv		
		lateinisch	deutsch	lateinisch	deutsch	
Singular	1.	mone-**or**	ich werde gewarnt	mone-**a-r**	ich möge gewarnt werden	
	2.	monē-**ris**	du wirst gewarnt	mone-**ā-ris**	du mögest gewarnt werden	
	3.	monē-**tur**	er, sie, es wird gewarnt	mone-**ā-tur**	er, sie, es möge gewarnt werden	
Plural	1.	monē-**mur**	wir werden gewarnt	mone-**ā-mur**	wir mögen gewarnt werden	
	2.	monē-**minī**	ihr werdet gewarnt	mone-**ā-minī**	ihr möget gewarnt werden	
	3.	mone-**ntur**	sie werden gewarnt	mone-**a-ntur**	sie mögen gewarnt werden	

Konjugationen

4.2

Imperfekt					
		Aktiv			
		Indikativ		Konjunktiv	
		lateinisch	deutsch	lateinisch	deutsch
Singular	1.	monē-**ba-m**	ich warnte	monē-**re-m**	ich würde warnen
	2.	monē-**bā-s**	du warntest	monē-**rē-s**	du würdest warnen
	3.	monē-**ba-t**	er, sie, es warnte	monē-**re-t**	er, sie, es würde warnen
Plural	1.	monē-**bā-mus**	wir warnten	monē-**rē-mus**	wir würden warnen
	2.	monē-**bā-tis**	ihr warntet	monē-**rē-tis**	ihr würdet warnen
	3.	monē-**ba-nt**	sie warnten	monē-**re-nt**	sie würden warnen

Imperfekt					
Passiv					
		Indikativ		Konjunktiv	
		lateinisch	deutsch	lateinisch	deutsch
Singular	1.	monē-**ba-r**	ich wurde gewarnt	monē-**re-r**	ich würde gewarnt werden
	2.	monē-**bā-ris**	du wurdest gewarnt	monē-**rē-ris**	du würdest gewarnt werden
	3.	monē-**bā-tur**	er, sie, es wurde gewarnt	monē-**rē-tur**	er, sie, es würde gewarnt werden
Plural	1.	monē-**bā-mur**	wir wurden gewarnt	monē-**rē-mur**	wir würden gewarnt werden
	2.	monē-**bā-minī**	ihr wurdet gewarnt	monē-**rē-minī**	ihr würdet gewarnt werden
	3.	monē-**ba-ntur**	sie wurden gewarnt	monē-**re-ntur**	sie würden gewarnt werden

4.2

Futur I					
Aktiv					
		Indikativ		Konjunktiv	
		lateinisch	deutsch	lateinisch	deutsch
Singular	1.	monē-**b-ō**	ich werde warnen	–	–
	2.	monē-**bi-s**	du wirst warnen	–	–
	3.	monē-**bi-t**	er, sie, es wird warnen	–	–
Plural	1.	monē-**bi-mus**	wir werden warnen	–	–
	2.	monē-**bi-tis**	ihr werdet warnen	–	–
	3.	monē-**bu-nt**	sie werden warnen	–	–

Futur I					
Passiv					
		Indikativ		**Konjunktiv**	
		lateinisch	deutsch	lateinisch	deutsch
Singular	1.	monē-**bo-r**	ich werde gewarnt werden	–	–
	2.	monē-**be-ris**	du wirst gewarnt werden	–	–
	3.	monē-**bi-tur**	er, sie, es wird gewarnt werden	–	–
Plural	1.	monē-**bi-mur**	wir werden gewarnt werden	–	–
	2.	monē-**bi-minī**	ihr werdet gewarnt werden	–	–
	3.	monē-**bu-ntur**	sie werden gewarnt werden	–	–

4.2

Weitere Formen		
	lateinisch	**deutsch**
Infinitiv Präsens Aktiv	monē-**re**	(zu) warnen
Infinitiv Präsens Passiv	monē-**rī**	gewarnt (zu) werden
Infinitiv Perfekt Aktiv	monu-**isse**	gewarnt (zu) haben
Infinitiv Perfekt Passiv	moni-**tum, -tam, -tum esse**	gewarnt worden (zu) sein
Infinitiv Futur Aktiv	moni-**tūrum, -tūram,** **-tūrum esse**	warnen (zu) werden
Partizip Präsens Aktiv	monē-**ns, -ntis**	warnend
Partizip Perfekt Passiv	moni-**tus, -ta, -tum**	gewarnt
Partizip Futur Aktiv	moni-**tūrus, -tura, -turum**	jemand, der warnen wird
Gerundium	monē-**re**	das Warnen
	mone-**nd-ī**	des Warnens
	mone-**nd-ō**	dem Warnen
	(ad) mone-**nd-um**	(zum) Warnen
	mone-**nd-ō**	(durch) das Warnen
Gerundivum	mone-**nd-us, -a, -um**	jemand, der zu warnen ist
Imperativ Singular	monē!	warne!
Imperativ Plural	monē-**te!**	warnt!
Prohibitiv Singular	nē monu-**eris!/** nōlī monē-**re!**	warne nicht!
Prohibitiv Plural	nē monu-**eritis!/** nōlīte monē-**re!**	warnt nicht!

Wieso heißt die e-Konjugation so? Wie bei den Nomen ist auch der Stamm entscheidend, an den die Personalendungen und Tempuszeichen angefügt werden. Den Stamm findet man, indem man die Infinitivendung -re abtrennt: monē-**re,** der bloße Stamm lautet **monē,** endet also auf -**e.** Daher der Name. Man findet den Stamm auch im Imperativ Singular.

Zur Perfektbildung siehe Kapitel 2 → Perfektstämme.

Achtung

Deponentien bilden – wie auch in den anderen Konjugationen – lediglich die Passivformen, die Bedeutung ist aber aktivisch! Abweichend sind nur die Imperative, zum Beispiel von cōnfite-ri:

Imperativ Singular	cōnfitē-**re!**	gestehe!
Imperativ Plural	cōnfitē-**minī!**	gesteht!
Prohibitiv Singular	nē confessus sis**!**/	gestehe nicht!
	nōlī cōnfitē-**ri!**	
Prohibitiv Plural	nē confessī sitis**!**/	gesteht nicht!
	nōlīte cōnfitē-**rī!**	

Tipp

Nicht verwechseln darf man den **Imperativ Singular** der
Deponentien, zum Beispiel cōnfitē-**re,** mit dem **Infinitiv
Präsens Aktiv** der „normalen" Verben, zum Beispiel monē-**re.**
Üblicherweise kann man aber schon an der Interpunktion
in einem Text erkennen, um welchen Fall es sich handelt.
Beim Imperativ macht in der Regel ein Ausrufezeichen (!)
die Satzart deutlich.

Achtung

Eine Besonderheit stellen die Semideponentien **audēre,
gaudēre** und **solēre** dar: Sie bilden Präsens, Imperfekt und
Futur wie die „normalen" Verben. Im Perfekt, Plusquamperfekt und Futur II haben sie nur passive Formen, jedoch
aktive Bedeutungen!

| **Beispiele:** | **ausus est** | er hat (es) gewagt |
| | **gavisi sumus** | sie haben sich gefreut |

Leicht zu merken

Der überwiegende Teil der Verben
der **e-Konjugation** bildet ein
u-Perfekt (siehe Vokabelliste).

Übungen

1) Bilde folgende Formen und übersetze!
a) 1. Ps. Sg. Ind. Perf. Pass. von commovere
b) 2. Ps. Konj. Fut. II. Pass. von exercere
c) 3. Ps. Pl. Ind. Impf. Akt. von implere
d) 1. Ps. Sg. Konj. Impf. Pass. von videre
e) 1. Ps. Pl. Konj. Präs. Pass. von tenere

2) Verwandle vom Präsens- in den Perfektstamm (Präsens zu Perfekt, Imperfekt zu Plusquamperfekt, Futur I zu Futur II) und übersetze!
a) spondebis
b) reor
c) profitebamini
d) permanerent
e) moneat

3) Bilde sämtliche Infinitive und übersetze!
a) iacere
b) fateri
c) augere

Konjugationen

4.2

abstinēre, abstineō, abstinuī, abstentum	fernhalten, sich fernhalten
adhibēre, adhibeō, adhibuī, adhibitum	anwenden, hinzuziehen
admonēre, admoneō, admonuī, admonitum	ermahnen, warnen
appārēre, appāreō, appāruī, appāritūrum	erscheinen, sich zeigen
arcēre, arceō, arcuī	abwehren, abhalten
ārdēre, ārdeō, ārsī, ārsūrum	brennen, glühen, begehren
audēre, audeō, ausus sum	wagen
augēre, augeō, auxī, auctum	vergrößern, vermehren, fördern
carēre, careō, caruī, caritūrum	entbehren, frei sein
cavēre, caveō, cāvi, cautum	sich hüten
cēnsēre, cēnseō, cēnsuī, cēnsum	meinen, glauben, schätzen
coercēre, coerceō, coercuī, coercitum	zusammenhalten, bändigen, zügeln
commovēre, commoveō, commōvī, commōtum	bewegen, veranlassen
complēre, compleō, complēvī, complētum	füllen, erfüllen, vervollständigen
cōnfitērī, cōnfiteor, confessus sum	gestehen, bekennen
continēre, contineō, continuī, contentum	zusammenhalten
dēbēre, dēbeō, dēbuī, dēbitum	schulden, müssen, sollen
decet, decuīt	es gehört sich
dēlēre, dēleō, dēlēvī, dēlētum	vernichten, zerstören
docēre, doceō, docuī, doctum	lehren
ēdocere, ēdoceō, ēdocuī, ēdoctum	lehren, belehren
egēre, egeō, eguī	benötigen, nicht haben
exercēre, exerceō, exercuī, exercitum	üben
explēre, expleō, explēvī, explētum	erfüllen, beenden, sättigen
fatērī, fateor, fassus sum	gestehen, bekennen
favēre, faveō, fāvī, fautum	begünstigen, gewogen sein
flēre, fleō, flēvī, flētum	weinen, klagen

flōrēre, flōreō, flōruī	blühen, erblühen
fovēre, foveō, fōvī, fōtum	hegen, fördern
gaudēre, gaudeō, gāvīsus sum	sich freuen
habēre, habeō, habuī, habitum	haben, halten (für)
haerēre, haēreō, haesī, haesūrum	hängen, stecken bleiben
horrēre, horreō, horruī	sich entsetzen
iacēre, iaceō, iacuī	liegen
imminēre, immineō, -	drohen, bevorstehen
impendēre, impendeō, -	über etwas hängen, drohen, bevorstehen
implēre, impleō, implēvī, implētum	anfüllen
indulgēre, indulgeō, indulsī, indultum	nachgeben, nachsichtig sein
intuērī, intueor, intuitus sum	hinschauen, betrachten
invidēre, invideō, invīdī, invīsum	neiden, beneiden
irrīdēre, irrīdeō, irrīsī, irrīsum	verlachen, verspotten
iubēre, iubeō, iūssī, iussum	befehlen
latēre, lateō, latuī	verborgen sein
libet, libuīt	es beliebt, es gefällt
licet, licuīt	es ist erlaubt, es ist möglich
maērēre, maēreō, maeruī	trauern, traurig sein
manēre, maneō, mānsī, mānsum	bleiben, warten
merere, mereō, meruī, meritum	verdienen
merērī, mereor, meritus sum	verdienen
miscēre, misceō, miscuī, mixtum	mischen
monēre, moneō, monuī, monitum	mahnen, warnen
mordēre, mordeō, momordī, morsum	beißen
movēre, moveō, mōvī, mōtum	bewegen

Konjugationen

4.2

nocēre, noceō, nocuī, nocitum	schaden
obsidēre, obsideō, obsēdī, obsessum	belagern, beherrschen
obtinēre, obtineō, obtinuī, obtentum	behaupten, innehaben
oportet, oportuīt	es gehört sich
paenitet, paenituīt	es reut
pārēre, pāreō, pāruī, pāritūrum	gehorchen
patēre, pateō, patuī	offenstehen, sich erstrecken
pēndēre, pēndeō, pepēndī	herabhängen, hängen
permanēre, permaneō, permānsī, permānsum	bleiben, dauern
permovēre, permoveō, permōvī, permōtum	bewegen, erregen
persuādēre, persuādeō, persuāsī, persuāsum	überreden, überzeugen
perterrēre, perterreō, perterruī, perterritum	sehr erschrecken, einschüchtern
pertinēre, pertineō, pertinuī	sich erstrecken, sich beziehen
piget, piguit	es ärgert
placēre, placeō, placuī, placitum	gefallen
placet, placuit	es gefällt, jmd. beschließt
pollicērī, polliceor, pollicitus sum	versprechen
possidēre, possideō, possēdi, possessum	besitzen
praebēre, praebeō, praebuī, praebitum	gewähren, bieten
profitērī, profiteor, professus sum	bekennen
prohibēre, prohibeō, prohibuī, prohibitum	hindern, abhalten
prōvidēre, prōvideō, prōvīdī, prōvisum	vorhersehen, sorgen
pudet	es beschämt
remanēre, remaneō, remānsī, remānsūrum	zurückbleiben
removēre, removeō, remōvi, remōtum	entfernen
rērī, reor, ratus sum	meinen, rechnen
respondēre, respondeō, respondī, respōnsum	antworten, entsprechen

retinēre, retineō, retinuī, retentum	zurückhalten, zügeln, bewahren
rīdēre, rīdeō, rīsī, rīsum	lachen
sedēre, sedeō, sēdī, sessum	sitzen
solēre, soleō, solitus sum	pflegen, gewohnt sein
spondēre, spondeō, spopondī, spōnsum	geloben, versprechen
studēre, studeō, studuī	sich bemühen, betreiben
stupēre, stupeō, stupuī	staunen, stutzen
suādēre, suādeō, suāsī, suāsum	raten, überzeugen
sustinēre, sustineō, sustinuī	stützen, aufrechterhalten
tacēre, taceō, tacuī, tacitūrum	schweigen
tenēre, teneō, tenuī, tentum	halten, festhalten
terrēre, terreō, terruī, territum	schrecken, erschrecken
timēre, timeō, timuī	sich fürchten, Angst haben
tondēre, tondeō, totondī, tōnsum	scheren, abschneiden
torquēre, torqueō, torsī, tortum	foltern, drehen
tuērī, tueor, tuītus sum	anschauen, schützen
urgēre, urgeō, ursī	drängen, bedrängen, treiben
valēre, valeō, valuī, valitūrus	gesund sein, stark sein, vermögen
verērī, vereor, veritus sum	fürchten, scheuen
vidēre, videō, vīdī, vīsum	sehen
vidērī, videor, vīsus sum	scheinen
vigēre, vigeō, viguī	stark sein, lebendig sein
vovēre, voveō, vōvī, vōtum	geloben, weihen

4.3 Die i-Konjugation

Präsens					
Aktiv					
		Indikativ		Konjunktiv	
		lateinisch	deutsch	lateinisch	deutsch
Singular	1.	audi-**ō**	ich höre	audi-**a-m**	ich möge hören
	2.	audī-s	du hörst	audi-**ā**-s	du mögest hören
	3.	audi-**t**	er, sie, es hört	audi-**a-t**	er, sie, es möge hören
Plural	1.	audī-**mus**	wir hören	audi-**ā-mus**	wir mögen hören
	2.	audī-**tīs**	ihr hört	audi-**ā-tis**	ihr möget hören
	3.	audi-**u-nt**	sie hören	audi-**a-nt**	sie mögen hören

Präsens					
Passiv					
		Indikativ		Konjunktiv	
		lateinisch	deutsch	lateinisch	deutsch
Singular	1.	audi-**or**	ich werde gehört	audi-**a-r**	ich möge gehört werden
	2.	audī-**ris**	du wirst gehört	audi-**ā-ris**	du mögest gehört werden
	3.	audī-**tur**	er, sie, es wird gehört	audi-**ā-tur**	er, sie, es möge gehört werden
Plural	1.	audī-**mur**	wir werden gehört	audi-**ā-mur**	wir mögen gehört werden
	2.	audī-**minī**	ihr werdet gehört	audi-**ā-minī**	ihr möget gehört werden
	3.	audi-**u-ntur**	sie werden gehört	audi-**a-ntur**	sie mögen gehört werden

Imperfekt					
Aktiv					
		Indikativ		Konjunktiv	
		lateinisch	deutsch	lateinisch	deutsch
Singular	1.	audi-ē-ba-m	ich hörte	audī-re-m	ich würde hören
	2.	audi-ē-bā-s	du hörtest	audī-rē-s	du würdest hören
	3.	audi-ē-ba-t	er, sie, es hörte	audī-re-t	er, sie, es würde hören
Plural	1.	audi-ē-bā-mus	wir hörten	audī-rē-mus	wir würden hören
	2.	audi-ē-bā-tis	ihr hörtet	audī-rē-tis	ihr würdet hören
	3.	audi-ē-ba-nt	sie hörten	audī-re-nt	sie würden hören

Imperfekt					
Passiv					
		Indikativ		Konjunktiv	
		lateinisch	deutsch	lateinisch	deutsch
Singular	1.	audi-**ē-ba-r**	ich wurde gehört	audī-**re-r**	ich würde gehört werden
	2.	audi-**ē-bā-ris**	du wurdest gehört	audī-**rē-ris**	du würdest gehört werden
	3.	audi-**ē-bā-tur**	er, sie, es wurde gehört	audī-**rē-tur**	er, sie, es würde gehört werden
Plural	1.	audi-**ē-bā-mur**	wir wurden gehört	audī-**rē-mur**	wir würden gehört werden
	2.	audi-**ē-bā-minī**	ihr wurdet gehört	audī-**rē-minī**	ihr würdet gehört werden
	3.	audi-**ē-ba-ntur**	sie wurden gehört	audī-**re-ntur**	sie würden gehört werden

Futur I					
Aktiv					
		Indikativ		Konjunktiv	
		lateinisch	deutsch	lateinisch	deutsch
Singular	1.	audi-**a**-**m**	ich werde hören	–	–
	2.	audi-**ē**-**s**	du wirst hören	–	–
	3.	audi-**e**-**t**	er, sie, es wird hören	–	–
Plural	1.	audi-**ē**-**mus**	wir werden hören	–	–
	2.	audi-**ē**-**tis**	ihr werdet hören	–	–
	3.	audi-**e**-**nt**	sie werden hören	–	–

Futur I					
Passiv					
		Indikativ		Konjunktiv	
		lateinisch	deutsch	lateinisch	deutsch
Singular	1.	audi-**a-r**	ich werde gehört werden	–	–
	2.	audi-**ē-ris**	du wirst gehört werden	–	–
	3.	audi-**ē-tur**	er, sie, es wird gehört werden	–	–
Plural	1.	audi-**ē-mur**	wir werden gehört werden	–	–
	2.	audi-**ē-minī**	ihr werdet gehört werden	–	–
	3.	audi-**e-ntur**	sie werden gehört werden	–	–

Weitere Formen		
	lateinisch	**deutsch**
Infinitiv Präsens Aktiv	audī-**re**	(zu) hören
Infinitiv Präsens Passiv	audī-**rī**	gehört (zu) werden
Infinitiv Perfekt Aktiv	audīv-**isse**	gehört (zu) haben
Infinitiv Perfekt Passiv	audī-**tum, -am, -um esse**	gehört worden (zu) sein
Infinitiv Futur Aktiv	audī-**tūrum, -tūram,** **-tūrum esse**	hören (zu) werden
Partizip Präsens Aktiv	audi-**ēns, -ntis**	hörend
Partizip Perfekt Passiv	audī-**tus, -a, -um**	gehört
Partizip Futur Aktiv	audī-**tūrus, -tūra, -tūrum**	jemand, der hören wird
Gerundium	audī-**re**	das Hören
	audi-**end-ī**	des Hörens
	audi-**end-ō**	dem Hören
	(ad) audi-**end-um**	(zum) Hören
	audi-**end-ō**	(durch) das Hören
Gerundivum	audi-**end-us, -a, -um**	jemand, der zu hören ist
Imperativ Singular	audī!	höre!
Imperativ Plural	audī-**te!**	hört!
Prohibitiv Singular	nē audīv-**eris!/** nōlī audī-**re!**	höre nicht!
Prohibitiv Plural	nē audīv-**eritis!/** nōlīte audī-**re!**	hört nicht!

Wieso heißt die **i**-Konjugation so? Wie bei den Nomen ist auch hier der Stamm entscheidend, an den die Personalendungen und Tempuszeichen angefügt werden. Den Stamm findet man, indem man die Infinitivendung **-re** abtrennt: audīre, der bloße Stamm lautet **audī,** endet also auf **-i.** Daher der Name. Man findet den Stamm auch im Imperativ Singular.

Zur Perfektbildung siehe Kapitel 2 → Perfektstämme.

 Achtung
Deponentien bilden – wie auch in den anderen Konjugationen – lediglich die Passivformen, die Bedeutung ist aber aktivisch! Abweichend sind lediglich die Imperative, zum Beispiel von adorīrī:

Imperativ Singular	adorī-**re!**	greife an!
Imperativ Plural	adorī-**minī!**	greift an!
Prohibitiv Singular	nē adortus sis!/	greif nicht an!
	nōlī adorī-**rī!**	
Prohibitiv Plural	nē adortī sitis!/	greift nicht an!
	nōlīte adorīrī!	

Je zwei Formen sind identisch: **1. Person Singular Konjunktiv Präsens Aktiv/Passiv** und **1. Person Singular Futur I Aktiv/ Passiv** (audiam, audiar). Die entsprechende Bedeutung lässt sich nur aus dem Textzusammenhang erschließen.

Achtung

Nicht verwechseln darf man den **Imperativ Singular** der Deponentien, zum Beispiel adorī-**re,** mit dem **Infinitiv Präsens Aktiv** der „normalen" Verben, zum Beispiel advenī-**re.** Üblicherweise kann man aber schon an der Interpunktion in einem Text erkennen, worum es sich handelt. Beim Imperativ macht in der Regel ein Ausrufezeichen (!) die Satzart deutlich.

 Leicht zu merken
Der überwiegende Teil der Verben der **i-Konjugation** bildet ein **v-Perfekt** (siehe Vokabelliste).

Übungen

1) Bestimme folgende Formen und übersetze!
   a) 2. Ps. Pl. Konj. Imp. Pass. von circumvenire
   b) 2. Ps. Sg. Ind. Fut. II. Pass. von reperire
   c) 2. Ps. Sg. Ind. Fut. I. Pass. von invenire
   d) 3. Ps. Pl. Konj. Plusqumperf. Akt. von dissentire
   e) 2. Ps. Sg. Ind. Impf. Akt. von experiri

2) Bilde jeweils die Konjunktivform und übersetze!
   a) experiunt
   b) definivit
   c) assensi sumus
   d) sciam
   e) serviebas

3) Bilde sämtliche Infinitive und übersetze!
   a) metiri
   b) salire
   c) impedire

adorīrī, adorior, adortus sum	angreifen
advenīre, adveniō, advēnī, adventum	ankommen
aperīre, aperiō, aperuī, apertum	öffnen
assentīrī, assentior, assēnsus sum	zustimmen
audīre, audiō, audīvī, audītum	hören, vernehmen
circumvenīre, circumveniō, circumvēnī, circumventum	umzingeln
comperīre, comperiō, comperī, compertum	erfahren
cōnsentīre, cōnsentiō, cōnsēnsī, cōnsēnsum	übereinstimmen
convenīre, conveniō, convēnī, conventum	zusammenkommen
dēfīnīre, dēfīniō, dēfīnīvī, dēfīnītum	beenden
dissentīre, dissentiō, dissēnsī, dissēnsum	nicht übereinstimmen
dormīre, dormiō, dormīvī, dormitūrum	schlafen
ērudīre, ērudiō, erudīvī, erudītum	erziehen, ausbilden
ēvenīre, ēveniō, ēvēnī, ēventum	herauskommen, sich ereignen
expedīre, expediō, expedīvī, expedītum	befreien, erledigen, nützlich sein
experīrī, experior, expertus sum	erfahren, versuchen, kennenlernen
ferīre, feriō, -	schlagen, stoßen, töten
finīre, finiō, finīvī, finītum	beenden
haurīre, hauriō, hausī, haustum	schöpfen, trinken
impedīre, impediō, impedīvī, impedītum	hindern, fesseln
invenīre, inveniō, invēnī, inventum	finden
lārgīrī, lārgior, lārgītus sum	verschenken, beschenken
mentīrī, mentior, mentītus sum	lügen
mētīrī, mētior, mēnsus sum	messen
mōlīrī, mōlior, mōlītus sum	bewegen
mollīre, molliō, mollīvī, mollītum	weichmachen, erweichen

morī, morior, mortuus sum	sterben
mūnīre, mūniō, mūnīvī, mūnītum	befestigen, bestärken
nescīre, nesciō, nescīvī, nescītum	nicht wissen
oboedīre, oboediō, oboedīvī, oboedītum	gehorchen
ōrdīrī, ōrdior, ōrsus sum	anfangen, beginnen
orīrī, orior, ortus sum	sich erheben, entstehen
patī, patiōr, passus sum	erleiden, ertragen, zulassen
pervenīre, perveniō, pervēnī, perventum	gelangen, erreichen
potīrī, potior, potītus sum	sich bemächtigen, in Besitz nehmen
reperīre, reperiō, repperī, repertum	wiederfinden
salīre, saliō, saluī	springen, tanzen
sancīre, sanciō, sānxī, sānctum	bekräftigen, festsetzen, bestrafen
scīre, sciō, scīvī, scītum	wissen, kennen
sentīre, sentiō, sēnsī, sēnsum	empfinden, wahrnehmen, meinen
servīre, serviō, servīvī	dienen, Sklave sein
sortīrī, sortior, sortītus sum	losen, auslosen
subvenīre, subveniō, subvēnī, subventum	zu Hilfe kommen
venīre, veniō, vēnī, ventum	kommen

4.4.1 Die konsonantischen Stämme

Präsens				
Aktiv				
		Indikativ		Konjunktiv	
		lateinisch	deutsch	lateinisch	deutsch
Singular	1.	dūc-**ō**	ich führe	dūc-**a-m**	ich möge führen
	2.	dūc-**i-s**	du führst	dūc-**ā-s**	du mögest führen
	3.	dūc-**i-t**	er, sie, es führt	dūc-**a-t**	er, sie, es möge führen
Plural	1.	dūc-**i-mus**	wir führen	dūc-**ā-mūs**	wir mögen führen
	2.	dūc-**i-tis**	ihr führt	dūc-**ā-tis**	ihr möget führen
	3.	dūc-**u-nt**	sie führen	dūc-**a-nt**	sie mögen führen

Präsens					
Passiv					
		Indikativ		Konjunktiv	
		lateinisch	deutsch	lateinisch	deutsch
Singular	1.	dūc-**or**	ich werde geführt	dūc-**a-r**	ich möge geführt werden
	2.	dūc-**e-ris**	du wirst geführt	dūc-**ā-ris**	du mögest geführt werden
	3.	dūc-**i-tur**	er, sie, es wird geführt	dūc-**ā-tur**	er, sie, es möge geführt werden
Plural	1.	dūc-**i-mur**	wir werden geführt	dūc-**ā-mur**	wir mögen geführt werden
	2.	dūc-**i-minī**	ihr werdet geführt	dūc-**ā-minī**	ihr möget geführt werden
	3.	dūc-**u-ntur**	sie werden geführt	dūc-**a-ntur**	sie mögen geführt werden

Konjugationen

4.4

Imperfekt					
Aktiv					
		Indikativ		Konjunktiv	
		lateinisch	deutsch	lateinisch	deutsch
Singular	1.	dūc-**ē-ba-m**	ich führte	dūc-**e-re-m**	ich würde führen
	2.	dūc-**ē-bā-s**	du führtest	dūc-**e-rē-s**	du würdest führen
	3.	dūc-**ē-ba-t**	er, sie, es führte	dūc-**e-re-t**	er, sie, es würde führen
Plural	1.	dūc-**ē-bā-mus**	wir führten	dūc-**e-rē-mus**	wir würden führen
	2.	dūc-**ē-bā-tis**	ihr führtet	dūc-**e-rē-tis**	ihr würdet führen
	3.	dūc-**ē-ba-nt**	sie führten	dūc-**e-re-nt**	sie würden führen

Imperfekt					
Passiv					
		Indikativ		**Konjunktiv**	
		lateinisch	deutsch	lateinisch	deutsch
Singular	1.	dūc-**ē-ba-r**	ich wurde geführt	dūc-**e-re-r**	ich würde geführt werden
	2.	dūc-**ē-bā-ris**	du wurdest geführt	dūc-**e-rē-ris**	du würdest geführt werden
	3.	dūc-**ē-bā-tur**	er, sie, es wurde geführt	dūc-**e-rē-tur**	er, sie, es würde geführt werden
Plural	1.	dūc-**ē-bā-mur**	wir wurden geführt	dūc-**e-rē-mur**	wir würden geführt werden
	2.	dūc-**ē-bā-minī**	ihr wurdet geführt	dūc-**e-rē-minī**	ihr würdet geführt werden
	3.	dūc-**ē-ba-ntur**	sie wurden geführt	dūc-**e-re-ntur**	sie würden geführt werden

Futur I					
		Aktiv			
		Indikativ		Konjunktiv	
		lateinisch	deutsch	lateinisch	deutsch
Singular	1.	dūc-**a-m**	ich werde führen	–	–
	2.	dūc-**ē-s**	du wirst führen	–	–
	3.	dūc-**e-t**	er, sie, es wird führen	–	–
Plural	1.	dūc-**ē-mus**	wir werden führen	–	–
	2.	dūc-**ē-tis**	ihr werdet führen	–	–
	3.	dūc-**e-nt**	sie werden führen	–	–

Futur I					
Passiv					
		Indikativ		Konjunktiv	
		lateinisch	deutsch	lateinisch	deutsch
Singular	1.	dūc-**a-r**	ich werde geführt werden	–	–
	2.	dūc-**ē-ris**	du wirst geführt werden	–	–
	3.	dūc-**ē-tur**	er, sie, es wird geführt werden	–	–
Plural	1.	dūc-**ē-mur**	wir werden geführt werden	–	–
	2.	dūc-**ē-minī**	ihr werdet geführt werden	–	–
	3.	dūc-**e-ntur**	sie werden geführt werden	–	–

Weitere Formen		
	lateinisch	**deutsch**
Infinitiv Präsens Aktiv	dūc-**e-re**	(zu) führen
Infinitiv Präsens Passiv	dūc-**ī**	geführt (zu) werden
Infinitiv Perfekt Aktiv	dūx-**isse**	geführt (zu) haben
Infinitiv Perfekt Passiv	dūc-**tum, -tam, -tum esse**	geführt worden (zu) sein
Infinitiv Futur Aktiv	dūc-**turum, -turam, -turum esse**	führen (zu) werden
Partizip Präsens Aktiv	dūc-**ens, -ntis**	führend
Partizip Perfekt Passiv	dūc-**tus, -ta, -tum**	geführt
Partizip Futur Aktiv	dūc-**turus, -tura, -turum**	jemand, der führen wird
Gerundium	dūc-**e-re**	das Führen
	dūc-**end-ī**	des Führens
	dūc-**end-ō**	dem Führen
	(ad) dūc-**end-um**	(zum) Führen
	dūc-**end-ō**	(durch) das Führen
Gerundivum	dūc-**end-us, -a, -um**	jemand, der zu führen ist
Imperativ Singular	dūc!	führe!
Imperativ Plural	dūc-**i-te!**	führt!
Prohibitiv Singular	nē dūx-**eris!**/	führe nicht!
	nōlī dūc-**e-re!**	
Prohibitiv Plural	nē dūx-**eritis!**/	führt nicht!
	nolīte dūc-**e-re!**	

Wieso heißt die **konsonantische Konjugation** so? Wie bei den Nomen ist auch hier der Stamm entscheidend, an den die Personalendungen und Tempuszeichen angefügt werden. Den Stamm findet man, indem man die Personalendung -o von der 1. Person Singular Indikativ Präsens Aktiv abtrennt: duc-ō, der bloße Stamm lautet **duc,** endet also auf den Konsonanten -c. Es können auch verschiedene andere Konsonanten als stammbildend vorkommen (zum Beispiel -h bei vehere → veh oder -r bei urere → ur usw.).

Es gibt auch einige -u-Stämme (zum Beispiel exstinguere → exstingu-, da der Lautwert des u oft w (also ein Konsonant) ist. Man findet den Stamm auch im Imperativ Singular, wobei allerdings meistens noch ein -e angehängt wird (petere → pete, urere → ure usw.). Die eingefügten Buchstaben zwischen Stamm und Personalendung (zum Beispiel pet-i-s oder pet-u-ntur) dienen lediglich der Aussprache und sind kurz.

Zur Perfektbildung siehe Kapitel 2 → Perfektstämme.

Achtung

Deponentien bilden – wie auch in den anderen Konjugationen
– lediglich die Passivformen, die Bedeutung ist aber aktivisch!
Abweichend sind lediglich die Imperative, zum Beispiel von
fru-ī:

Imperativ Singular	fru-**e-re**!	genieße!
Imperativ Plural	fru-**i-minī**!	genießt!
Prohibitiv Singular	nē frūctus sis!/	genieße nicht!
	nōlī fru-**i**!	
Prohibitiv Plural	nē frūctī sitis!/	genießt nicht!
	nōlīte fru-**ī**!	

 Achtung

Nicht verwechseln darf man den **Imperativ Singular** der
Deponentien, zum Beispiel fru-**e-re,** mit dem **Infinitiv Präsens
Aktiv** der „normalen" Verben, zum Beispiel dūc-e-**re**. Üblicher-
weise kann man aber schon an der Interpunktion in einem
Text erkennen, worum es sich handelt. Beim Imperativ macht
in der Regel ein Ausrufezeichen (!) die Satzart deutlich.

Leicht zu merken
Man neigt dazu, die Verben cadere und
caedere, bzw. occidere und occīdere und
deren Stammformen zu verwechseln. Als
Eselsbrücke empfiehlt sich Folgendes. Man
merke sich als deutsche Bedeutung von
cadere fallen und von caedere fällen. Das **a**
von cadere ist kurz, deswegen auch das **i**
vom abgeleiteten occidere, der Diphthong
ae von caedere lang, so auch occīdere.
Diese Kürze bzw. Länge hält sich auch im
Perfekt (**cecidi** bzw. **cecīdi**).

Übrigens: caedere und occīdere erforden aufgrund ihrer
Bedeutung (fällen, töten, niederhauen) in der Regel ein
Akkusativobjekt (wen?). cadere und occidere (fallen, sterben,
umkommen) brauchen diese Ergänzung nicht. Liegt im Satz
also ein Akkusativobjekt vor, dann handelt es sich beim
Prädikat um eine Form von caedere bzw. occīdere.

abdere, abdō, abdidī, abditum	verbergen, verstecken
abdūcere, abdūcō, abdūxi, abductum	entführen, wegführen
absolvere, absolvō, absolvi, absolūtum	lossprechen, freisprechen, vollenden
accēdere, accēdō, accessi, accessum	sich nähern, herantreten
accendere, accendō, accendī, accēnsum	entflammen, in Leidenschaft versetzen
accidere, accidō, accidī	sich ereignen, zustoßen
addere, addō, addidī, additum	hinzufügen
addūcere, addūcō, addūxi, adductum	heranführen, veranlassen
adimere, adimō, adēmī, adēmptum	wegnehmen
adipīscī, adipīscor, adeptus sum	erlangen, erreichen
	(durch Anstrengung)
adiungere, adiungō, adiunxī, adiunctum	verbinden, anbinden
admittere, admittō, admīsī, admissum	zugestehen, erlauben
afflīgere, afflīgō, afflīxī, afflīctum	niederschlagen
agere, agō, ēgī, āctum	treiben, handeln, tun
agnōscere, agnōscō, agnōvī, agnitum	anerkennen, erkennen
alere, alō, aluī, al(i)tum	ernähren, fördern
āmittere, āmittō, āmīsī, āmissum	verlieren
animadvertere, animadvertō, animadvertī, animadversum	wahrnehmen, bemerken, strafen
appetere, appetō, appetīvī, appetītum	anstreben, angreifen
arcessere, arcessō, arcessīvī, arcessītum	herbeiholen, herbeirufen
arguere, arguō, arguī	beschuldigen
ascendere, ascendō, ascendī, ascēnsum	hinaufklettern, hinaufsteigen
ascīscere, ascīscō, ascīvī, ascītum	annehmen, aufnehmen, übernehmen
assequī, assequor, assecūtus sum	einholen, erlangen
attendere, attendō, attendī, attentum	achtgeben, aufmerksam sein

attingere, attingō, attigī, attāctum	berühren
āvertere, āvertō, āvertī, āversum	abwenden, vertreiben
bibere, bibō, bibī	trinken
cadere, cadō, cecidī, cāsūrum	fallen, sterben, umkommen
caedere, caedō, cecīdi, caesum	fällen, töten; niederhauen
canere, canō, cecinī, cantātus	singen, preisen, besingen
carpere, carpō, carpsī, carptum	pflücken
cēdere, cēdō, cessī, cessūrum	gehen, weichen
cernere, cernō, crēvī, crētum	scheiden, sichten, sehen
cingere, cingō, cīnxī, cīnctum	umzingeln, gürten
claudere, claudō, clausī, clausum	schließen
cōgere, cōgō, coēgī, coactus	zwingen, nötigen, zusammentreiben
cōgnōscere, cōgnōscō, cōgnōvī, cōgnitum	erkennen, kennenlernen
colere, colō, coluī, cultum	verehren, pflegen, bebauen
colligere, colligō, collēgi, collēctum	sammeln
colloquī, colloquor, collocūtus sum	sich unterhalten, sich unterreden
committere, committō, commīsī, commissum	zusammenkommen lassen, (ein Verbrechen) begehen, anvertrauen
complectī, complector, complexus sum	umfassen, umgreifen
compōnere, compōnō, composuī, compositum	zusammenstellen, ordnen
comprehendere, comprehendō, comprehendī, comprehēnsum	erfassen, ergreifen
concedere, concedō, concessī, concessum	zugestehen, erlauben
concidere, concidō, concidī	zusammenfallen
conclūdere, conclūdō, conclūsī, conclūsum	einschließen, folgern
concupīscere, concupīscō, concupīvī, concupītum	heftig wünschen, begehren

concurrere, concurrō, concurrī, concursum	zusammenlaufen
condere, condō, condidī, conditum	gründen
condūcere, condūcō, condūxī, conductum	zusammenführen, mieten, anwerben
cōnfīdere, cōnfīdō, cōnfīsus sum	vertrauen, sich verlassen
cōnflīgere, cōnflīgō, cōnflīxī, cōnflictum	kämpfen, zusammenstoßen
congruere, congruō, congruī	übereinstimmen
coniungere, coniungō, coniūnxī, coniūnctum	verbinden
conquirere, conquirō, conquīsīvī, conquīsītum	zusammensuchen
conscribere, conscribō, conscripsī, conscrīptum	eintragen, abfassen, ausheben
cōnsequī, cōnsequor, cōnsecūtus sum	verfolgen, folgen, erreichen
cōnsīdere, cōnsīdō, cōnsēdī, cōnsessum	sich hinsetzen, sich niederlassen
cōnsistere, cōnsistō, cōnstitī	haltmachen, sich aufstellen
cōnstituere, cōnstitutō, cōnstituī, cōnstitūtum	festsetzen, aufstellen
cōnsuēscere, cōnsuēscō, cōnsuēvī, cōnsuētum	sich gewöhnen
cōnsulere, cōnsulō, cōnsuluī, cōnsultum	planen, beraten, sich kümmern um
cōnsūmere, cōnsūmō, cōnsumpsī, cōnsūmptum	verbrauchen
contemnere, contemnō, contempsī, contemptum	verachten, missachten
contendere, contendō, contendī, contentum	vergleichen, anspannen, eilen
contingere, contingō, contigī, contāctum	berühren, glücken, gelingen
contrahere, contrahō, contrāxī, contractum	zusammenziehen, herbeiführen
convertere, convertō, convertī, conversum	umwenden, verändern
convincere, convincō, convīcī, convictum	überführen
corrumpere, corrumpō, corrūpī, corruptum	verderben
crēdere, crēdō, crēdidī, crēditum	glauben, halten für
crēscere, crēscō, crēvī, crētum	wachsen, zunehmen
currere, currō, cucurrī, cursum	laufen, rennen
dēcēdere, dēcēdō, dēcessī, dēcessum	weggehen

dēdere, dēdō, dēdidī, dēditum	übergeben, ausliefern
dēdūcere, dēdūcō, dēdūxī, dēductum	herabführen
dēcernere, dēcernō, dēcrēvī, dēcrētum	entscheiden, beschließen
dēfendere, dēfendō, dēfendī, dēfēnsum	verteidigen
dēligere, dēligō, dēlēgī, dēlēctum	auswählen
dēlinquere, dēlinquō, dēlīquī, dēlictum	einen Fehler begehen
dēmere, dēmō, dēmpsī, dēmptum	wegnehmen
dēmittere, dēmittō, dēmīsī, dēmissum	hinabschicken, sinken lassen
dēpōnere, dēpōnō, dēposuī, dēpositum	ablegen, niederlegen
dēscendere, dēscendō, dēscendī, dēscēnsum	herabsteigen
dēscrībere, dēscrībō, dēscrīpsī, dēscrīptum	beschreiben
dēserere, dēserō, dēseruī, dēsertum	verlassen, im Stich lassen
dēsinere, dēsinō, dēsiī, dēsitum	aufgeben, aufhören
dēsistere, dēsistō, dēstitī	aufhören, ablassen
dētrahere, dētrahō, dētrāxī, dētractum	wegziehen, wegschleppen
dīcere, dīcō, dīxī, dictum	sagen, sprechen
dīlābī, dīlābor, dīlāpsus sum	weggleiten, hingleiten
dīligere, dīligō, dīlēxī, dīlēctum	lieben, hochschätzen
dīmittere, dīmittō, dīmīsī, dīmissum	wegschicken
discēdere, discēdō, discessī, discessum	auseinandergehen
discere, discō, didicī	lernen
dispergere, dispergō, dispersī, dispersum	zerstreuen, ausstreuen
dispōnere, dispōnō, disposuī, dispositum	verteilen, ordnen
disserere, disserō, disseruī, dissertum	erörtern, auseinandersetzen
dissolvere, dissolvō, dissolvī, dissolūtum	auflösen, bezahlen
distinguere, distinguō, distīnxī, distinctum	unterscheiden, auszeichnen
dīvidere, dīvidō, dīvīsī, dīvīsum	teilen, verteilen

dūcere, dūcō, dūxī, ductum	führen, leiten, halten für
ēdere, ēdō, ēdidī, ēditum	hervorbringen, veröffentlichen
ēdīcere, ēdīcō, ēdīxī, ēdictum	ankündigen, ansagen
ēdūcere, ēdūcō, ēdūxī, ēductum	herausführen
effundere, effundō, effūdī, effūsum	vergießen, ausgießen
ēligere, ēligō, ēlēgī, ēlēctum	auswählen
emere, emō, ēmī, ēmptum	kaufen
ēmittere, ēmittō, ēmīsī, ēmissum	wegschicken, hinausschicken
ērigere, ērigō, ērēxī, ērēctum	aufrichten
ērumpere, ērumpō, ērūpī, ēruptum	hervorbrechen, ausbrechen
ēvādere, ēvādō, ēvāsī, ēvāsūrum	entkommen, entfliehen
ēvertere, ēvertō, ēvertī, ēversum	umstürzen, vernichten, aufwühlen
excedere, excēdō, excessī, excessum	herausgehen, verlassen
excellere, excellō, -	hervorragen, sich auszeichnen
exigere, exigō, exēgi, exāctum	fordern, verlangen
expellere, expellō, expulī, expulsum	hinausstoßen, vertreiben
expōnere, expōnō, exposuī, expositum	auseinanderlegen, darstellen
exprimere, exprimō, expressī, expressum	ausdrücken, austreiben
exquīrere, exquīrō, exquīsīvī, exquīsītum	erforschen, erbitten
exsistere, exsistō, exstiti	entstehen, hervorgehen
exstinguere, exstinguō, exstīnxī, exstīnctum	auslöschen, vernichten
extollere, extollō, extulī	emporheben, aufrichten
fallere, fallō, fefellī	täuschen, hintergehen
fīgere, fīgō, fīxī, fīxum	anheften, befestigen
findere, findō, fidī, fissum	spalten
fingere, fingō, fīnxī, fictum	bilden, erschaffen, erfinden
flectere, flectō, flexī, flexum	biegen, beugen, wenden

fluere, fluō, flūxī	fließen, strömen
frangere, frangō, frēgī, frāctum	brechen, zerbrechen
fremere, fremō, fremuī	brausen, dröhnen
fruī, fruor, frūctus oder fruitus sum	genießen, gebrauchen
fúlgere, fulgō, fulsī	blitzen, glänzen
fundere, fundō, fūdī, fūsum	vergießen, zerstreuen
fungī, fungor, fūnctus sum	verwalten, ausführen
gemere, gemō, gemuī	seufzen, stöhnen
gerere, gerō, gessī, gestum	tun, machen, ausführen
gīgnere, gīgnō, genuī, genitum	hervorbringen, gebären
īgnōscere, īgnōscō, īgnōvi, īgnōtum	verzeihen
imbuere, imbuō, imbuī, imbūtum	befeuchten, erfüllen, eintauchen
impellere, impellō, impulī, impulsum	anstoßen, antreiben
impōnere, impōnō, imposuī, impositum	hinauflegen, auferlegen
incēdere, incēdō, incessī, incessum	einhergehen
incendere, incendō, incendī, incēnsum	anzünden, begeistern
incidere, incidō, incidī	hineinfallen, sich ereignen
inclūdere, inclūdō, inclūsī, inclūsum	einschließen, beinhalten
incolere, incolō, incoluī, incultum	bewohnen
indīcere, indīcō, indīxī, indictum	ankündigen, ansagen
indūcere, indūcō, indūxī, inductum	einführen, veranlassen
insequī, insequor, insecūtus sum	(unmittelbar) folgen, verfolgen
īnstituere, īnstituō, īnstituī, īnstitūtum	einrichten, unterweisen, aufstellen
īnstruere, īnstruō, īnstrūxī, īnstrūctum	einrichten, unterweisen
intellegere, intellegō, intellēxī, intellēctum	verstehen, einsehen
intendere, intendō, intendī, intentum	anspannen, streben nach
intermittere, intermittō, intermīsī, intermissum	unterbrechen

invādere, invādō, invāsī, invāsum	eindringen, angreifen, überfallen
iungere, iungō, iūnxī, iūnctum	binden, verbinden
lābi, lābor, lāpsus sum	gleiten, fallen, vergehen
lacessere, lacessō, lacessīvī, lacessītum	herausfordern, reizen
laedere, laedō, laesī, laesum	verletzen, beleidigen
legere, legō, lēgī, lēctum	lesen, sammeln
linquere, linquō, līquī	zurücklassen, verlassen
loqui, loquor, locūtus sum	reden, sprechen
lūdere, lūdō, lūsī, lūsum	spielen
mergere, mergō, mersī, mersum	untertauchen, versenken
metuere, metuō, metuī	sich fürchten
minuere, minuō, minuī, minūtum	verkleinern, vermindern
mittere, mittō, mīsī, missum	schicken, werfen, lassen
nancīscī, nancīscor, nactus oder nanctus sum	erlangen, erreichen (durch Zufall)
nāscī, nāscor, nātus sum	geboren werden, entstehen
nectere, nectō, nexuī, nexum	verbinden, verknüpfen
neglegere, neglegō, neglēxī, neglēctum	vernachlässigen
nītī, nītor, nīsus oder nīxus sum	sich stützen auf, sich anstrengen
nōscere, nōscō, nōvī, nōtum	kennenlernen, kennen, wissen
nūbere, nūbō, nūpsī, nūptum	heiraten
oblīvīscī, oblīvīscor, oblītus sum	vergessen
obruere, obruō, obruī, obrutum	überschütten, bedecken
obsistere, obsistō, obstitī	sich entgegenstellen
occidere, occidō, occidī, occāsūrum	sterben, umkommen
occīdere, occīdō, occīdi, occīsum	töten, niederhauen
occurrere, occurrō, occurrī, occursum	entgegenlaufen, sich ereignen
offendere, offendō, offendī, offēnsum	beleidigen

omittere, omittō, omīsī, omissum	aufgeben, verzichten
oppōnere, oppōnō, opposuī, oppositum	entgegenstellen
opprimere, opprimō, oppressī, oppressum	unterdrücken, niederdrücken
ostendere, ostendō, ostendī, ostentum	zeigen, zur Schau stellen
parcere, parcō, pepercī, parsūrum	schonen, sparen
pāscere, pāscō, pāvī, pāstum	hüten, weiden
pellere, pellō, pepulī, pulsum	schlagen, stoßen, treiben
pendere, pendō, pependī, pēnsum	abwägen, beurteilen, zahlen
percellere, percellō, perculī, perculsum	erschüttern, niederstoßen
perdere, perdō, perdidī, perditum	vernichten
perdūcere, perdūcō, perdūxī, perductum	durchführen, hinführen
pergere, pergō, perrēxī, perrēctum	fortsetzen, fortfahren
permittere, permittō, permīsī, permissum	erlauben, gestatten
persequī, persequor, persecūtus sum	verfolgen, einholen
pertimēscere, pertimēscō, pertimuī	sich sehr fürchten
petere, petō, petīvī, petītum	fordern, bitten, verlangen,
	zu erreichen suchen
pingere, pingō, pīnxī, pictum	malen, ausschmücken
plaudere, plaudō, plausī, plausum	klatschen, applaudieren
pōnere, pōnō, posuī, positum	legen, stellen, setzen
pōscere, pōscō, popōscī	fordern, verlangen
praemittere, praemittō, praemīsī, praemissum	vorausschicken
praetermittere, praetermittō, praetermisī, praetermissum	vorbeigehen lassen, übergehen
prehendere, prehendō, prehendī, pre(hē)nsum	ergreifen, nehmen
premere, premō, pressī, pressum	drücken, pressen
prōcēdere, prōcēdō, prōcessī, prōcessum	gehen, vorrücken

Konjugationen

4.4

prōdere, prōdō, prōdidī, prōditum	überliefern, ausliefern
prōdūcere, prōdūcō, prōdūxī, prōductum	vorführen, befördern
proficīscī, proficiscor, profectus sum	aufbrechen, losmarschieren
prōmittere, prōmittō, prōmīsī, prōmissum	versprechen
prōpōnere, prōpōnō, prōposuī, prōpositum	vorstellen, vor Augen stellen
quaerere, quaerō, quaesīvī, quaesītum	fragen, untersuchen
querī, queror, questus sum	klagen, sich beklagen
reddere, reddō, reddidī, redditum	wiedergeben, machen zu
redūcere, redūcō, redūxī, reductum	zurückführen
regere, regō, rēxī, rēctum	lenken, leiten, regieren
relinquere, relinquō, relīquī, relictum	verlassen, zurücklassen
repellere, repellō, repulī, repulsum	zurückstoßen, zurücktreiben
repetere, repetō, repetīvī, repetītum	zurückverlangen, wiederholen
reprehendere, reprehendō, reprehendī, repre(hē)nsum	tadeln, kritisieren
resistere, resistō, restitī	Widerstand leisten, stehen bleiben
restituere, restituō, restituī, restitūtum	wiederherstellen, zurückerstatten
revertī, revertor, revertī	zurückkehren
ruere, ruō, ruī, ruitūrum	eilen, stürmen, stürzen
rumpere, rumpō, rūpī, ruptum	zerbrechen
scrībere, scrībō, scripsī, scrīptum	schreiben, zeichnen
sēiungere, sēiungō, sēiunxī, sēiūnctum	trennen
sequī, sequor, secūtus sum	folgen, verfolgen
sinere, sinō, sīvī, situm	lassen, zulassen
sistere, sistō, stitī, status	anhalten, aufstellen, stillstehen
solvere, solvō, solvī, solūtum	lösen, auflösen
spargere, spargō, sparsī, sparsum	zerstreuen, ausstreuen

spernere, spernō, sprēvī, sprētum	verschmähen
statuere, statuō, statuī, statūtum	aufstellen, beschließen, festsetzen
sternere, sternō, strāvī, strātum	hinstreuen, hinwerfen, bedecken
subdūcere, subdūcō, subdūxī, subductum	hinaufführen, wegnehmen
subigere, subigō, subēgī, subāctum	unterwerfen
sūmere, sūmō, sūmpsī, sūmptum	nehmen, an sich nehmen
surgere, surgō, surrēxī, surrēctum	aufrichten, sich erheben
tangere, tangō, tetigī, tāctum	berühren, anfassen
tegere, tegō, tēxī, tēctum	schützen, decken
tendere, tendō, tetendī, tentum	spannen, strecken, kämpfen
terere, terō, trīvī, trītum	reiben, abnutzen
tollere, tollō, sustulī, sublātum	aufheben, beseitigen
trādere, trādō, trādidī, trāditum	überliefern, übergeben
trādūcere, trādūcō, trādūxī, trāductum	überführen
trahere, trahō, trāxī, tractum	ziehen, schleppen
tremere, tremō, tremuī	zittern
tribuere, tribuō, tribuī, tribūtum	zuteilen, verteilen
ulcīscī, ulcīscor, ultus sum	rächen, bestrafen
ūrere, ūrō, ussī, ūstum	verbrennen
ūti, ūtor, ūsus sum	gebrauchen, verwenden
vehere, vehō, vēxī, vectum	fahren, tragen, ziehen
vehī, vehor, vectus sum	sich fortbewegen, fahren
vendere, vendō, vendidī, vēnditum	verkaufen
vertere, vertō, vertī, versum	drehen, wenden
vincere, vincō, vīcī, victum	siegen, besiegen
vīvere, vīvō, vīxī, vīctūrum	leben
volvere, volvō, volvī, volūtum	wälzen, umdrehen

4.4.2 Die konsonantischen Stämme mit i-Erweiterung

Präsens					
Aktiv					
		Indikativ		Konjunktiv	
		lateinisch	deutsch	lateinisch	deutsch
Singular	1.	capi-**ō**	ich fange	capi-**a-m**	ich möge fangen
	2.	cap-**i-s**	du fängst	capi-**ā-s**	du mögest fangen
	3.	cap-**i-t**	er, sie, es fängt	capi-**a-t**	er, sie, es möge fangen
Plural	1.	cap-**i-mus**	wir fangen	capi-**ā-mus**	wir mögen fangen
	2.	cap-**i-tis**	ihr fangt	capi-**ā-tis**	ihr möget fangen
	3.	capi-**u-nt**	sie fangen	capi-**a-nt**	sie mögen fangen

Präsens					
Passiv					
		Indikativ		Konjunktiv	
		lateinisch	deutsch	lateinisch	deutsch
Singular	1.	capi-**or**	ich werde gefangen	capi-**ar**	ich möge gefangen werden
	2.	cap-**e-ris**	du wirst gefangen	capi-**ā-ris**	du mögest gefangen werden
	3.	cap-**i-tur**	er, sie, es wird gefangen	capi-**ā-tur**	er, sie, es möge gefangen werden
Plural	1.	cap-**i-mur**	wir werden gefangen	capi-**ā-mur**	wir mögen gefangen werden
	2.	cap-**i-minī**	ihr werdet gefangen	capi-**ā-minī**	ihr möget gefangen werden
	3.	capi-**u-ntur**	sie werden gefangen	capi-**a-ntur**	sie mögen gefangen werden

Imperfekt					
		Aktiv			
		Indikativ		**Konjunktiv**	
		lateinisch	deutsch	lateinisch	deutsch
Singular	1.	capi-**ē-ba-m**	ich fing	cap-**e-re-m**	ich würde fangen
	2.	capi-**ē-bā-s**	du fingst	cap-**e-rē-s**	du würdest fangen
	3.	capi-**ē-ba-t**	er, sie, es fing	cap-**e-re-t**	er, sie, es würde fangen
Plural	1.	capi-**ē-bā-mus**	wir fingen	cap-**e-rē-mus**	wir würden fangen
	2.	capi-**ē-bā-tis**	ihr fingt	cap-**e-rē-tis**	ihr würdet fangen
	3.	capi-**ē-ba-nt**	sie fingen	cap-**e-re-nt**	sie würden fangen

Imperfekt					
		Passiv			
		Indikativ		Konjunktiv	
		lateinisch	deutsch	lateinisch	deutsch
Singular	1.	capi-**ē**-ba-r	ich wurde gefangen	cap-**e-re**-r	ich würde gefangen werden
	2.	capi-**ē**-bā-ris	du wurdest gefangen	cap-**e**-rē-ris	du würdest gefangen werden
	3.	capi-**ē**-bā-tur	er, sie, es wurde gefangen	cap-**e**-rē-tur	er, sie, es würde gefangen werden
Plural	1.	capi-**ē**-bā-mur	wir wurden gefangen	cap-**e**-rē-mur	wir würden gefangen werden
	2.	capi-**ē**-bā-minī	ihr wurdet gefangen	cap-**e**-rē-minī	ihr würdet gefangen werden
	3.	capi-**ē**-ba-ntur	sie wurden gefangen	cap-**e**-re-ntur	sie würden gefangen werden

Futur I					
Aktiv					
		Indikativ		Konjunktiv	
		lateinisch	deutsch	lateinisch	deutsch
Singular	1.	capi-**a-m**	ich werde fangen	–	–
	2.	capi-**ē-s**	du wirst fangen	–	–
	3.	capi-**e-t**	er, sie, es wird fangen	–	–
Plural	1.	capi-**ē-mus**	wir werden fangen	–	–
	2.	capi-**ē-tis**	ihr werdet fangen	–	–
	3.	capi-**e-nt**	sie werden fangen	–	–

Futur I					
Passiv					
		Indikativ		Konjunktiv	
		lateinisch	deutsch	lateinisch	deutsch
Singular	1.	capi-**a-r**	ich werde gefangen werden	–	–
	2.	capi-**ē-ris**	du wirst gefangen werden	–	–
	3.	capi-**ē-tur**	er, sie, es wird gefangen werden	–	–
Plural	1.	capi-**ē-mur**	wir werden gefangen werden	–	–
	2.	capi-**ē-minī**	ihr werdet gefangen werden	–	–
	3.	capi-**e-ntur**	sie werden gefangen werden	–	–

Weitere Formen		
	lateinisch	**deutsch**
Infinitiv Präsens Aktiv	cap-**e-re**	(zu) fangen
Infinitiv Präsens Passiv	cap-**ī**	gefangen (zu) werden
Infinitiv Perfekt Aktiv	cēp-**isse** ·	gefangen (zu) haben
Infinitiv Perfekt Passiv	cap-**tum, -tam, -tum esse**	gefangen worden (zu) sein
Infinitiv Futur Aktiv	cap-**tūrum, -tūram, -tūrum esse**	fangen (zu) werden
Partizip Präsens Aktiv	capi-**ēns, -ntis**	fangend
Partizip Perfekt Passiv	cap-**tus, -ta, -tum**	gefangen
Partizip Futur Aktiv	cap-**turus, -tura, -turum**	jemand, der fangen wird
Gerundium	cap-**e-re**	das Fangen
	capi-**end-ī**	des Fangens
	capi-**end-ō**	dem Fangen
	(ad) capi-**end-um**	(zum) Fangen
	capi-**end-ō**	(durch) das Fangen
Gerundivum	capi-**end-us, -a, -um**	jemand, der zu fangen ist
Imperativ Singular	cap-**e!**	fang!
Imperativ Plural	cap-**i-te!**	fangt!
Prohibitiv Singular	nē cēp-**eris!**/ nōlī cap-**e-re!**	fang nicht!
Prohibitiv Plural	nē cēp-**eritis!**/ nōlīte cap-**e-re!**	fangt nicht!

Zur **konsonantischen Konjugation** gehören auch Verben mit sogenannter **i-Erweiterung.** Diese betrifft nur das Präsens, Imperfekt und Futur I. Die Formen entsprechen im Schriftbild der i-Konjugation, allerdings ist das **i** hier kurz und fällt im Konjunktiv Imperfekt ganz weg (cap-e-rem).

Zur Perfektbildung siehe Kapitel 2 → Perfektstämme.

Achtung
Deponentien bilden – wie auch in den anderen Konjugationen – lediglich die Passivformen, die Bedeutung ist aber aktivisch! Abweichend sind nur die Imperative, zum Beispiel von aggred-ī:

4.4

Imperativ Singular	aggred-**e-re!**	greif an!
Imperativ Plural	aggred-**i-minī!**	greift an!
Prohibitiv Singular	nē aggressus sis!/	greife nicht an!
	nōlī aggred-**ī!**	
Prohibitiv Plural	nē aggressī sitis!/	greift nicht an!
	nōlīte aggred-**ī!**	

Achtung
Nicht verwechseln darf man den **Imperativ Singular** der Deponentien, zum Beispiel aggred-**e-re,** mit dem **Infinitiv Präsens Aktiv** der „normalen" Verben, zum Beispiel cap-**e-re.**

Übungen

1) Bilde folgende Formen und übersetze!

   a) 1. Ps. Pl. Konj. Präs. Pass. von cernere

   b) 3. Ps. Sg. Ind. Impf. Akt. von componere

   c) 1. Ps. Sg. Ind. Fut. I. Pass. von spernere

   d) 3. Ps. Sg. Konj. Perf. Pass. von contemnere

   e) 3. Ps. Pl. Ind. Plusqumperf. Akt. von offendere

2) Bilde die entsprechenden Formen des Deponens queri und übersetze!

   a) dedidit

   b) reducamus

   c) permiseram

   d) subiceretis

   e) despicis

3) Bilde alle Imperative und übersetze!

   a) oblivisci

   b) effugere

   c) trahere

abicere, abiciō, abiēcī, abiectum	wegwerfen, niederwerfen
accipere, accipiō, accēpī, acceptum	annehmen, empfangen
adicere, adiciō, adiēcī, adiectum	hinzufügen
afficere, afficiō, affēcī, affectum	versehen (mit)
aggredī, aggredior, agressus sum	angreifen, zugehen auf
arripere, arripiō, arripuī, arreptum	an sich reißen
aspicere, aspiciō, aspēxī, aspectum	anschauen, betrachten
capere, capiō, cēpī, captum	fangen, fassen, nehmen
concipere, concipiō, concēpī, conceptum	aufnehmen, zusammenfassen
cōnficere, cōnficiō, cōnfēcī, cōnfectum	beenden, vollenden
conicere, coniciō, coniēci, coniectum	werfen, vermuten
cōnspicere, cōnspiciō, cōnspēxī, cōnspectum	erblicken
corripere, corripiō, corripuī, correptum	ergreifen, fassen
cupere, cupiō, cupīvī, cupītum	wünschen, wollen
dēficere, dēficiō, dēfēcī, dēfectum	ausgehen
dēspicere, dēspiciō, dēspēxī, dēspectum	verachten, herabschauen auf
dīripere, dīripiō, dīripuī, dīreptum	auseinanderreißen
efficere, efficiō, effēcī, effectum	bewirken
effugere, effugiō, effūgī, effugitūrum	entfliehen
ēgredī, ēgredior, ēgressus sum	herausgehen
ēicere, ēiciō, ēiēcī, ēiectum	hinauswerfen, vertreiben
ēripere, ēripiō, ēripuī, ēreptum	entreißen, herausreißen
excipere, excipiō, excēpī, exceptum	ausnehmen, aufnehmen
facere, faciō, fēcī, factum	handeln, ausführen, machen
fugere, fugiō, fūgī, fugitūrum	fliehen, meiden
gradī, gradior, gressus sum	gehen, schreiten
iacere, iaciō, iēcī, iactum	werfen, schleudern

incipere, incipiō, incēpī, inceptum oder coepī, coeptum	anfangen, beginnen
ingredī, ingredior, ingressus sum	eintreten, einherschreiten
inicere, iniciō, iniēcī, iniectum	hineinwerfen
interficere, interficiō, interfēcī, interfectum	töten
obicere, obiciō, obiēcī, obiectum	entgegenwerfen, vorwerfen, anbieten
parere, pariō, peperī, partum	gebären, hervorbringen
patefacere, patefaciō, patefēcī, patefactum	öffnen
percipere, percipiō, percepī, perceptum	wahrnehmen, empfangen
perficere, perficiō, perfēcī, perfectum	vollenden
perspicere, perspiciō, perspexī, perspectum	durchschauen, erkennen
praecipere, praecipiō, praecēpī, praeceptum	befehlen, anordnen
profugere, profugiō, profūgī	fliehen, entfliehen
prōgredī, prōgredior, prōgressus sum	vorrücken, vorangehen
prōspicere, prōspiciō, prōspexī, prōspectum	sehen auf, schauen
rapere, rapiō, rapuī, raptum	raffen, rauben, reißen
recipere, recipiō, recēpī, receptum	zurückholen, aufnehmen
reficere, reficiō, refēci, refectum	wiederherstellen
rēicere, rēiciō, rēiēcī, rēiectum	zurückweisen
respicere, respiciō, respexī, respectum	zurückschauen, berücksichtigen
sapere, sapiō, sapīvī	Verstand haben, schmecken
subicere, subiciō, subiēcī, subiectum	unterwerfen
suscipere, suscipiō, suscēpī, susceptum	auf sich nehmen
suspicere, suspiciō, suspexī, suspectum	bewundern, beargwöhnen
trāicere, trāiciō, trāiēcī, trāiectum	überschreiten, hinüberbringen
trānsgredī, trānsgredior, trānsgressus sum	überschreiten

5 Besondere Verben

In diesem Kapitel findest du fünf Verben (ferre, fieri, esse, velle, ire), die sich keiner der anderen Konjugationen zuordnen lassen. Sie haben teilweise eigene Formen, bilden aber auch vieles ganz regelmäßig! Alle Formen sind Lateinisch und Deutsch, damit du immer weißt, wie eine Form zu übersetzen ist. Am Ende der Konjugationen findest du kleine Formenübungen, mit denen du überprüfen kannst, ob du die Tabelle beherrschst. Da die Perfektformen für alle Konjugationen gleich sind, werden sie nur einmal in Kapitel 2 aufgeführt (→ Perfektstämme).

5

5.1 Besondere Verben – ferre

Präsens					
Aktiv					
		Indikativ		**Konjunktiv**	
		lateinisch	deutsch	lateinisch	deutsch
Singular	1.	fer-**ō**	ich trage	fer-**a-m**	ich möge tragen
	2.	fer-**s**	du trägst	fer-**ā-s**	du mögest tragen
	3.	fer-**t**	er, sie, es trägt	fer-**a-t**	er, sie, es möge tragen
Plural	1.	fer-**i-mus**	wir tragen	fer-**ā-mus**	wir mögen tragen
	2.	fer-**tis**	ihr tragt	fer-**ā-tis**	ihr möget tragen
	3.	fer-**u-nt**	sie tragen	fer-**a-nt**	sie mögen tragen

		Passiv			
		Indikativ		**Konjunktiv**	
		lateinisch	deutsch	lateinisch	deutsch
Singular	1.	fer-**or**	ich werde getragen	fer-**a-r**	ich möge getragen werden
	2.	fer-**ris**	du wirst getragen	fer-**ā-ris**	du mögest getragen werden
	3.	fer-**tur**	er, sie, es wird getragen	fer-**ā-tur**	er, sie, es möge getragen werden
Plural	1.	fer-**i-mur**	wir werden getragen	fer-**ā-mur**	wir mögen getragen werden
	2.	fer-**i-minī**	ihr werdet getragen	fer-**ā-minī**	ihr möget getragen werden
	3.	fer-**u-ntur**	sie werden getragen	fer-**a-ntur**	sie mögen getragen werden

Besondere Verben

5.1

Imperfekt					
Aktiv					
		Indikativ		Konjunktiv	
		lateinisch	deutsch	lateinisch	deutsch
Singular	1.	fer-**ē-ba-m**	ich trug	fer-**re-m**	ich würde tragen
	2.	fer-**ē-bā-s**	du trugst	fer-**rē-s**	du würdest tragen
	3.	fer-**ē-ba-t**	er, sie, es trug	fer-**re-t**	er, sie, es würde tragen
Plural	1.	fer-**ē-bā-mus**	wir trugen	fer-**rē-mus**	wir würden tragen
	2.	fer-**ē-bā-tis**	ihr trugt	fer-**rē-tis**	ihr würdet tragen
	3.	fer-**ē-ba-nt**	sie trugen	fer-**re-nt**	sie würden tragen

Imperfekt				
Passiv				
		Indikativ		Konjunktiv	
		lateinisch	deutsch	lateinisch	deutsch
Singular	1.	fer-ē-bā-r	ich wurde getragen	fer-**re**-r	ich würde getragen werden
	2.	fer-ē-bā-ris	du wurdest getragen	fer-**rē**-ris	du würdest getragen werden
	3.	fer-ē-bā-tur	er, sie, es wurde getragen	fer-**rē**-tur	er, sie, es würde getragen werden
Plural	1.	fer-ē-bā-mur	wir wurden getragen	fer-**rē**-mur	wir würden getragen werden
	2.	fer-ē-bā-minī	ihr wurdet getragen	fer-**rē**-minī	ihr würdet getragen werden
	3.	fer-ē-ba-ntur	sie wurden getragen	fer-**re**-ntur	sie würden getragen werden

Futur I				
Aktiv				
		Indikativ		Konjunktiv	
		lateinisch	deutsch	lateinisch	deutsch
Singular	1.	fer-**a**-m	ich werde tragen	–	–
	2.	fer-**ē**-s	du wirst tragen	–	–
	3.	fer-**e**-t	er, sie, es wird tragen	–	–
Plural	1.	fer-**ē**-mus	wir werden tragen	–	–
	2.	fer-**ē**-tis	ihr werdet tragen	–	–
	3.	fer-**e**-nt	sie werden tragen	–	–

Futur I					
Passiv					
		Indikativ		Konjunktiv	
		lateinisch	deutsch	lateinisch	deutsch
Singular	1.	fer-**a**-r	ich werde getragen werden	–	–
	2.	fer-**ē**-ris	du wirst getragen werden	–	–
	3.	fer-**ē**-tur	er, sie, es wird getragen werden	–	–
Plural	1.	fer-**ē**-mur	wir werden getragen werden	–	–
	2.	fer-**ē**-minī	ihr werdet getragen werden	–	–
	3.	fer-**e**-ntur	sie werden getragen werden	–	–

Weitere Formen		
	lateinisch	**deutsch**
Infinitiv Präsens Aktiv	fer-**re**	(zu) tragen
Infinitiv Präsens Passiv	fer-**rī**	getragen (zu) werden
Infinitiv Perfekt Aktiv	tul-**isse**	getragen (zu) haben
Infinitiv Perfekt Passiv	lā-**tum, -am, -um esse**	getragen worden (zu) sein
Infinitiv Futur Aktiv	lā-**tūrum, -tūram,** **-tūrum esse**	tragen (zu) werden
Partizip Präsens Aktiv	ferē-**ns, -ntis**	tragend
Partizip Perfekt Passiv	la-**tus, -ta, -tum**	getragen
Partizip Futur Aktiv	la-**tūrus, -tūra, -tūrum**	jemand, der tragen wird
Gerundium	fer-**re**	das Tragen
	fere-**nd-ī**	des Tragens
	fere-**nd-ō**	dem Tragen
	(ad) fere-**nd-um**	(zum) Tragen
	fere-**nd-ō**	(durch) das Tragen
Gerundivum	fere-**nd-us, -a, -um**	jemand, der zu tragen ist
Imperativ Singular	fer!	trage!
Imperativ Plural	fer-**te!**	tragt!
Prohibitiv Singular	nē tul-**eris!/** nōlī fer-**re!**	trage nicht!
Prohibitiv Plural	nē tul-**eritis!/** nōlīte fer-**re!**	tragt nicht!

Das Verb **ferre** und seine Komposita bilden eine eigene Konjugationsklasse, die sich keiner anderen Konjugation zuordnen lässt. Die Stammformen werden von drei verschiedenen Wortstämmen gebildet:

fer- für Präsens, Imperfekt und Futur I Aktiv und Passiv,

tul- für Perfekt, Plusquamperfekt und Futur II Aktiv und

lat- für Perfekt, Plusquamperfekt und Futur II Passiv.

Die Personalendungen sind aber identisch mit denen der anderen Konjugationen!

Zur Perfektbildung siehe Kapitel 2 → Perfektstämme.

ferre kann mit vielen Präpositionen (→ Kap. 9) kombiniert werden. So entstehen die Komposita, zum Beispiel ursprünglich ex-ferre heraus-tragen oder de-ferre herab-tragen. Meist im Perfekt taucht die ursprüngliche Form der Vorsilbe wieder auf (zum Beispiel effere – **ex**-tulī oder auferre – **abs**-tulī).

Übungen

1) **Bestimme folgende Formen und übersetze!**
   a) attulisset
   b) fers
   c) delati sunt
   d) auferamini
   e) referebamus

2) **Bilde eine Tempusreihe im Passiv durch alle Zeiten und Modi in der 2. Person Singular (jeweils Indikativ und Konjunktiv nacheinander)!**
   a) ferre
   b) transferre

3) **Bilde sämtliche Partizipien und übersetze!**
   a) conferre
   b) proferre
   c) ferre

afferre, afferō, attulī, allātum	herbeibringen
auferre, auferō, abstulī, ablatum	wegtragen
cōnferre, cōnferō, cōntulī, collātum	zusammentragen, vergleichen
dēferre, dēferō, dētulī, dēlātum	herabtragen, übertragen
differe, differō, distulī, dīlātum	auseinandertragen, aufschieben
efferre, efferō, extulī, ēlātum	heraustragen
ferre, ferō, tulī, lātum	tragen, bringen
īnferre, īnferō, intulī, illātum	hineintragen
offerre, offerō, obtulī, oblatum	entgegenbringen, anbieten
perferre, perferō, pertulī, perlātum	ertragen, erdulden
praeferre, praeferō, praetulī, praelātum	vorziehen
prōferre, prōferō, prōtulī, prōlātum	hervorbringen, veröffentlichen, vertagen
referre, referō, rettulī, relātum	zurückbringen, berichten, abstimmen lassen
refert	es ist wichtig
trānsferre, trānsferō, trānstulī, trānslatum	übertragen, überliefern

5.2 Besondere Verben – fierī

Präsens					
		Indikativ		Konjunktiv	
		lateinisch	deutsch	lateinisch	deutsch
Singular	1.	fī-o	ich werde	fī-am	ich möge werden
	2.	fī-s	du wirst	fī-ās	du mögest werden
	3.	fi-t	er, sie, es wird	fī-at	er, sie, es möge werden
Plural	1.	fī-mus	wir werden	fī-āmus	wir mögen werden
	2.	fī-tis	ihr werdet	fī-ātis	ihr möget werden
	3.	fī-unt	sie werden	fī-ant	sie mögen werden

Imperfekt				
	Indikativ		**Konjunktiv**	
	lateinisch	deutsch	lateinisch	deutsch
Singular 1.	fī-**ē**-bam	ich wurde	fi-**e**-rem	ich würde werden
2.	fī-**ē**-bās	du wurdest	fi-**e**-rēs	du würdest werden
3.	fī-**ē**-bat	er, sie, es wurde	fi-**e**-ret	er, sie, es würde werden
Plural 1.	fī-**ē**-bāmus	wir wurden	fi-**e**-rēmus	wir würden werden
2.	fī-**ē**-bātis	ihr wurdet	fi-**e**-rētis	ihr würdet werden
3.	fī-**ē**-bant	sie wurden	fi-**e**-rent	sie würden werden

Futur I				
	Indikativ		**Konjunktiv**	
	lateinisch	deutsch	lateinisch	deutsch
Singular 1.	fī-**am**	ich werde werden	–	–
2.	fī-**ēs**	du wirst werden	–	–
3.	fī-**et**	er, sie, es wird werden	–	–
Plural 1.	fī-**ēmus**	wir werden werden	–	–
2.	fī-**ētis**	ihr werdet werden	–	–
3.	fī-**ent**	sie werden werden	–	–

Weitere Formen		
	lateinisch	deutsch
Infinitiv Präsens Infinitiv Perfekt Infinitiv Futur	fierī fac-**tum, -tam, -tum esse** fu-**tūrum, -tūram,** **-tūrum esse**/fac-**tum īrī**	(zu) werden geworden (zu) sein werden (zu) werden/gemacht (zu) werden
Partizip Präsens Aktiv Partizip Futur Aktiv	fac-**tus, -ta, -tum** fu-**tūrus, -tūra, -tūrum**	gemacht, geworden jemand, der werden wird

5.2

Das Verb **fierī, fiō, factus sum** bedeutet **werden, entstehen,
geschehen** und bildet gleichzeitig das Passiv zu **facere**
(→ Kap. 4.4.3 oder konsonantische Konjugation) und bedeutet dann **gemacht werden.** Fehlende Formen (zum
Beispiel Gerundivum) werden von **facere** entlehnt.

Leicht zu merken
fierī hat im **Präsens, Imperfekt** und **Futur I** nur
aktive Formen, auch wenn es als Passiv von
facere benutzt wird. Im **Perfekt, Plusquamperfekt**
und **Futur II** hat es nur **passive Formen,** auch
wenn es aktive Bedeutung hat!

Beispiele:
fit heißt: es entsteht/geschieht **und** es wird gemacht.
factum est heißt: es ist entstanden/geschehen **und**
es wurde gemacht!

Zur sonstigen Perfektbildung siehe Kapitel 2 → Perfektstämme.

Übungen

1) **Bilde folgende Formen und übersetze!**
   a) 1. Ps. Pl. Ind. Präs. Pass.
   b) 3. Ps. Pl. Ind. Plusqumperf. Akt.
   c) 3. Ps. Sg. Konj. Imp. Akt.
   d) 2. Ps. Pl. Konj. Perf. Akt.
   e) 3. Ps. Sg. Konj. Fut. Akt.

2) **fierī ist (auch) das Passiv von facere.**
   Bilde folgende Passivformen und übersetze!
   a) facis
   b) faciebamus
   c) feceras
   d) fecisset
   e) faciam

3) **Bilde sämtliche Infinitive und übersetze!**

Besondere Verben

5.2

Präsens					
		Indikativ		Konjunktiv	
		lateinisch	deutsch	lateinisch	deutsch
Singular	1.	s-u-m	ich bin	s-i-m	ich möge sein
	2.	es	du bist	s-ī-s	du mögest sein
	3.	es-t	er, sie, es ist	s-ī-t	er, sie, es möge sein
Plural	1.	s-u-mus	wir sind	s-ī-mus	wir mögen sein
	2.	es-tis	ihr seid	s-ī-tis	ihr möget sein
	3.	s-u-nt	sie sind	s-i-nt	sie mögen sein

Imperfekt					
		Indikativ		Konjunktiv	
		lateinisch	deutsch	lateinisch	deutsch
Singular	1.	er-**a-m**	ich war	es-**se-m**	ich würde sein
	2.	er-**ā-s**	du warst	es-**sē-s**	du würdest sein
	3.	er-**a-t**	er, sie, es war	es-**se-t**	er, sie, es würde sein
Plural	1.	er-**ā-mus**	wir waren	es-**sē-mus**	wir würden sein
	2.	er-**ā-tis**	ihr wart	es-**sē-tis**	ihr würdet sein
	3.	er-**a-nt**	sie waren	es-**se-nt**	sie würden sein

Futur I					
		Indikativ		Konjunktiv	
		lateinisch	deutsch	lateinisch	deutsch
Singular	1.	er-ō	ich werde sein	–	–
	2.	er-i-s	du wirst sein	–	–
	3.	er-i-t	er, sie, es wird sein	–	–
Plural	1.	er-i-mus	wir werden sein	–	–
	2.	er-i-tis	ihr werdet sein	–	–
	3.	er-u-nt	sie werden sein	–	–

Weitere Formen		
	lateinisch	deutsch
Infinitiv Präsens Aktiv	es-**se**	(zu) sein
Infinitiv Perfekt Aktiv	fu-**is-se**	gewesen (zu) sein
Infinitiv Futur Aktiv	fu-**tūrum, -tūram,**	(sein) (zu) werden
	-tūrum esse	
Partizip Futur Aktiv	fu-**tūrus, -tūra, -tūrum**	jemand, der sein wird
Imperativ Singular	es!	sei!
Imperativ Plural	es-**te**	seid!
Prohibitiv Singular	nē fu-**eris!/**	sei nicht!
	nōlī es-**se!**	
Prohibitiv Plural	nē fu-**eritis!/**	seid nicht!
	nōlīte es-**se!**	

Das Hilfsverb **esse** bildet wie das deutsche sein (bin, ist, sind) oder das englische to be (am, are, is) unterschiedliche Formen, vor allem im Präsens. Das Verwirrende der Formen ist also nichts typisch Lateinisches. esse lässt sich keiner Konjugation zuordnen. Die Personalendungen sind allerdings identisch mit allen anderen Verben. Ein Passiv gibt es aufgrund der Wortbedeutung nicht.

Zur Perfektbildung siehe Kapitel 2 → Perfektstämme.

abesse, absum, āfuī	entfernt sein, abwesend sein
adesse, adsum, affuī (adfuī)	anwesend sein, zur Stelle sein, helfen
dēesse, dēsum, dēfuī	fehlen, mangeln
esse, sum, fuī	sein
interesse, intersum, interfuī	dabei sein, teilnehmen
interest	es ist wichtig, es besteht ein Unterschied
posse, possum, potuī	können
praeesse, praesum, praefuī	an der Spitze stehen, befehligen
prōdesse, prōsum, prōfuī	nützen
superesse, supersum, superfui	übrig sein

Achtung

Zwei Komposita von esse bilden regelhaft Sonderformen!
posse ist entstanden aus potis esse (fähig sein) und über
potesse zu posse geworden. So taucht das -**t** von **pot-** vor
-**e** immer wieder auf.

Präsens				
	Indikativ		**Konjunktiv**	
	lateinisch	deutsch	lateinisch	deutsch
Singular				
1. pos-**sum**	ich kann	pos-**sim**	ich möge können	
2. pot-**es**	du kannst	pos-**sīs**	du mögest können	
3. pot-**est**	er, sie, es kann	pos-**sit**	er, sie, es möge können	
Plural				
1. pos-**sumus**	wir können	pos-**sīmus**	wir mögen können	
2. pot-**estis**	ihr könnt	pos-**sītis**	ihr möget können	
3. pos-**sunt**	sie können	pos-**sint**	sie mögen können	

Imperfekt					
		Indikativ		Konjunktiv	
		lateinisch	deutsch	lateinisch	deutsch
Singular	1.	pot-**eram**	ich konnte	pos-**sem**	ich würde können
	2.	pot-**erās**	du konntest	pos-**sēs**	du würdest können
	3.	pot-**erat**	er, sie, es konnte	pos-**set**	er, sie, es würde können
Plural	1.	pot-**erāmus**	wir konnten	pos-**sēmus**	wir würden können
	2.	pot-**erātis**	ihr konntet	pos-**sētis**	ihr würdet können
	3.	pot-**erant**	sie konnten	pos-**sent**	sie würden können

Futur I					
		Indikativ		Konjunktiv	
		lateinisch	deutsch	lateinisch	deutsch
Singular	1.	pot-**erō**	ich werde können	–	–
	2.	pot-**eris**	du wirst können	–	–
	3.	pot-**erit**	er, sie, es wird können	–	–
Plural	1.	pot-**erimus**	wir werden können	–	–
	2.	pot-**eritis**	ihr werdet können	–	–
	3.	pot-**erunt**	sie werden können	–	–

Besondere Verben

5.3

Weitere Formen		
	lateinisch	deutsch
Infinitiv Präsens Aktiv	pos-**se**	(zu) können
Infinitiv Perfekt Aktiv	pot-**uisse**	gekonnt (zu) haben

Achtung

Bei **prōdesse** (entstanden aus prō esse – für etwas/jemanden sein) wird vor -**e** ein -**d**- eingefügt.

Also: prō-**sum,** aber prōd-**es,** prōd-**est,** prō-**sumus,** prōd-**estis,** prō-**sunt;** im Imperfekt prōd-**eram** usw., im Futur prōd-**ero** usw.

Übungen

1) **Bestimme folgende Formen und übersetze!**
   a) poteras
   b) fuistis
   c) deessemus
   d) profuerant
   e) sit

2) **Setze in den Plural und übersetze!**
   a) potest
   b) erit
   c) praefui
   d) prodes
   e) aberas

3) **Bilde sämtliche Partizipien von esse und übersetze!**

5.4 Besondere Verben – velle, nōlle, mālle

velle, volō, voluī – wollen

Präsens					
velle					
		Indikativ		**Konjunktiv**	
		lateinisch	deutsch	lateinisch	deutsch
Singular	1.	vol-**o**	ich will	vel-**im**	ich möge wollen
	2.	vī-**s**	du willst	vel-**īs**	du mögest wollen
	3.	vul-**t**	er, sie, es will	vel-**it**	er, sie, es möge wollen
Plural	1.	vol-**u**-**mus**	wir wollen	vel-**īmus**	wir mögen wollen
	2.	vul-**tis**	ihr wollt	vel-**ītis**	ihr möget wollen
	3.	volu-**nt**	sie wollen	vel-**int**	sie mögen wollen

nōlle, nōlō, nōluī – nicht wollen

Präsens					
nolle					
		Indikativ		Konjunktiv	
		lateinisch	deutsch	lateinisch	deutsch
Singular	1.	nōl-**ō**	ich will nicht	nōl-**im**	ich möge nicht wollen
	2.	nōn vī-**s**	du willst nicht	nōl-**īs**	du mögest nicht wollen
	3.	nōn vul-**t**	er, sie, es will nicht	nōl-**it**	er, sie, es möge nicht wollen
Plural	1.	nōl-**u-mus**	wir wollen nicht	nōl-**īmus**	wir mögen nicht wollen
	2.	nōn vul-**tis**	ihr wollt nicht	nōl-**ītis**	ihr möget nicht wollen
	3.	nōl-**u-nt**	sie wollen nicht	nōl-**int**	sie mögen nicht wollen

mālle, mālō, māluī – lieber wollen

Präsens					
malle					
		Indikativ		Konjunktiv	
		lateinisch	deutsch	lateinisch	deutsch
Singular	1.	māl-**ō**	ich will lieber	māl-**im**	ich möge lieber wollen
	2.	māvī-**s**	du willst lieber	māl-**īs**	du mögest lieber wollen
	3.	māvul-**t**	er, sie, es will lieber	māl-**it**	er, sie, es möge lieber wollen
Plural	1.	mālu-**mus**	wir wollen lieber	māl-**īmus**	wir mögen lieber wollen
	2.	māvul-**tis**	ihr wollt lieber	māl-**ītis**	ihr möget lieber wollen
	3.	mālu-**nt**	sie wollen lieber	māl-**int**	sie mögen lieber wollen

Imperfekt					
velle					
		Indikativ		Konjunktiv	
		lateinisch	deutsch	lateinisch	deutsch
Singular	1.	vol-ē-ba-m	ich wollte	vel-**le-m**	ich würde wollen
	2.	vol-ē-bā-s	du wolltest	vel-**lē-s**	du würdest wollen
	3.	vol-ē-ba-t	er, sie, es wollte	vel-**le-t**	er, sie, es würde wollen
Plural	1.	vol-ē-bā-mus	wir wollten	vel-**lē-mus**	wir würden wollen
	2.	vol-ē-bā-tis	ihr wolltet	vel-**lē-tis**	ihr würdet wollen
	3.	vol-ē-ba-nt	sie wollten	vel-**le-nt**	sie würden wollen

Besondere Verben

5.4

Imperfekt					
nolle					
		Indikativ		Konjunktiv	
		lateinisch	deutsch	lateinisch	deutsch
Singular	1.	nōl-**ē-ba-m**	ich wollte nicht	nōl-**le-m**	ich würde nicht wollen
	2.	nōl-**ē-bā-s**	du wolltest nicht	nōl-**lē-s**	du würdest nicht wollen
	3.	nōl-**ē-ba-t**	er, sie, es wollte nicht	nōl-**le-t**	er, sie, es würde nicht wollen
Plural	1.	nōl-**ē-bā-mus**	wir wollten nicht	nōl-**lē-mus**	wir würden nicht wollen
	2.	nōl-**ē-bā-tis**	ihr wolltet nicht	nōl-**lē-tis**	ihr würdet nicht wollen
	3.	nōl-**ē-ba-nt**	sie wollten nicht	nōl-**le-nt**	sie würden nicht wollen

Imperfekt					
malle					
		Indikativ		Konjunktiv	
		lateinisch	deutsch	lateinisch	deutsch
Singular	1.	māl-**ē**-ba-m	ich wollte lieber	māl-**le**-m	ich würde lieber wollen
	2.	māl-**ē**-bā-s	du wolltest lieber	māl-**lē**-s	du würdest lieber wollen
	3.	māl-**ē**-ba-t	er, sie, es wollte lieber	māl-**le**-t	er, sie, es würde lieber wollen
Plural	1.	māl-**ē**-bā-mus	wir wollten lieber	māl-**lē**-mus	wir würden lieber wollen
	2.	māl-**ē**-bā-tis	ihr wolltet lieber	māl-**lē**-tis	ihr würdet lieber wollen
	3.	māl-**ē**-ba-nt	sie wollten lieber	māl-**le**-nt	sie würden lieber wollen

Futur I					
velle					
		Indikativ		Konjunktiv	
		lateinisch	deutsch	lateinisch	deutsch
Singular	1.	vol-**a-m**	ich werde wollen	–	–
	2.	vol-**ē-s**	du wirst wollen	–	–
	3.	vol-**e-t**	er, sie, es wird wollen	–	–
Plural	1.	vol-**ē-mus**	wir werden wollen	–	–
	2.	vol-**ē-tis**	ihr werdet wollen	–	–
	3.	vol-**e-nt**	sie werden wollen	–	–

Futur I				
nolle				
		Indikativ		Konjunktiv
		lateinisch	deutsch	lateinisch	deutsch
Singular	1.	nōl-**a-m**	ich werde nicht wollen	–	–
	2.	nōl-**ē-s**	du wirst nicht wollen	–	–
	3.	nōl-**e-t**	er, sie, es wird nicht wollen	–	–
Plural	1.	nōl-**ē-mus**	wir werden nicht wollen	–	–
	2.	nōl-**ē-tis**	ihr werdet nicht wollen	–	–
	3.	nōl-**e-nt**	sie werden nicht wollen	–	–

Futur I					
malle					
		Indikativ		Konjunktiv	
		lateinisch	deutsch	lateinisch	deutsch
Singular	1.	māl-**a-m**	ich werde lieber wollen	–	–
	2.	māl-**ē-s**	du wirst lieber wollen	–	–
	3.	māl-**e-t**	er, sie, es wird lieber wollen	–	–
Plural	1.	māl-**ē-mus**	wir werden lieber wollen	–	–
	2.	māl-**ē-tis**	ihr werdet lieber wollen	–	–
	3.	māl-**e-nt**	sie werden lieber wollen	–	–

Weitere Formen		
velle		
	lateinisch	deutsch
Infinitiv Präsens Aktiv Infinitiv Perfekt Aktiv	vel-**le** volu-**isse**	(zu) wollen gewollt (zu) haben
Partizip Präsens Aktiv	vol-**ēns, -ntis**	wollend
nolle		
	lateinisch	deutsch
Infinitiv Präsens Aktiv Infinitiv Perfekt Aktiv	nōl-**le** nōlu-**isse**	nicht (zu) wollen nicht gewollt (zu) haben
Partizip Präsens Aktiv	nōl-**ēns, -ntis**	nicht wollend
Imperativ Singular Imperativ Plural	nōlī nōlī-**te**	(wolle nicht!) (wollt nicht!)
malle		
	lateinisch	deutsch
Infinitiv Präsens Aktiv Infinitiv Perfekt Aktiv	māl-**le** mālu-**isse**	lieber (zu) wollen lieber gewollt (zu) haben

Besondere Verben

5.4

Die Imperativformen von nōlle kommen natürlich so nicht vor. Sie werden benutzt beim **Prohibitiv,** das heißt beim Verbot in Verbindung mit dem Infinitiv eines Vollverbs, zum Beispiel nōlī dicere! rede nicht! oder nōlīte currere! rennt nicht! Siehe dazu die Prohibitive bei den anderen Konjugationen.

Das Hilfsverb velle lässt sich keiner der anderen Konjugationen zuordnen. Die Personalendungen sind aber identisch mit allen anderen Verben. Aufgrund der Wortbedeutung gibt es kein Passiv.

nōlle ist entstanden aus ne volō (nicht wollen) und mālle aus magis volō (mehr wollen).

Zur Perfektbildung siehe Kapitel 2 → Perfektstämme.

 Tipp

Besonderheiten weist eigentlich nur der **Indikativ Präsens** auf. Andere Formen werden regelmäßig mit immer den gleichen Stämmen gebildet: nōlle mit **nōl-,** mālle mit **māl-,** velle mit **vel-** im Konjunktiv und **vōl-** im Indikativ.

Übungen

1) **Bilde folgende Formen von velle, nolle und malle und übersetze!**
   a) 2. Ps. Sg. Ind. Fut. I. Akt.
   b) 1. Ps. Pl. Konj. Präs. Akt.
   c) 2. Ps. Pl. Ind. Präs. Akt

2) **Verwandle in die Form von velle und übersetze!**
   a) mavis
   b) nolletis
   c) nolebamus
   d) nolam
   e) malint

3) **Bilde alle Imperative von velle, nolle, malle!**

5.5 Besondere Verben – īre

		Präsens			
		Indikativ		Konjunktiv	
		lateinisch	deutsch	lateinisch	deutsch
Singular	1.	e-ō	ich gehe	e-**am**	ich möge gehen
	2.	ī-s	du gehst	e-**ās**	du mögest gehen
	3.	i-t	er, sie, es geht	e-**at**	er, sie, es möge gehen
Plural	1.	ī-**mus**	wir gehen	e-**āmus**	wir mögen gehen
	2.	ī-**tis**	ihr geht	e-**ātis**	ihr möget gehen
	3.	e-**u-nt**	sie gehen	e-**ant**	sie mögen gehen

Imperfekt					
		Indikativ		**Konjunktiv**	
		lateinisch	deutsch	lateinisch	deutsch
Singular	1.	ī-bam	ich ging	ī-rem	ich würde gehen
	2.	ī-bās	du gingst	ī-rēs	du würdest gehen
	3.	ī-bat	er, sie, es ging	ī-ret	er, sie, es würde gehen
Plural	1.	ī-bāmus	wir gingen	ī-rēmus	wir würden gehen
	2.	ī-bātis	ihr gingt	ī-rētis	ihr würdet gehen
	3.	ī-bant	sie gingen	ī-rent	sie würden gehen

Besondere Verben

5.5

Futur I				
	Indikativ		**Konjunktiv**	
	lateinisch	deutsch	lateinisch	deutsch
Singular 1. ī-bō		ich werde gehen	–	–
2. ī-bis		du wirst gehen	–	–
3. ī-bit		er, sie, es wird gehen	–	–
Plural 1. ī-bimus		wir werden gehen	–	–
2. ī-bitis		ihr werdet gehen	–	–
3. ī-bunt		sie werden gehen	–	–

	lateinisch	deutsch
Infinitiv Präsens Aktiv	ī-**re**	(zu) gehen
Infinitiv Perfekt Aktiv	īsse	gegangen (zu) sein
Infinitiv Futur Aktiv	i-**tūrum, -tūram,** **-tūrum esse**	gehen (zu) werden
Partizip Präsens Aktiv	i-**ēns, e-u-ntis**	gehend
Partizip Futur Aktiv	i-**tūrus, -tūra, -tūrum**	jemand, der gehen wird
Gerundium	ī-**re** e-**u-ndī** e-**u-ndō** (ad) e-**u-ndum** e-**u-ndō**	das Gehen des Gehens dem Gehen (zum) Gehen (durch) das Gehen
Gerundivum	e-**u-ndum** (est)	es ist zu gehen/ man muss gehen
Imperativ Singular	ī!	geh!
Imperativ Plural	ī-**te!**	geht!
Prohibitiv Singular	nē i-**eris!**/ nōlī ī-**re!**	geh nicht!
Prohibitiv Plural	nē i-**eritis!**/ nōlīte ī-**re!**	geht nicht!

Besondere Verben

5.5

Das Verb **īre** lässt sich keiner anderen Konjugation zuordnen und bildet eigene Formen. Die Personalendungen sind allerdings identisch mit denen der anderen Verben.

Achtung

Auch das **Perfekt** hat Besonderheiten: So bildet der Indikativ Perfekt i-ī, **īsti** (statt i-isti), **i-it, i-imus, īstis** (statt i-istis), **i-ērunt**, der Konjunktiv Plusquamperfekt wird durchgehend mit einem langen **ī** gebildet (**īssem, īsses** usw. statt i-issem usw.).

Leicht zu merken
ii- wird vor **s** zu **ī-**.

Zur sonstigen Perfektbildung siehe Kapitel 2 → Perfektstämme.

īre ist ein intransitives Verb, das heißt, es kann (wie im Deutschen) kein Passiv bilden. Es gibt nur einige unpersönliche Formen: **ī-tur** (wörtlich: es wird gegangen, besser: man geht), **e-ā-tur** (man möge gehen), **itum est** (man ist gegangen).

Achtung

Einige der Komposita von īre können allerdings ein Passiv bilden. Die Bildung erfolgt natürlich mit passiven Personalendungen.

Übungen

1) Bestimme folgende Formen und übersetze!
   a) eas
   b) rediret
   c) interierunt
   d) ieris
   e) ibimus

2) Verwandle in den Indikativ und übersetze!
   a) iremus
   b) transeant
   c) exierint
   d) inissent
   e) eatis

3) Bilde das Gerundium von abire!

abīre, abeō, abiī, abitum	weggehen
adīre, adeō, adiī, aditum	herangehen
coīre, coeō, coiī, coitūrum	zusammenkommen
exīre, exeō, exiī, exitum	herausgehen
inīre, ineō, iniī, initum	hineingehen, anfangen
interīre, intereō, interiī, interitum	sterben, untergehen
īre, eō, iī, itum	gehen
nequīre, nequeō, nequīvi	nicht können
perīre, pereō, periī	zugrunde gehen, sterben
praeterīre, praetereō, praeteriī, praeteritum	vorbeigehen
quīre, queō, quīvi	können
redīre, redeō, rediī, reditum	zurückkehren
subīre, subeō, subiī, subitum	daruntergehen, auf sich nehmen
transīre, transeō, transiī, transitum	hinübergehen
venīre, veneō, veniī	verkauft werden

Achtung

Nicht verwechseln:

venīre, veneō, veniī – verkauft werden,

und

venīre, veniō, vēnī, ventum – kommen

(→ Kap. 4.3).

6 Pronomen

Pronomen sind wörtlich „Fürwörter", das heißt, sie stehen für bzw. ersetzen Substantive.

Beispiel:
„Otto geht heute nicht in die Schule. Denn er ist krank."
Das Pronomen „er" ersetzt im zweiten Satz die Person „Otto", deshalb heißt es Personalpronomen. Es gibt auch noch andere Pronomen. Mehr zu deren Aufgaben in Kapitel 2.

6.1 Personalpronomen

ego	ich
tu	du
is, ea, id	er, sie, es
nos	wir
vos	ihr
ii, eae, ea	sie

	Singular (lat.)	Singular (dt.)	Plural (lat.)	Plural (dt.)
Nominativ	ego	ich	nōs	wir
Genitiv	meī	meiner	nostrī/nostrum	unser/von uns
Dativ	mihi	mir	nōbīs	uns
Akkusativ	mē	mich	nōs	uns
Ablativ	(ā) mē	(von) mir	(ā) nōbīs	(von) uns

	Singular (lat.)	Singular (dt.)	Plural (lat.)	Plural (dt.)
Nominativ	tū	du	vōs	ihr
Genitiv	tuī	deiner	vestrī/vestrum	euer/von euch
Dativ	tibi	dir	vōbīs	euch
Akkusativ	tē	dich	vōs	euch
Ablativ	(ā) tē	(von) dir	(ā) vōbīs	(von) euch

Pronomen

6.1

Singular					
	m.		**f.**		**n.**
Nominativ	is	er	ea	sie	id	es
Genitiv	eius	seiner	eius	ihrer	eius	seiner
Dativ	eī	ihm	eī	ihr	eī	ihm
Akkusativ	eum	ihn	eam	sie	id	es
Ablativ	(ab) eō	(von) ihm	(ab) eā	(von) ihr	(ab) eō	(von) ihm

Plural					
	m.		**f.**		**n.**
Nominativ	iī	sie	eae	sie	ea	sie
Genitiv	eōrum	ihrer	eārum	ihrer	eōrum	ihrer
Dativ	iīs	ihnen	iīs	ihnen	iīs	ihnen
Akkusativ	eōs	sie	eās	sie	ea	sie
Ablativ	(ab) iīs	(von) ihnen	(ab) iīs	(von) ihnen	(ab) iīs	(von) ihnen

Das zugehörige Reflexivpronomen bildet für Singular und Plural Formen im Dativ, Akkusativ und Ablativ:

sibi, se, (a) se   sich, sich, (von) sich

6.2 Demonstrativpronomen

hic, haec, hoc	dieser, diese, dieses (hier)
ille, illa, illud	jener, jene, jenes
idem, eadem, idem	derselbe, dieselbe, dasselbe
ipse, ipsa, ipsum	selbst
is, ea, id	dieser, diese, dieses
iste, ista, istud	dieser, diese, dieses (dort)

hic, haec, hoc					
Singular					
m.		**f.**		**n.**	
Nominativ hic	dieser	haec	diese	hoc	dieses
Genitiv huius	dieses	huius	dieser	huius	dieses
Dativ huic	diesem	huic	dieser	huic	diesem
Akkusativ hunc	diesen	hanc	diese	hoc	dieses
Ablativ hōc	(durch) diesen	hāc	(durch) diese	hōc	(durch) dieses
Plural					
m.		**f.**		**n.**	
Nominativ hī	diese	hae	diese	haec	diese
Genitiv hōrum	dieser	hārum	dieser	hōrum	dieser
Dativ hīs	diesen	hīs	diesen	hīs	diesen
Akkusativ hōs	diese	hās	diese	haec	diese
Ablativ hīs	(durch) diese	hīs	(durch) diese	hīs	(durch) diese

ille, illa, illud					
Singular					
	m.		f.		n.
Nominativ	ille	jener	illa	jene	illud	jenes
Genitiv	illīus	jenes	illīus	jener	illīus	jenes
Dativ	illī	jenem	illī	jener	illī	jenem
Akkusativ	illum	jenen	illam	jene	illud	jenes
Ablativ	illō	(durch) jenen	illā	(durch) jene	illō	(durch) jenes
Plural					
	m.		f.		n.
Nominativ	illī	jene	illae	jene	illa	jene
Genitiv	illōrum	jener	illārum	jener	illōrum	jener
Dativ	illīs	jenen	illīs	jenen	illīs	jenen
Akkusativ	illōs	jene	illās	jene	illa	jene
Ablativ	illīs	(durch) jene	illīs	(durch) jene	illīs	(durch) jene

 Leicht zu merken
ipse, ipsa, ipsum und iste, ista, istud
werden dekliniert wie ille, illa, illud.

is, ea, id als Demonstrativpronomen hat die gleichen Formen wie **das Personalpronomen** (→ Kap. 6.1).

idem, eadem, idem wird im Prinzip wie is, ea, id dekliniert, allerdings mit einigen kleinen Abweichungen:

idem, eadem, idem						
Singular						
	m.		f.		n.	
Nominativ	ī-dem	derselbe	ea-dem	dieselbe	**idem**	dasselbe
Genitiv	eius-dem	desselben	eius-dem	derselben	eius-dem	desselben
Dativ	eī-dem	demselben	eī-dem	derselben	eī-dem	demselben
Akkusativ	**eun-dem**	denselben	**ean-dem**	dieselbe	**idem**	dasselbe
Ablativ	(ab) eō-dem	(von) dem-selben	(ab) eā-dem	(von) derselben	(ab) eō-dem	(von) dem-selben
Plural						
	m.		f.		n.	
Nominativ	iī-dem/**īdem**	dieselben	eae-dem	dieselben	ea-dem	dieselben
Genitiv	**eōrun-dem**	derselben	**eārun-dem**	derselben	**eōrun-dem**	derselben
Dativ	iīs-dem/**īsdem**	denselben	iīs-dem/**īs-dem**	denselben	iīs-dem/**īs-dem**	denselben
Akkusativ	eōs-dem	dieselben	eās-dem	dieselben	ea-dem	dieselben
Ablativ	(ab) iīs-dem/**īs-dem**	(von) denselben	(ab) iīs-dem/**īsdem**	(von) den-selben	(ab) iīs-dem/**īsdem**	(von) denselben

6.3 Relativpronomen

qui, quae, quod					
Singular					
	m.		**f.**		**n.**
Nominativ	qui	der	quae	die	quod	das
Genitiv	cuius	dessen	cuius	deren	cuius	dessen
Dativ	cuī	dem	cuī	der	cuī	dem
Akkusativ	quem	den	quam	die	quod	das
Ablativ	quō	(durch) den	quā	(durch) die	quō	(durch) das

qui, quae, quod					
Plural					
	m.		**f.**		**n.**
Nominativ	quī	die	quae	die	quae	die
Genitiv	quōrum	deren	quārum	deren	quōrum	deren
Dativ	quibus	den	quibus	den	quibus	den
Akkusativ	quōs	die	quās	die	quae	die
Ablativ	quibus	(durch) die	quibus	(durch) die	quibus	(durch) die

6.3

6.4 Interrogativpronomen (Substantiv)

quis? quid?					
	m.		**f.**		**n.**	
Nominativ	quis?	wer?	quis?	wer?	quid?	was?
Genitiv	cuius?	wessen?	cuius?	wessen?	cuius?	wessen?
Dativ	cuī?	wem?	cuī?	wem?	cuī?	wem?
Akkusativ	quem?	wen?	quem?	wen?	quid?	was?
Ablativ	(ā) quō?	(von) wem?	(ā) quō?	(von) wem?	(ā) quō?	(von) wem?

Vom **Interrogativpronomen** gibt es (wie im Deutschen) **nur
den Singular,** denn bei Fragen weiß man (meistens) vorher
nicht, ob es sich um eine oder mehrere betroffene Personen
handelt. Das Gleiche gilt für das Geschlecht: Die Formen für
maskulinum und **femininum** sind **identisch.**
(Beispiel: Wer hat die Beule in mein Auto gemacht? Otto?
Otto und Fritz? Susi?)

 Achtung

Man unterscheidet den substantivischen Gebrauch (siehe
Schema oben) vom adjektivischen Gebrauch:

Beispiele substantivischer Gebrauch:
Quis hoc dixit? **Wer** hat das gesagt?
Quem servus amat? **Wen** liebt der Sklave?

Das Fragewort steht ohne Beziehungswort an Stelle eines Substantivs.

Beispiele adjektivischer Gebrauch:
Qui vir hoc dixit? **Welcher Mann** hat das gesagt?
Quam ancillam servus amat? **Welche Dienerin** liebt der Sklave?

Das Fragewort hat ein Beziehungswort (vir, ancillam) und wird mit welcher?, welche?, welches? übersetzt. Für den adjektivischen Gebrauch verwendet man die Formen des Relativpronomens **qui, quae, quod.**

Pronomen

6.4

6.5 Indefinitpronomen

Nach demselben Prinzip wie die Interrogativpronomen
(→ Kap. 6.4) funktionieren die Indefinitpronomen, von denen
es noch weitaus mehr als die unten angegebenen gibt. Die
wichtigsten sind:

aliquis, aliquis, aliquid (Substantiv)	irgendeiner, irgendetwas
aliqui, aliqua, aliquod (Adjektiv)	irgendein
quidam, quaedam, quiddam (Substantiv)	ein gewisser, eine gewisse, ein gewisses
quidam, quaedam, quoddam (Adjektiv)	ein gewisser, eine gewisse, ein gewisses
quisque, quisque/quaeque, quidque (Substantiv)	jeder, jede, jedes
quisque, quaeque, quodque (Adjektiv)	jeder, jede, jedes
quicumque, quaecumque, quodcumque (Substantiv + Adjektiv)	wer/was auch immer

Achtung

Man beachte das **aliqua** (statt aliquae) im **Nominativ Singular femininum** im adjektivischen Gebrauch bei aliqui.
Bei quidam liegen die gleichen lautlichen Veränderungen in manchen Kasus vor wie bei idem (→ Kap. 6.2), also Akkusativ Singular **quendam, quandam,** Genitiv Plural **quōrundam, quārundam.**

nēmo   niemand
nihil   nichts

nēmo, nihil				
	Singular (lat.)	Singular (dt.)	Plural (lat.)	Plural (dt.)
Nominativ	nēmo	niemand, keiner	nihil	nichts
Genitiv	nūllīus	niemandes, keines	nūllīus reī	von nichts
Dativ	nēminī	niemandem, keinem	nūllī reī	nichts
Akkusativ	nēminem	niemanden, keinen	nihil	nichts
Ablativ	(ā) nūllō	(von) niemandem, keinem	nūllā rē	durch nichts

nēmo und nihil bilden nur den Singular. Einige Formen werden vom Adjektiv der a/o-Deklination (→ Kap. 3.3) nūllus, nūlla, nūllum (in Verbindung mit rēs → Kap. 3.4 e-Deklination) gebildet. nūllus wird auch für den adjektivischen Gebrauch verwendet.

Beispiele:
Nemo hoc dixit. **Niemand** hat das gesagt.
Nullus vir hoc dixit. **Kein Mann** hat das gesagt.

Zu den Pronomen werden auch einige Wörter gezählt, die nicht dekliniert werden:

aliquot ziemlich viele, einige, manche
quot wie viele
tot so viele

Weitere Pronomen (talis, qualis, tantus, uter, alius, ullus etc.) siehe bei den jeweiligen Deklinationen.

Übungen

1) Bilde jeweils den Plural und übersetze!
   a) ego
   b) eius
   c) eam
   d) ei
   e) te

2) Bilde die angegebenen Formen von hic, ille, ipse, iste und idem
   a) Akk. Pl. n.
   b) Gen. Sg. f.
   c) Nom. Pl. m.
   d) Dat. Pl. n.
   e) Abl. Sg. f.

3) Bestimme folgende Formen des Relativpronomens!
   a) cui
   b) quae
   c) quem
   d) quod
   e) quos

Pronomen

6.5

7 Adverben

Adverben sagen zumeist etwas aus über die Zeit, den Ort oder die Art und Weise wie etwas passiert. Mehr dazu in Kapitel 2.

7

Die Adverben dieser Liste haben einen großen Vorteil:
Sie sind unveränderliche Worte, werden also weder konjugiert
noch dekliniert. Daher braucht man sich nur die Vokabel-
bedeutung zu merken.

abundē	im Übermaß
adeō	so sehr, gerade
adhūc	bis jetzt, noch immer
admodum	ganz und gar, vollkommen
adversus	entgegen
aegrē	mit Mühe, kaum
aequāliter	gleichmäßig
alibī	anderswo
aliquandō	irgendwann
aliter	anders, auf andere Weise
anteā	vorher, früher
bene	gut
brevi	bald, nach kurzer Zeit
certē	sicherlich, bestimmt
certō	sicher, gewiss
ceterum	übrigens, im Übrigen
circiter	ungefähr
clam	heimlich
contrā	dagegen
cottīdiē	täglich
crās	morgen
cūr	warum

Adverben

7

deinde	dann, darauf
dēmum	erst, endlich
dēnique	endlich, schließlich
diū	lange, lange Zeit
eō	deshalb, dorthin, umso
equidem	freilich
ergō	also
extemplō	sofort
ferē	fast, beinahe
forās	hinaus, heraus
forīs	draußen
fortāsse	vielleicht
forte	zufällig
frūstrā	vergeblich, umsonst
haud	nicht
herī	gestern
hīc	hier
hinc	von hier, danach
hodiē	heute
hūc	hierher
iam	schon, bereits
ibi	dort
idcircō	deswegen, deshalb
igitur	also, deshalb, daher
illīc	dort
illūc	dorthin, dahin
immō	ja sogar, vielmehr, im Gegenteil

imprīmīs	vor allem, besonders
inde	von da, daher, deshalb
infrā	unterhalb, unter
interdum	manchmal
intereā	inzwischen, unterdessen
interim	inzwischen, unterdessen
intus	innen, innerhalb
ita	so
itaque	daher, deshalb
item	ebenso
iterum	wieder, abermals
iuxtā	neben
libenter	gern, bereitwillig, freiwillig
longē	bei Weitem
magis	mehr
māgnopere	sehr
male	schlecht
māne	früh morgens
māximē	am meisten
meritō	verdientermaßen
minimē	am wenigsten, überhaupt nicht
minus	weniger
modo	nur, eben
modo ... modo	bald ... bald
mox	bald
multō	um viel
multum	viel, oft sehr

nē … quidem	nicht einmal, auch nicht
nequiquam	vergeblich
nihilōminus	nichtsdestoweniger
nimis	allzu, überaus
nimium	zu sehr
noctū	nachts
nōn	nicht
nōn iam	nicht mehr
nōndum	noch nicht
nōnnumquam	manchmal
numquam	niemals
nunc	jetzt
nūper	neulich
nusquam	nirgends
obviam	entgegen
ōlim	einst, einstmals
omnīnō	gänzlich, völlig
paene	fast
palam	öffentlich
pariter	ebenso, gleichermaßen
partim	teilweise
parum	zu wenig, nicht genug
passim	überall
paulātim	allmählich
paulō	ein wenig
paulum	ein wenig
penitus	völlig, gründlich, innen, von innen

plērumque	meistens
plūs	mehr
porrō	weiter, ferner
posteā	später, danach, nachher
postrēmo	schließlich
postrīdiē	am nächsten Tag
potissimum	hauptsächlich, am liebsten
potius	eher, lieber
praesertim	vor allem, besonders
praestereā	außerdem
prīdiē	am vorigen Tag
prīmō	zuerst
prīmum	erstens, zuerst
prius	früher, eher
prīvātim	im Privatbereich
procul	fern, von weitem
profectō	in der Tat, tatsächlich
proinde	daher, also
prope	nahe
proptereā	deswegen
prōrsus	geradewegs, völlig, überhaupt
prōtinus	sofort
pūblicē	staatlich, allgemein
quā	wo, insofern
quam	wie (sehr)
quandō	wann
quantō … tantō	je … desto

Adverben

7

quantum	wieviel, wie weit
quārē	wodurch, deshalb
quemadmodum	wie, auf welche Weise
quidem	zwar, aber
quippe	freilich
quō	wohin
quō … eō	je … desto
quondam	einst
quotannīs	jährlich
quotiēns	wie oft, so oft
rarō	selten
rēctē	gerade aus, richtig, recht
repente	plötzlich
rūrsus	wiederum, andererseits
saepe	oft
sānē	wirklich
satis	genug, ausreichend
scīlicet	offenbar, natürlich
secus	anders
semel	einmal
semper	immer
sērō	spät, zu spät
sīc	so
sīcut	wie
simul	zugleich, gleichzeitig
sōlum	nur
sponte meā (tuā, suā)	freiwillig, von selbst

statim	sofort
subitō	plötzlich
suprā	oberhalb
tam	so
tam ... quam	so ... wie
tamen	dennoch, trotzdem
tamquam	(so) wie
tandem	endlich, schließlich
tantum	nur
tantummodo	so sehr, nur
temere	planlos, unbesonnen
tum	da, dann, darauf, damals
tunc	damals, dann
ubi	wo
ubīque	überall
ultrō	von selbst
umquam	jemals
ūnā	zusammen, gemeinsam
undique	von allen Seiten
ūsque	ununterbrochen, fortwährend
utrimque	von beiden Seiten
valdē	sehr
velut	wie, wie zum Beispiel
vērō	aber, jedoch, in der Tat
vērum	aber, sondern
vix	kaum
vulgō	allgemein, gewöhnlich

Übung

Stelle alle Adverben zusammen, die eine Zeitangabe darstellen.

8 Konjunktionen

In diesem Kapitel findest du die häufigsten Konjunktionen.
Konjunktionen sind Bindewörter, sie verbinden beispielsweise
Substantive bei Aufzählungen oder Hauptsätze, verbinden
aber auch Haupt- und Nebensätze. Es ist wichtig, die unterordnenden und die nebenordnenden auseinanderzuhalten,
um zu erkennen, ob zum Beispiel ein Nebensatz vorliegt.
Mehr dazu in Kapitel 2.

8

8.1 neben- oder beiordnende Konjunktionen

ac	und
at	jedoch, aber
atque	und
aut	oder
aut … aut	entweder … oder
autem	aber
enim	denn, nämlich
et	und, auch
et … et	sowohl … als auch
etiam	auch, sogar
nam	denn
nec	und nicht, aber nicht, auch nicht
nec … nec	weder … noch
neque	und nicht, aber nicht, auch nicht
neque … neque	weder … noch
neu … neu	weder … noch
nēve … nēve	weder … noch
nōn modo … sed etiam	nicht nur … sondern auch
nōn sōlum … sed etiam	nicht nur … sondern auch
-que (angehängt)	und
quoque	auch
sed	aber, sondern
sīve	oder, oder wenn
sīve … sīve	sei es, dass … oder dass
-ve (angehängt)	oder
vel	oder
vel … vel	entweder … oder

Konjunktionen

8.1

8.2 unterordnende Konjunktionen (Subjunktionen)

antequam	bevor
cum	als, weil, obwohl
donec	solange bis, solange als
dum	während, solange, wenn nur
etiamsī	wenn auch
etsī	wenn auch, obwohl
nē	dass nicht, damit nicht
nisi	wenn … nicht, außer
postquam	nachdem
priusquam	bevor
quamquam	obgleich, obwohl
quamvis	obgleich, obwohl
quasi	wie wenn, gleichsam
quia	weil
quīn	dass, ohne dass
quo	damit umso, damit dadurch
quod	dass, weil
quodsi	wenn aber
quōminus	dass (nicht)
quoniam	da ja
sī	wenn, ob
sīn	wenn aber
tametsi	obwohl
ubi (prīmum)	sobald
ut	wie, dass, damit, sobald

Konjunktionen

8.2

Übungen

Ordne die Konjunktionen danach, ob sie beiordnend und unterordnend sind!

si, et, neque, dum, ne, etiam, autem, nam, sed

9 Präpositionen

Präpositionen nennt man auf Deutsch Verhältniswörter. Sie sagen dir, in welchem Verhältnis verschiedene Sachen zueinander stehen. Dies ist oft ein zeitliches (zum Beispiel nach, während) oder örtliches (zum Beispiel hinter, über) Verhältnis. Außerdem muss man sich merken, dass einige Präpositionen im Lateinischen beim Akkusativ stehen, andere beim Ablativ. Mehr dazu findest du in Kapitel 2.

9

9.1 Präpositionen beim Ablativ

ā, ab	von, von … her
cōram	vor, in Gegenwart von
cum	mit
dē	von … her(ab), über
ē, ex	aus, heraus, von … her
in	in, auf, an
prae	vor
prō	vor, für, an Stelle von
sine	ohne
sub	unter

9.2 Präpositionen beim Akkusativ

ad	zu, bei, an
adversus	gegen
ante	vor
apud	bei
circum	um ... herum
contrā	gegen
ergā	gegen
extrā	außerhalb
in	in, auf, gegen
inter	zwischen, unter
intrā	innerhalb
iuxtā	neben, nahe bei
ob	wegen
per	durch
post	nach, hinter
praeter	an ... vorbei, außer
propter	wegen
sub	unter
super	über, über ... hinaus
trāns	über, jenseits

! **Achtung**

Zwei Präpositionen verbinden sich sowohl mit dem Akkusativ als auch mit dem Ablativ: **in** und **sub.**

Tipp

Die Unterscheidung ist relativ leicht, wenn man daran denkt, dass der Ablativ die Frage **„wo?"** beantwortet, der Akkusativ die Frage **„wohin?"**. Also:

Ablativ:	**in** vill**ā** labōrāre
	im Landhaus arbeiten **(wo?)**
Akkusativ:	**in** vill**am** properāre
	in das Landhaus eilen **(wohin?)**

Ablativ:	**sub** pont**e** dormire
	unter der Brücke schlafen **(wo?)**
Akkusativ:	**sub** pont**em** fugere
	unter die Brücke fliehen **(wohin?)**

Präpositionen

9.3 „Postpositionen" beim Genitiv

causā	wegen
grātiā	wegen, um zu

causā und **grātiā** sind keine Präpositionen im eigentlichen Sinne, sondern von den entsprechenden Substantiven (→ a-Deklination) abgeleitet. Sie stehen immer **hinter** dem Beziehungswort. Daher der Begriff „Postpositionen".

Achtung
Im Satz verwechselt man schnell die Substantive und die „Postpositionen".

Tipp
causā und **grātiā** in der Bedeutung „wegen" stehen immer **hinter** ihrem Beziehungswort, einem Genitiv. Steht also vor **causā** ein Genitiv, ist die Wahrscheinlichkeit sehr hoch, dass es sich **nicht** um das Substantiv **causa** handelt!

Beispiel:

causa belli	der Grund des Krieges/für den Krieg
belli **causā**	wegen des Krieges

Übungen

Ordne die Präpositionen
nach den mit ihnen verbundenen Kasus!

ante, sine, per, pro, cum, sub, ex, post

Präpositionen

9.3

10 „Kleine" Wörter

Den kleinen Wörtern sind Vokabeln zugeordnet, die sich der sonstigen Klassifizierung entziehen bzw. die Ausnahmen bilden, wie Verben mit eingeschränktem Formenbestand (Verba defectiva, Perfektopräsentien), Zahl- und Fragewörter sowie Ausrufe.

10

10.1 Interjektionen

Interjektionen sind „Ausrufewörter", die man benutzt, wenn man zum Beispiel überrascht oder entsetzt über etwas ist. Sie sind unveränderbar. Die beiden aufgeführten sind die häufigsten.

hercle oder hercule	bei Gott (bei Herkules!)
heu	ach! weh!

10.2 Numeralia

quattuor (IV)	vier
quīnque (V)	fünf
sex (VI)	sechs
septem (VII)	sieben
octō (VIII)	acht
novem (IX)	neun
decem (X)	zehn
vīgintī (XX)	zwanzig
centum (C)	hundert
mīlle (M)	tausend

Die Zahlen in dieser Liste werden nicht dekliniert, sehen also immer gleich aus, egal ob über vier Frauen – quattuor fēminae oder vier Männer – quattuor virī gesprochen wird. Die Zahlen eins, zwei und drei werden aber dekliniert, ūnus und

duo findest du bei den Adjektiven der a/o-Deklination
(→ Kap. 3.3), trēs bei den Adjektiven der 3. oder konsonantischen Deklination (→ Kap. 3.6.2)

10.3 Verba defectiva

aio	ich sage
ait	er, sie sagt
ecce	siehe!, seht!, da!
inquam	sage ich
inquit	sagt er, sagte er
quaeso	ich bitte, bitte schön

Diese Verben heißen defectiva, weil sie „defekt" sind, das
heißt, es fehlt ihnen etwas, und zwar der Rest der Formen.
Sie kommen (zumeist) nur so vor, wie sie hier aufgeführt
sind.

10.4 Perfektopräsentien

meminisse	sich erinnern
nōvisse	kennen, wissen
ōdisse	hassen

„Kleine" Wörter

10.3
10.4

Diese drei Verben heißen Perfektopräsentien, weil es sie **nur im Perfekt Aktiv** (und Plusquamperfekt und Futur II) gibt, sie aber **Präsens-**(und Imperfekt- und Futur II)**-Bedeutungen** haben. Man braucht sich also nur ein Viertel der Formen zu merken, die anderen gibt es gar nicht!

Zu kompliziert? Nehmen wir nōvisse, was man auch als „ich habe kennengelernt" übersetzen könnte. Wenn ich etwas oder jemanden (zum Beispiel Susi oder Fritz) „kennengelernt habe", dann „kenne" ich es oder sie oder ihn (zum Beispiel Susi oder Fritz). Klar? Genau so funktionieren auch die beiden anderen Verben: ōdisse „ich habe einen Hass entwickelt auf Person xy", jetzt „hasse" ich ihn, meminisse „ich habe mir in Erinnerung gerufen" und jetzt „erinnere" ich mich.

Das **Perfekt wird also übersetzt wie Präsens** (nōvi – ich kenne, memini – ich erinnere mich, ōdi – ich hasse), das **Plusquamperfekt wie Imperfekt** (nōveram ich kannte, memineram – ich erinnerte mich, ōderam – ich hasste) und das **Futur II wie Futur I** (nōvero – ich werde kennen, meminero – ich werde mich erinnern, ōdero – ich werde hassen).

Zur weiteren Perfektbildung siehe Kapitel 2 → Perfektstämme.

Übungen

1) Bestimme folgende Formen und übersetze!
a) noveram
b) odisses
c) noverimus
d) meministis
e) oderunt

2) Setze in den Indikativ und übersetze!
a) oderim
b) novisses
c) meminerimus
d) meminissemus
e) noveris

3) Bilde das Gerundium von odisse!

an	ob
cur	warum
-ne (angehängt)	etwa, etwa ob, ob
nōnne	etwa nicht
num	etwa
quando	wann
quid	was
quis	wer
quō	wohin
quot	wie viele
ubi	wo
unde	woher
utrum ... an	ob ... oder

Anhang

Lösungen der Übungen

Kapitel 1.3

Beispiel 1: Als Alexander der Große nach Diogenes schaute, traf er ihn an, als der vor seinem Fass saß und zerfetzte Papyrusstreifen zusammenklebte. Als der König bereits vorhatte wegzugehen, nachdem er sich mit Diogenes über viele Dinge unterhalten hatte, sagte er: „Überleg dir, Diogenes, was du von mir verlangen willst; denn was auch immer du forderst, du wirst es bekommen." „Geh ein bisschen zur Seite!" antwortete dieser. Weil der König glaubte, dass jener überlegen wolle, war er beiseite getreten, und als Diogenes zu lange schwieg, wiederholte er: „Verlange, was du willst, Diogenes!" „Das wollte ich," entgegnete Diogenes, „denn vorher standest du mir in der Sonne, die ich zu dem, was ich tue, brauche." Andere erzählen, er habe gesagt: „Verursache mir keinen Schatten!", weil er sich sonnen wollte. (Oft findet man die Übersetzung: „Geh mir aus der Sonne!")

Beispiel 2: Einst hat ein Frosch auf einer Wiese einen Ochsen gesehen und hat, weil er von Neid auf die enorme Größe des Ochsen erfasst wurde, seine faltige Haut aufgeblasen. Dann fragte er seine Kinder, ob er größer sei als der Ochse. Diese verneinten. Wiederum spannte er die (nun) gestraffte Haut mit (noch) größerer Anstrengung an und fragte auf gleiche Weise, wer größer sei. Jene sagten: „Der Ochse." Als er sich zuletzt verärgert noch stärker aufblasen wollte, lag er (plötzlich) da, nachdem sein Körper geplatzt war.

Kapitel 3.1

1) a) Nom. Pl. von ala: alae – die Flügel

b) Abl. Sg. von area: (z. B. in) areā – (z. B. auf der) Fläche

c) Dat. Sg. von avaritia: avaritiae – der Habgier

d) Akk. Pl. von lacrima: lacrimas – die Tränen

e) Dat. Sg. von serva: servae – der Dienerin

2) a) villam: villas die Landhäuser

b) horā: (z. B. in) horis – (in den) Stunden

c) bestiae: bestiarum – der Tiere (Gen.), bestiis – den Tieren (Dat.)

d) operae: operarum – der Arbeiten (Gen.), operis – den Arbeiten (Dat.)

e) puella: puellae – die Mädchen

3) a) industria: industriae – des Fleißes

   b) poeta: poetae – des Dichters

   c) via: viae – der Straße

Kapitel 3.2.1

1) a) amici: Nom. Pl. m. die Freunde, Gen. Sg. m. des Freundes

   b) nuntio: Dat. Sg. m. dem Boten, Abl. Sg. m. (z. B. durch den) Boten

   c) morbos: Akk. Pl. m. die Krankheiten

   d) angulus: Nom. Sg. m. die Ecke

   e) tumulis: Dat. Pl. m. den Hügeln, Abl. Pl. m. (z. B. auf den) Hügeln

2) a) locis: loco – dem Platz (Dat.), (z. B. auf dem) Platz (Abl.)

   b) muros: murum – die Mauer

   c) socii: socius – der Gefährte (Nom.), socie! – Gefährte (Vok.)

   d) agri: ager – der Acker, Vokativ ungebräuchlich (Wer spricht schon mit einem Acker?)

   e) arbitris: arbitro – dem Richter (Dat.), (z. B. mit dem) Richter

3) a) maritus: maritis – den Ehemännern

   b) vir: viris – den Männern

   c) cibus: cibis – den Speisen

Kapitel 3.2.2

1) a) Akk. Pl. von arma: arma – die Waffen

   b) Nom. Pl. von auspicium: auspicia – die Vorzeichen

   c) Abl. Sg. von commodum: commodo – (durch den) Vorteil

   d) Gen. Sg. von beneficium: beneficii – der Wohltat

   e) Abl. Pl. von caelum: caelis – (z. B. in den) Himmeln

2) a) consulto: consultis – den Beschlüssen (Dat.), (durch die) Beschlüsse (Abl.)

   b) exempli: exemplorum – der Beispiele

   c) flagitii: flagitiorum – der Schand(taten)

   d) desiderio: desideriis – den Sehnsüchten (Dat.),

   desideriis – (durch die) Sehnsüchte (Abl.)

e) monstrorum: monstri – des Ungeheuers

3) a) oppidum: oppida – die Städte

  b) peccatum: peccata – die Sünden

  c) periculum: pericula – die Gefahren

Kapitel 3.3

1) a) Akk. Pl. m. von absurdus: absurdos

  b) Abl. Pl. m. von benignus: benignis

  c) Akk. Pl. n. von ignavus: ignava

  d) Dat. Sg. f. von caecus: caecae

  e) Dat. Pl. n. von decorus: decoris

2) a) vana: vanae (Nom. + Vok.), vanis (Abl.)

  b) vago: vagis (Dat. + Abl., m. + n.)

  c) tuti: tutorum

  d) pulchrae: pulchrarum (Gen.), pulchris (Dat.)

  e) stulta: stultae (Nom. + Vok.), stultis (Abl.)

3) a) solus: solam

  b) situs: sitam

  c) perpetuus: perpetuam

Kapitel 3.4

1) a) Gen. Sg. von fides: fidei – des Glaubens

  b) Akk. Pl. von spes: spes – die Hoffnungen

  c) Dat. Sg. von meridies: meridiei – dem Mittag

  d) Nom. Sg. von species: species – das Aussehen

  e) Akk. Pl. von res novae: res novas – den Aufstand

2) a) spem: spe – (durch die) Hoffnung)

  b) fidei: fidei – dem Glauben (Dat.), fidem den Glauben (Akk.)

  c) rerum gestarum: rebus gestis – den Taten

  d) rem familiarem: re familiari – (durch das) private Vermögen

e) diem: die – (an dem) Tag
3) a) acies: acie – (durch die) Schärfe
   b) pernicies: pernicie – (durch das) Verderben
   c) facies: facie – (durch den) Anblick

Kapitel 3.5
1) a) arcu: Abl. Sg. m. (durch den) Bogen
   b) coetibus: Abl. Pl. m. (durch die) Versammlungen,
   Dat. Pl. m. (durch die) Versammlungen
   c) currus: Nom. Sg. m. der Wagen
   d) gradūs: Gen. Sg. m. des Schrittes, Nom. Pl. m. die Schritte,
   Akk. Pl. m. die Schritte
   e) vultum: Akk. Sg. m. das Gesicht
2) a) versibus: versu – (in dem) Vers
   b) saltibus: saltu – (in der) Schlucht
   c) portūs: portus – der Hafen (Nom.), portum – den Hafen (Akk.)
   d) manūs: manus – die Hand (Nom.), manum – die Hand (Akk.)
   e) exituum: exitūs – des Ausgangs
3) a) fructus: fructuum – der Früchte
   b) cornu: cornuum – der Flügel
   c) motus: motuum – der Bewegungen

Kapitel 3.6.1
1) a) Akk. Pl. von adulescens: adulescentes – die jungen Männer
   b) Vok. Sg. von consul: consul! – Konsul!
   c) Abl. Pl. von aegritudo: aegritudine – (durch die) Krankheit
   d) Gen. Pl. von lex: legum – der Gesetze
   e) Nom. Pl. von canis: canes – die Hunde
2) a) litoribus: litora – die Küsten (Akk.), litorum – der Küsten (Gen.)
   b) nepotibus: nepotes – die Enkel (Akk.), nepotum – der Enkel (Gen.)

c) quaestores: quaestoribus – den Quästoren

d) ventri: ventris – des Magens

e) ominum: omina – die Vorzeichen

3) a) finis: finium – der Grenzen, des Gebiets

b) voluptas: voluptatum – der Vergnügungen

c) gens: gentium – der Völker

Kapitel 3.6.2

1) a) aequabili: Dat. Sg. m. + f. + n., Abl. Sg. m. + f. + n.

b) vehementis: Gen. Sg. m. + f. + n.

c) viriles: Nom. Pl. m. + f., Akk. Pl. m. + f.

d) crudelia: Nom. + Akk. Pl. n.

e) miserabilis: Nom. Sg. m. + f., Gen. Sg. m. + f. + n.

2) a) vilibus: vilibus

b) atrox: atrox, atrocem (atrox kann ja auch Akk. Sg. n. sein!)

c) prudenti: prudenti

d) humilem: humilem

e) diligentium: diligentium

3) a) fortis: forti

b) suavis: suavi

c) locuples: locupleti

Kapitel 4.1

1) a) certas: 2. Ps. Sg. Ind. Präs. Aktiv von certare du streitest

b) declararem: 1. Ps. Sg. Konj. Impf. Akt. von declarare ich würde ernennen

c) morati sitis: 2. Ps. Pl. Konj. Perf. Pass. von morari ihr möget aufgehalten haben

d) dent: 3. Ps. Pl. Konj. Präs. Akt. von dare sie mögen geben

e) putavimus: 1. Ps. Pl. Ind. Perf. Aktiv von putare sie haben geglaubt

2) a) occultaverant: occultati erant – sie waren versteckt worden

b) necabit: necabitur – er wird getötet werden

c) interrogabamus: interrogabamur – wir wurden befragt

d) appellaveritis: appellati sitis – ihr möget gerufen worden sein (Konj. Perf.)

appellati eritis – ihr werdet gerufen worden sein (Ind. Fut. II)

e) accuso: accusor – ich werde angeklagt

3) a) delectare: delectare, delectandi, delectando (ad) delectandum, delectando

b) minari: minari, minandi, minando, (ad) minandum, minando

c) vetare: vetare, vetandi, vetando, (ad) vetandum, vetando

Kapitel 4.2

1) a) 1. Ps. Sg. Ind. Perf. Pass. von commovere: commotus oder commota sum – ich bin bewegt worden

b) 2. Ps. Konj. Fut. II. Pass. von exercere: - (Es gibt keinen Konjunktiv im Futur!)

c) 3. Ps. Pl. Ind. Impf. Akt. von implere: implebant – sie füllten an

d) 1. Ps. Sg. Konj. Impf. Pass. von videre:

viderer – ich würde gesehen werden/ich würde erscheinen (von videri)

e) 1. Ps. Pl. Konj. Präs. Pass. von tenere: teneamur – wir mögen gehalten werden

2) a) spondebis: spoponderis – du wirst gelobt haben

b) reor: ratus o. rata sum – ich habe gemeint

c) profitebamini: professi eratis – ihr hattet gestanden

d) permanerent: permansissent – sie hätten gewartet

e) moneat: monuerit – er, sie, es möge gewarnt haben

3) a) iacere: iacere liegen, iacuisse – gelegen haben

Da es kein Passiv von „liegen" gibt, fehlen auch die entsprechenden Infinitive!

b) fateri: fateri – gestehen, fassum, -am, -um esse – gestanden haben,

fassurum, -am, -um esse – gestehen werden

c) augere: augere – vermehren, auxisse – vermehrt haben, aucturum,-am,-um

esse – vermehren werden, augeri – vermehrt werden, auctum, -am, -um esse –

vermehrt worden sein

Kapitel 4.3

1) a) 2. Ps. Pl. Konj. Imp. Pass. von circumvenire: circumveniremini –
ihr würdet umzingelt werden
b) 2. Ps. Sg. Ind. Fut. II. Pass. von reperire: repertus oder reperta eris –
du wirst wiedergefunden worden sein
c) 2. Ps. Sg. Ind. Fut. I. Pass. von invenire: invenieris – du wirst gefunden werden
d) 3. Ps. Pl. Konj. Plusqumperf. Akt. von dissentire: dissensissent –
sie hätten nicht übereingestimmt
e) 2. Ps. Sg. Ind. Impf. Akt. von experiri: experiebaris – du versuchtest

2) a) experiunt: experiant – sie mögen versuchen
b) definivit: definiverit – er, sie, es möge beendet haben
c) assensi sumus: assensi simus – wir mögen zugestimmt haben
d) sciam: - Es gibt keinen Konjunktiv im Futur!
e) serviebas: servires – du würdest dienen

3) a) metiri: metiri – messen, mensum esse – gemessen haben, mensurum esse –
messen werden
b) salire: salire – springen, saluisse – gesprungen sein
Die anderen Infinitve existieren nicht, weil es kein Passiv von „springen" gibt!
c) impedire impedire – hindern, impedivisse – gehindert haben,
impediturum, -am, -um esse – hindern werden, impediri – gehindert werden,
impeditum, -am, -um esse – gehindert worden sein

Kapitel 4.4

1) a) 1. Ps. Pl. Konj. Präs. Pass von cernere: cernamur – wir mögen gesehen werden
b) 3. Ps. Sg. Ind. Impf. Akt. von componere:
componebat – er, sie, es setzte zusammen
c) 1. Ps. Sg. Ind. Fut. I. Pass. von spernere: spernar – ich werde verschmäht werden
d) 3. Ps. Sg. Konj. Perf. Pass. von contemnere:
contemptus (oder -a, -um) sit – er, sie, es möge verschmäht worden sein
e) 3. Ps. Pl. Ind. Plusqumperf. Akt. von offendere: offenderant – sie hatten beleidigt

2) a) dedidit: questus o. questa est – er, sie hat sich beklagt

b) reducamus: queramur – wir mögen uns beklagen

c) permiseram: questus o. questa eram – ich hatte mich beklagt

d) subiceretis: queremini – ihr würdet euch beklagen

e) despicis: queris – du beklagst dich

3) a) oblivisci: obliviscere! – vergiss! obliviscimini! – vergesst! ne oblitus sis! – vergiss nicht! ne obliti sitis! – vergesst nicht! noli oblivisci – vergiss nicht! nolite oblivisci! – vergesst nicht!

b) effugere: effuge! – entflieh! effugite – entflieht! ne effugeris – entfliehe nicht! ne effugeritis! – entflieht nicht! noli effugere! – entflieh nicht! nolite effugere! – entflieht nicht!

c) trahere: trahe! – zieh! trahite – zieht! ne traxeris! – zieht nicht! ne traxeritis! – zieht nicht! noli trahere! – zieh nicht! nolite trahere! – zieht nicht!

Kapitel 5.1

1) a) attulisset: 3. Ps. Sg. Konj. Plusqumperf. Akt. von afferre – er, sie, es hätte herbeigetragen

b) fers: 2. Ps. Sg. Ind. Präs. Akt. von ferre – du trägst

c) delati sunt: 3. Ps. Pl. Ind. Perf. Pass. von deferre – sie sind herabgetragen worden

d) auferamini: 2. Ps. Pl. Konj. Präs. Pass. von auferre – ihr möget weggetragen werden

e) referebamus: 1. Ps. Pl. Ind. Impf. Akt. von referre – wir trugen zurück

2) a) ferre: ferris, feraris, ferebaris, ferreris, fereris, latus es, latus sis, latus eras, latus esses, latus eris

b) transferre: transferris, transferaris, transferebaris, transferreris, transfereris, translatus es, translatus sis, translatus eras, translatus esses, translatus eris

3) a) conferre: conferens zusammentragend, collatus, -a, -um – zusammengetragen, collaturus, -a, -um – einer, der zusammentragen wird

b) proferre: proferens hervorbringend, prolatus, -a, -um – hervorgebracht,

prolaturus, -a, -um – einer, der hervorbringen wird
c) ferre: ferens – tragend, latus, -a, -um – getragen, laturus, -a, -um –
einer, der tragen wird

Kapitel 5.2

1) a) 1. Ps. Pl. Ind. Präs. Pass.: - Von fieri gibt es kein Passiv, weil es selbst das Passiv
von facere ist!
b) 3. Ps. Pl. Ind. Plusqumperf. Akt.: facti, -ae, -a erant – sie waren entstanden/
geworden/geschehen
c) 3. Ps. Sg. Konj. Imp. Akt.: fieret – er, sie, es würde entstehen/werden/geschehen
d) 2. Ps. Pl. Konj. Perf. Akt.: facti o. factae sitis – ihr möget entstanden/geworden/
geschehen sein
e) 3. Ps. Sg. Konj. Fut. Akt.: - Es gibt im Futur keinen Konjunktiv!

2) a) facis: fis – du wirst gemacht
b) faciebamus: fiebamus – wir wurden gemacht
c) feceras: factus o. facta eras – du warst gemacht worden
d) fecisset: factus, -a, -um esset – er, sie, es wäre gemacht worden
e) faciam: fiam – ich möge gemacht werden (Konj. Präs.),
ich werde gemacht werden (Fut. I)

3) fieri: werden
factum, -am, -um – gemacht worden sein
facturum, -am, -um – machen werden

Kapitel 5.3

1) Die Bestimmung Aktiv lassen wir weg, weil es kein Passiv gibt!
a) poteras: 2. Ps. Sg. Ind. Impf. von posse – du konntest
b) fuistis: 2. Ps. Pl. Ind. Perf. von esse – ihr seid gewesen
c) deessemus: 1. Ps. Pl. Konj. Imp. von deesse – wir würden fehlen
d) profuerant: 3. Ps. Pl. Ind. Plusquamperf. von prodesse – sie hatten genutzt
e) sit: 3. Ps. Sg. Konj. Präs. von esse – er, sie, es möge sein

2) a) potest: possunt – sie können

   b) erit: erunt – sie werden sein

   c) praefui: praefuimus – wir haben an der Spitze gestanden

   d) prodes: prodestis – ihr nützt

   e) aberas: aberatis – ihr wart abwesend

3) Von esse gibt es nur das PFA futurus, -a, -um – jemand, der sein wird

Kapitel 5.4

1) a) 2. Ps. Sg. Ind. Fut. I. Akt.: voles, noles, males – du wirst/nicht/lieber wollen

   b) 1. Ps. Pl. Konj. Präs. Akt.: velimus, nolimus, malimus – wir mögen/nicht/lieber wollen

   c) 2. Ps. Pl. Ind. Präs. Akt: vultis, non vultis, mavultis – ihr wollt/nicht/lieber

2) a) mavis: vis – du willst

   b) nolletis: velletis – ihr würdet wollen

   c) nolebamus: volebamus – wir wollten

   d) nolam: volam – ich werde wollen

   e) malint: velint – sie mögen wollen

3) Es gibt Imperative nur von nolle: noli! nolite! – Sie werden nur bei einem Verbot verwendet.

Kapitel 5.5

1) Die Bestimmung Aktiv entfällt, weil es von ire kein Passiv gibt!

   a) eas: 2. Ps. Sg. Konj. Präs. von ire – du mögest gehen

   b) rediret: 3. Ps. Sg. Konj. Imp. von redire – er, sie, es würde gehen

   c) interierunt: 3. Ps. Pl. Ind. Perf. von interire – sie sind gestorben

   d) ieris: 2. Ps. Konj. Perf. von ire – du mögest gegangen sein,
   2. Ps. Ind. Fut. II. du wirst gegangen sein

   e) ibimus: 1. Ps. Pl. Ind. Fut. I, wir werden gehen

2) a) iremus: ibamus – wir gingen

   b) transeant: transeunt – sie gehen hinüber

c) exierint: exierunt – sie sind hinausgegangen

d) inissent: inierant – sie waren hineingegangen

e) eatis: itis – ihr geht

3) abire, abeundi, abeundo, (ad) abeundum, abeundo

Kapitel 6

1) a) ego: nos – wir

b) eius: eorum, earum, eorum – ihrer

c) eam: eas – sie

d) ei: iis – ihnen

e) te: vos – euch

2) a) Akk. Pl. n.: haec, illa, ipsa, ista, eadem

b) Gen. Sg. f.: huius, illius, ipsius, istius, eiusdem

c) Nom. Pl. m.: hi, illi, ipsi, isti, idem/iidem

d) Dat. Pl. n.: his, illis, ipsis, istis, isdem/iisdem

e) Abl. Sg. f.: hac, illa, ipsa, ista, eadem

3) a) cui: Dat. Sg. m. + f. + n.

b) quae: Nom. Sg. + Pl. f., Nom. + Akk. Pl. n

c) quem: Akk. Sg. m.

d) quod: Nom. + Akk. Sg. n.

e) quos: Akk. Pl. m.

Kapitel 7

adhuc, aliquando, antea, brevi, cottidie, cras, deinde, diu, heri, hodie, iam, interea, interim, iterum, mane, modo, modo ... modo, mox, noctu, nonnunquam, numquam, nunc, nuper, olim, paulatim, postea, postremo, postridie, pridie, primo, primum, prius, protinus, quondam, quotannis, repente, saepe, sero, simul, statim, subito, tandem, tum, tunc, umquam

Kapitel 8

beiordnend: autem, et, etiam, nam, neque, sed
unterordnend: si, dum, ne

Kapitel 9

Ablativ: sine, pro, sub, ex, cum
Akkusativ: ante, per, sub, post

Kapitel 10.4

1) a) noveram: 1. Ps. Sg. Ind. Plusqumperf. Akt ich wusste
   b) odisses: 2. Ps. Sg. Konj. Plusqumperf. Akt. du würdest hassen
   c) noverimus: 1. Ps. Pl. Ind. Fut. II. Akt. wir werden wissen/
   1. Ps. Pl. Konj. Präs. Akt. wir mögen wissen
   d) meministis: 2. Ps. Pl. Ind. Perf. Akt ihr erinnert euch
   e) oderunt: 3. Ps. Pl. Ind. Perf. Akt. sie hassen
2) a) oderim: odi – ich hasse
   b) novisses: noveras – du wusstest
   c) meminerimus: meminimus – wir erinnern uns
   d) meminissemus: minineramus – wir erinnerten uns
   e) noveris: novisti – du weißt
3) (Es gibt kein Gerundium, weil das Gerundium vom Präsensstamm gebildet wird,
   und der existiert bei Perfektopräsentien nicht!)

Alphabetische Vokabelliste

Die Seitenzahlen verweisen jeweils auf die erste Seite des Kapitels, in dem das Wort vorkommt. So kann man gleich erkennen, in welches grammatische Teilgebiet die Vokabel gehört. Die wörtliche Bedeutung steht dann am Ende des Kapitels in der Vokabelliste.

A

ā, ab	388
abdere	284
abdūcere	284
abesse	332
abicere	304
abīre	354
absēns	229
absolvere	284
abstinēre	258
absurdus	188
abundāre	240
abundē	374
ac	384
accēdere	284
accendere	284
accidere	284
accipere	304
accūrātus	188
accūsāre	240
accūsātor	211
ācer	229
acerbus	188
aciēs	202
āctiō	211

ad	389
adaequāre	240
addere	284
addūcere	284
adeō	374
adesse	332
adhibēre	258
adhūc	374
adicere	304
adimere	284
adipīscī	284
adīre	354
adiungere	284
adiuvāre	240
administrāre	240
admīrārī	240
admittere	284
admodum	374
admonēre	258
adorīrī	272
adulēscēns	229
adulēscēns	211
adulēscentia	166
adulter	175
adulter	188
advenīre	272
adventus	206
adversārius	175
adversus	374
adversus	389
adversus	188
aedēs	211
aedificāre	240
aedificium	181
aedīlis	211
aeger	188
aegrē	374

aegritūdō	211
aegrōtātio	211
aegrōtus	188
aemulus	175
aequābilis	229
aequāliter	374
aequāre	240
aequor	211
aequus	188
āēr	211
aerārium	181
aes aliēnum	211
aes	211
aestās	211
aestimāre	240
aestus	206
aetās	211
aeternus	188
aethēr	211
aevum	181
afferre	316
afficere	304
affirmāre	240
afflīgere	284
ager	175
agere	284
aggredī	304
agitāre	240
agmen	211
agnōscere	284
āgnus	175
agricola	166
aio	395
ait	395
āla	166
alacer	229
albus	188

colōnia	166	cōnfīdere	284	cōnsultum	181
color	211	cōnfīrmāre	240	cōnsūmere	284
coma	166	cōnfitērī	258	contemnere	284
comes	211	cōnflīgere	284	contemplārī	240
comitia	181	congruere	284	contendere	284
commeātus	206	conicere	304	contentiō	211
commemorāre	240	coniungere	284	contentus	188
commendāre	240	coniūnx	211	continēns	229
committere	284	coniūrātiō	211	continēre	258
commodum	181	conquirere	284	contingere	284
commodus	188	cōnscientia	166	continuus	188
commovēre	258	cōnscius	188	cōntiō	211
commūnis	229	conscribere	284	contrā	389
comparāre	240	cōnsecrāre	240	contrā	374
comperīre	272	consēnsus	206	contrahere	284
complectī	284	cōnsentīre	272	contrārius	188
complēre	258	cōnsequī	284	contrōversia	166
complūrēs	229	cōnservāre	240	contumēlia	166
compōnere	284	cōnsīderāre	240	convenīre	272
comprehendere	284	cōnsīdere	284	conventus	206
cōnari	240	cōnsilium	181	convertere	284
concedere	284	cōnsistere	284	convincere	284
concidere	284	cōnsōlari	240	convīvium	181
concilium	181	cōnspectus	206	convocāre	240
concipere	304	cōnspicārī	240	cōpia	166
concitāre	240	cōnspicere	304	cor	211
conclūdere	284	cōnstāns	229	cōram	388
concordia	166	cōnstantia	166	cornu	206
concupīscere	284	cōnstāre	240	corōna	166
concurrere	284	cōnstat	240	corpus	211
concursus	206	cōnstituere	284	corripere	304
condemnāre	240	cōnsuēscere	284	corrumpere	284
condere	284	consuētūdō	211	cottīdiānus	188
condiciō	211	cōnsul	211	cottīdiē	374
condūcere	284	cōnsulāris	211	crās	374
cōnferre	316	cōnsulatus	206	crassus	188
cōnficere	304	cōnsulere	284	creāre	240

pater	211	perficere	304	pius	188
patēre	258	perfuga	166	plācāre	240
paternus	188	pergere	284	placēre	258
patī	272	perīculum	181	placet	258
patiēns	229	perīre	354	placidus	188
patres	211	perītus	188	plānus	188
patria	166	permanēre	258	plaudere	284
patricius	188	permittere	284	plēbs	211
patrius	188	permovēre	258	plēnus	188
patrōnus	175	perniciēs	202	plērīque	188
paucī	188	perniciōsus	188	plērumque	374
paulātim	374	perpetuus	188	plūrēs	229
paulō	374	persequī	284	plūrimī	188
paulum	374	persevērantia	166	plūs	374
pauper	229	persevērāre	240	plūs	229
paupertās	211	persōna	166	pōculum	181
pavor	211	perspicere	304	poena	166
pāx	211	perspicuus	188	poēta	166
peccāre	240	persuādēre	258	pollicērī	258
peccātum	181	perterrēre	258	pondus	211
pectus	211	pertimēscere	284	pōnere	284
pecūnia	166	pertinēre	258	pōns	211
pecus	211	perturbāre	240	pontifex	211
pecus	211	pervenīre	272	populārī	240
pedes	211	pēs	211	populāris	229
pēior	229	pessimus	188	populus	175
pellere	284	pestis	211	porrō	374
pellis	211	petere	284	porta	166
pēndēre	258	petītiō	211	portāre	240
pendere	284	philosophia	166	portentum	181
penitus	374	philosophus	175	porticus	206
per	389	pietās	211	portus	206
percellere	284	piget	258	pōscere	284
percipere	304	pīlum	181	posse	332
perdere	284	pingere	284	possessiō	211
perdūcere	284	pinguis	229	possidēre	258
perferre	316	piscis	211	post	389

posteā	374	praetermittere	284	prōferre	316
posteri	175	praetor	211	proficīscī	284
postquam	385	praetūra	166	profitērī	258
postrēmo	374	prāvus	188	profugere	304
postrēmus	188	precārī	240	prōgredī	304
postrīdiē	374	precēs	211	prohibēre	258
pōstulāre	240	prehendere	284	proinde	374
pōtāre	240	premere	284	prōlēs	211
potēns	229	pretium	181	prōmittere	284
potentia	166	prīdiē	374	prōmptus	188
potestās	211	prīmō	374	prope	374
potīrī	272	prīmum	374	properāre	240
potissimum	374	prīmus	188	propinquus	188
potius	374	prīnceps	211	prōpōnere	284
prae	388	prīncipātus	206	proprius	188
praebēre	258	prīncipium	181	propter	389
praeceps	229	prior	229	proptereā	374
praeceptum	181	prīstinus	188	prosperus	188
praecipere	304	prius	374	prōspicere	304
praeclārus	188	priusquam	385	prōrsus	374
praeda	166	prīvāre	240	prōtinus	374
praedicāre	240	prīvātim	374	prōvidentia	166
praeditus	188	prīvātus	188	prōvidēre	258
praedō	211	prō	388	prōvincia	166
praeesse	332	probābilis	229	proximus	188
praeferre	316	probāre	240	prūdēns	229
praemittere	284	probitās	211	prūdentia	166
praemium	181	probrum	181	pūblicē	374
praesēns	229	probus	188	pūblicus	188
praesertim	374	prōcēdere	284	pudet	258
praesidium	181	procul	374	pudīcitia	166
praestāns	229	prōdere	284	pudor	211
praestāre	240	prōdesse	332	puella	166
praestat	240	prōdigium	181	puer	175
praeter	389	prōdūcere	284	pūgna	166
praётereā	374	proelium	181	pūgnāre	240
praeterīre	354	profectō	374	pulcher	188

respōnsum	181	sancīre	272	sentīre	272
restāre	240	sānctus	188	septem	394
restituere	284	sānē	374	septimus	188
retinēre	258	sanguis	211	sepulcrum	181
reus	188	sānus	188	sequī	284
revertī	284	sapere	304	serēnus	188
revocāre	240	sapiēns	229	sermō	211
rēx	211	sapientia	166	sērō	374
rīdēre	258	satis	374	sērus	188
rigidus	188	saxum	181	serva.	166
rīpa	166	scelerātus	188	servāre	240
rīvus	175	scelus	211	servīre	272
rōbur	211	scientia	166	servitium	181
rogāre	240	scīlicet	374	servitūs	211
ruber	188	scīre	272	servus	175
rudis	229	scrībere	284	sēstertius	175
ruere	284	secāre	240	sevērus	188
ruīnae	166	secundus	188	sex	394
rūmor	211	sēcūritās	211	si	385
rumpere	284	secus	374	sīc	374
rūrsus	374	sed	384	siccus	188
rūs	211	sedēre	258	sīcut	374
		sēdēs	211	sīdus	211
S		sēditiō	211	sīgnificāre	240
sacer	188	seges	211	sīgnum	181
sacerdōs	211	sēgnis	229	silentium	181
sacrum	181	sēiungere	284	silva	166
saeculum	181	semel	374	similis	229
saepe	374	sēmen	211	similitūdō	211
saevus	188	semper	374	simplex	229
sagitta	166	sempiternus	188	simul	374
sāl	211	senātor	211	simulācrum	181
salīre	272	senātus	206	simulāre	240
saltus	206	senectūs	211	sin	385
salūs	211	senex	211	sine	388
salūtāre	240	sēnsus	206	sinere	284
salvus	188	sententia	166	singulāris	229